PETER DETERT

MIT INGEBORG PRIOR

AUF DER KIPPE

PETER DETERT
MIT INGEBORG PRIOR

AUF DER KIPPE

Wenn Ärzte, Justiz
und Gesellschaft versagen –
mein extremes Leben
mit der Borderline-Krankheit

HEYNE

Hinweis:
Alle in diesem Buch geschilderten Ereignisse sind wahr. Aus rechtlichen Gründen haben wir allerdings zahlreiche Namen von Orten, Einrichtungen und Personen geändert, da nach deutschem Persönlichkeitsrecht grundsätzlich niemand hinnehmen muss, dass Details seines Lebens durch Dritte veröffentlicht werden. Zwar halten wir alle Angaben im Buch unter dem Gesichtspunkt der grundgesetzlich geschützten Informationsfreiheit für gerechtfertigt. Um Rechtsstreitigkeiten jeglicher Art gleichwohl zu vermeiden, haben wir Namen und Orte verändert, wo dies angeraten erschien.

FSC
Mix
Produktgruppe aus vorbildlich bewirtschafteten Wäldern und anderen kontrollierten Herkünften
Zert.-Nr. SGS-COC-1940
www.fsc.org
© 1996 Forest Stewardship Council

Verlagsgruppe Random House FSC-DEU-0100
Das für dieses Buch verwendete FSC-zertifizierte Papier *Munken Premium Cream* liefert Arctic Paper Munkedals AB, Schweden.

http://www.heyne.de
Umschlaggestaltung: Eisele Grafik-Design, München
Umschlagfoto: Reza Estakhrian/GettyImages
Satz: C. Schaber Datentechnik, Wels
Druck und Bindung: GGP Media GmbH, Pößneck
Printed in Germany 2008

ISBN 978-3-453-15400-1

Inhalt

Prolog: Ankunft in der forensischen Psychiatrie

Kahle Äste, die der Wind peitscht. Dunkelgraue Wolkenfetzen jagen über den blassen Himmel. Regen, mit ein paar Schneeflocken vermischt. Durch den Sehschlitz über meinem Sitz kann ich an diesem nasskalten Wintertag nur Ausschnitte von Landschaften und Orten erkennen. Sowieso nur graue Öde. Ich gleite in diese Lethargie, die dich überkommt, wenn du in einem Bus von A nach B transportiert wirst und dich selbst nicht aktiv an der Fahrt beteiligen kannst. Ich bin dreiundzwanzig Jahre alt und sitze an diesem 3. Februar 1990 in einem Gefangenenbus, der mich aus der U-Haft in der Justizvollzugsanstalt Brackwede in das Zentrum für Forensische Psychiatrie in F. bringt. Darunter kann ich mir zu diesem Zeitpunkt nichts vorstellen. Und ich habe mir noch keinen Kopf gemacht, was forensische Psychiatrie eigentlich bedeutet.

Nachdem mehrere Häftlinge an verschiedenen Strafanstalten abgeliefert worden sind, bleibe ich allein mit zwei Justizvollzugsbeamten im Bus zurück. Ich sitze in einer Kabine von der Art, wie sie in Kaufhäusern zum Anprobieren aufgestellt sind. Nur ist diese viel primitiver. Wenn ich zur Toilette muss, drücke ich einen Knopf. Dann blinkt an der Außenwand der Kabine ein Lämpchen, und meine Bewacher führen mich zur Toilette im Bus, schließen mich danach wieder ein. Die Männer tragen grüne Uniformen mit dem Landeswappen am linken Oberarm. Ich sehe keine Waffen, aber ich bin sicher, dass sie mich gut unter Kontrolle haben. Ich darf meine Zivilkleidung tragen, ich habe eine kleine Reisetasche bei mir mit dem Nötigsten, das man für eine kurze Reise braucht. Neben Waschzeug und ein paar frischen Klamotten stecken auch zwei Bücher in meiner Tasche, eins von Ephraim Kishon und eins von Stephen King. Seltsame Mischung. Aber ich liebe den satirischen Humor von Kishon und Kings tiefen Blick in die Seelenabgründe seiner Mitmenschen.

In der U-Haft habe ich meine Haare aus praktischen Gründen, weil ich nur zweimal in der Woche duschen durfte, raspelkurz scheren lassen. Ich trage eine runde Brille mit dünnem Metallrand. Jeans, Turnschuhe, verwaschenes T-Shirt. Ich bin 1,98 Meter groß und wiege um die fünfundachtzig Kilo. Man hätte mich für einen Studenten halten können. Für den rebellierenden Sohn aus gutem Hause, der nicht genug Aufmerksamkeit bekommen hat.

Aber ich bin ein Straftäter, der einen Dachschaden hat und hochgefährlich ist. Dies hat mir der Richter zumindest bescheinigt. Deshalb soll ich in die forensische Psychiatrie gebracht werden.

Mein Anwalt hatte mich beruhigt, dies sei letztlich ein Krankenhaus, wie ich es bereits kenne, in dem ich jede mögliche therapeutische Hilfe bekomme. Da müsse ich auch nicht lange bleiben, denn schließlich habe der Gutachter, ein Arzt aus der Psychiatrie in G., dem Gericht empfohlen, mich für ein Jahr auf einen therapeutischen Bauernhof zu schicken, der von Anthroposophen geleitet wird. Er hatte zum ersten Mal meiner rätselhaften Persönlichkeitsstörung einen Namen gegeben: Borderline.

Schließlich, nachdem wir längere Zeit über eine Landstraße gefahren sind und ich durch den Sehschlitz Felder, Wiesen, Wälder und einen Fluss wahrnehmen kann, hält der Bus vor einem Gebäude, das wie ein größeres Wohnhaus wirkt. Sieht eigentlich ganz nett aus. Da lässt es sich sicher ein paar Tage aushalten. Einer der beiden Beamten steigt aus, mit einer Kladde in der Hand, in der ich meine Akten, mein »Sündenregister« vermute. Er verschwindet in dem Haus, kommt nach einiger Zeit zurück. Der Bus fährt weiter. Dies war nur das Verwaltungsgebäude. Nun holpern wir ein paar Minuten über einen Feldweg. Der Bus hält erneut – und ich erstarre. Rund um das sehr viel größere Gebäude, das in einem hässlichen Eidottergelb gestrichen ist, zieht sich eine ungefähr fünf Meter hohe Mauer, die von Nato-Drahtrollen gekrönt ist. An diesem Draht sind anstelle der Stacheln Rasierklingen angebracht, die bei einem Versuch, über die Mauer zu klettern, nicht nur ein paar Kratzer hinterlassen würden. Alle Fenster des Gebäudes sind vergittert.

Mein Begrüßungskomitee besteht aus einem älteren, grauhaarigen kleinen Mann und, hinter ihm, drei Schränken von Männern in weißer Montur. Das ist eine Irrenanstalt, fährt es mir durch den Kopf. Sie sperren dich in eine Irrenanstalt ein! Und das sind die Irrenwärter. Der Grauhaarige, der sich als Leiter der Aufnahmestation vorstellt, fordert mich auf, ihm und den Pflegern zu folgen. Meine Tasche muss ich auf einen kleinen Wagen legen – Kishon und King werde ich vorerst nicht wiedersehen.

Als Nächstes dirigieren mich die drei Schränke in einen Raum. Sie fordern mich auf, mich nackt auszuziehen. Sie fassen mir kurz in die Haare, obwohl sie eigentlich sehen müssten, dass sich in den millimeterkurzen Stoppeln nichts verstecken lässt. Aber wenigstens muss ich mich nicht bücken, diese peinliche Untersuchung bleibt mir erspart. Dann darf ich mich wieder anziehen. Ich fühle mich ausgeliefert und sehr verloren. Ein junger Arzt betritt den Raum. »Sie wissen, warum Sie hier sind?«, fragt er mich, und ich beeile mich zu beteuern: »Das ist ein Irrtum, ich habe einen Platz auf einem therapeutischen Bauernhof, bitte veranlassen Sie, dass ich dort schnell hinkomme.« – »Hier bleiben Sie sowieso nicht«, antwortet er, »ich bin nur der Stationsarzt im Haus 3, hier werden alle Ankommenden registriert. Ein Komitee wird dann später entscheiden, wo man Sie unterbringt.«

Ich bin zunächst beruhigt. Der Bauernhof verklärt sich immer mehr zu meinem Paradies. Bald werde ich dort sein.

Der Komplex des Zentrums für Forensische Psychiatrie besteht aus mehreren Häusern für verschiedene Bereiche. Es gibt Bereiche für Arbeits- und Beschäftigungstherapie, für heilpädagogische Behandlung, einen Hochsicherheitstrakt für psychotische und persönlichkeitsgestörte Straftäter, aber auch einen normalen psychiatrischen Bereich, der nicht so stark gesichert ist. Im Haus 3 entscheidet ein Komitee von Ärzten anhand der Persönlichkeitsstruktur, den Delikten, den Auffälligkeiten, in welchem Haus der Neuankömmling untergebracht wird.

Die Fragen des aufnehmenden Arztes nach Krankheiten, Allergien, Medikamenten, Drogenkonsum, Alkoholmissbrauch kann ich alle verneinen. Dann will er wissen, ob ich mich für gemeinschaftsfähig halte. Ich verstehe die Frage nicht, und er erklärt mir, dass man mich auf einer Gemeinschaftsstation unterbringen könne, wenn ich keine

Schwierigkeiten mache. Sonst müsse ich isoliert werden. Ich bin ein junger Kerl, ich möchte lieber mit anderen zusammen sein, dann geht die Zeit schneller um, bis ich auf den Bauernhof darf.

Ein Pfleger bringt mich auf die Gemeinschaftsstation im Haus 3/1. Ich werde über einen langen Flur gelotst. Rechts und links liegen die Einzelzellen. In ihnen sind Straftäter untergebracht, die man für »nicht gemeinschaftsfähig« hält. Im Vorbeigehen kann ich sie durch die Gitterstäbe sehen. Sie tragen lange weiße Gewänder, die mich an Leichenhemden denken lassen. »Feste Hemden« werden sie hier genannt. Sie bestehen aus robustem Baumwollstoff, du kannst sie nicht zerreißen und keinen Strick aus ihnen drehen. Ein Glatzkopf starrt mich aus tief liegenden Augen an, mir läuft ein Schauder über den Rücken. Was für ein Glück, dass ich dieses Hemd nicht tragen muss. Durch eine Schleusentür gelangen wir schließlich in die beiden Gemeinschaftsabteilungen, die nur durch ein Dienstzimmer voneinander getrennt sind. Innerhalb dieser Wohngemeinschaften kann man sich frei bewegen. Sie bestehen aus mehreren Zwei- und Dreibettzimmern, deren Türen offen stehen, sowie einem größeren und einem kleineren Aufenthaltsraum, Letzterer ist für die Raucher bestimmt. Als Neuzugang kommt man gewöhnlich in das ungeliebte Dreibettzimmer. Man weist mir eine Schlafstätte zu, ein altes Metallbett auf Rollen. Wahrscheinlich aus einem Krankenhaus ausgemustert, wo es viele Schmerzen und letzte Seufzer ertragen musste. In jedem Zimmer gibt es, abgetrennt von den Betten, eine Toilette und ein Waschbecken. Ich schaue mich vorsichtig um. Da erblicke ich eine junge Frau in Zivilkleidung, die eigentlich ganz sympathisch aussieht, vielleicht eine Pflegerin oder Krankenschwester. Wenn sie hier eine Frau arbeiten lassen, kann es eigentlich nicht so gefährlich sein.

Im großen Aufenthaltsraum stehen viereckige Holztische und Holzstühle, einfach und zweckmäßig. An den Wänden hängen die üblichen Kunstdrucke, wie man sie in jedem Baumarkt bekommt. Ein kleiner Fernseher steht auf einem Regal. Es ist verboten, ihn tagsüber anzustellen. Erst am Abend ist Fernsehen erlaubt, jedoch nur bis zweiundzwanzig Uhr.

Die Fenster, die den Blick zum Innenhof freigeben, sind vergittert. In diesem betonierten Innenhof, der ungefähr die Größe eines halben Fußballfeldes hat, gibt es zwei Beete mit Grünzeug, eine Tischtennisplatte und einen Rundweg. Jeder Häftling darf sich dort eine Stunde am Tag aufhalten.

Alles hier ist verlebt und abgenutzt, es wirkt auf mich wie eine Zeitreise in die Vergangenheit. Aber das ist nicht meine Vergangenheit, das ist wie Kino, und plötzlich fällt mir der Film *Einer flog über das Kuckucksnest* ein.

Ich setze mich still in eine Ecke des Aufenthaltsraums und beobachte die anderen Insassen. Eine gewisse Psychiatrie-Erfahrung aus normalen Krankenhäusern habe ich ja bereits. Ich erkenne sofort zwei, drei Männer mit Psychosen an ihrer »Pfötchenhaltung«. Diese Männer bekommen sicherlich Haldol, ein Neuroleptikum, das ihre Psychose knacken soll, aber auch ein paar Nebenwirkungen hat. Sie bewegen sich wie ferngesteuert, als habe man sie einer Gehirnwäsche unterzogen, weil sich durch das Medikament die Kopf- und Halsmuskeln versteifen. Außerdem können sie ihren Speichelfluss nur eingeschränkt kontrollieren – sie sabbern. Und so einer schlurft auf mich zu und nuschelt: »Haste mal 'ne Kippe?« Ich bin Nichtraucher, es ist mir unangenehm, dass ich ihm keine Zigarette geben kann. Er ekelt mich an. Ein anderer befindet sich offensichtlich in einer manischen Phase. Er läuft wie ein Eichhörnchen hin und her und redet ununterbrochen mit sich selbst. Andere sitzen ähnlich wie ich in Ecken oder an einem Tisch und starren vor sich hin. Vor ihnen liegen schwarze runde Gummiteile, die ungefähr so aussehen wie früher die kleinen Schallplatten, die Singles. Ich habe keine Ahnung, wozu sie verwendet werden sollen. Die Männer zupfen die Fasern ab, die an den Rändern herunterhängen. Dass ich mich weigere, diese Idiotenarbeit zu verrichten, macht mich natürlich bei den Aufsehern nicht gerade beliebt.

Um sechzehn Uhr ist die Arbeitszeit, das Gummizupfen, zu Ende. Dann beginnt das »gesellschaftliche Leben«, das überwiegend aus Fernsehen und Rauchen besteht. Der Erste nähert sich mir und fragt: »Weswegen bist du hier? Kannst es mir ruhig sagen, wir kriegen das sowieso raus.« Er informiert mich dann auch gleich über die anderen: »Hier, bei denen musst du aufpassen, das sind Mörder. Der dort hinten hat einen Arzt und eine Krankenschwester als Geiseln genommen und auf sie eingestochen.« Er selbst, betont mein Gesprächspartner, sei eigentlich ein netter Kerl, er habe nur einen Dachboden angezündet. Dass er auch noch eine Frau brutal vergewaltigt hat, verraten mir dann die anderen. Da ist einer, der seine Frau erwürgt und ihr dann mit einem Messer die Augen ausgestochen hat, das bekomme ich in allen Einzelheiten erzählt. Ein anderer macht mir wirklich Angst. Er hat lange, zerzauste Haare und sieht bedrohlich aus. Das ist ebenfalls ein Vergewaltiger. Sie hatten ihn zunächst in dem Therapiehaus untergebracht, dort missbrauchte er eine Krankenschwester und schlug einem Beschäftigungstherapeuten von hinten eine Flasche über den Kopf. Aber die meisten hier bekommen Psychopharmaka und sind entsprechend friedlich. Hier werden auch nur die minderschweren Fälle verwahrt, die wirklich gefährlichen Kracher sitzen in den »Tigerkäfigen«.

Als ich einem Typen erzähle, dass ich ein paar parkende Autos beschädigt habe, will er es natürlich nicht glauben. Die Reaktion kenne ich bereits: Er lacht sich kaputt über mich. Es gibt hier in F. eine eigene Sprache, »Schockel« werden die psychisch kranken Rechtsbrecher genannt; Leute wie ich, die keine Gewalt- oder Sexualdelikte begangen haben, sind die »Eierdiebe«. »Der hat in einer Einbahnstraße geraucht«, spotten sie über mich.

Ich stehe in der Hierarchie ganz unten. Danach kommen die Brandstifter, die beim Zündeln häufig ihre sexuellen Bedürfnisse befriedigen, weil sie nicht den Mut haben, eine Frau anzufassen. Dann kommen die Räuber, die Vergewaltiger, die Mörder und ganz oben in der Hierarchie die Mehrfachmörder.

Um zweiundzwanzig Uhr ist Einschluss. Jeder muss in sein Zimmer, dann wird die schwere Gittertür abgeschlossen, die unsere Abteilung von der anderen trennt. Meine beiden Zimmergenossen liegen längst in ihren Betten. Es sind zwei von den »Haldol-Zombies« – und ich bin froh darüber, denn vor ihnen bin ich wenigstens sicher. Erschöpft von den Eindrücken dieses Tages schlafe ich schließlich auch ein.

Gegen halb sieben am nächsten Morgen öffnet sich die Gittertür laut rasselnd, und wir bekommen unser Frühstück: Zwei Scheiben Brot, einen Klecks Marmelade aus dem Eimer, Margarinepöttchen, Scheibe Käse oder Wurst. Jeden zweiten Tag ein frisches Brötchen. Zum Stillen unseres Bildungshungers gibt es eine kleine Bücherei auf Rädern, die einmal in der Woche hereingeschoben wird. Ich lerne Konsalik schätzen, der hier reichlich vertreten ist. Es bleibt mir ja nichts anderes übrig.

In F. ist Zeit ein relativer Begriff. Hier nutzt es nichts, die Tage zu zählen. Die Tage bis zu der Behandlungsplan-Konferenz, die über mein weiteres Schicksal bestimmen wird. Meistens sitze ich mit dem Rücken zur Wand und beobachte, wie die anderen Gummifasern zupfen. Am zweiten Tag kommt dieser grauhaarige, leicht untersetzte Oberpfleger an meinen Tisch und raunzt: »Es ist Arbeitszeit.« In mir meldet sich der Westfale: »Nicht für mich. Ich denke, das hier ist ein Krankenhaus. Ich wusste nicht, dass Patienten arbeiten müssen. Außerdem bin ich für diese Gummifasern nicht dumm genug.« Ich gebe mich cooler, als ich bin.

Mein erstes Fußballspiel in der Turnhalle endet in einem Fiasko. Ich spiele für mein Leben gern Fußball. Ich werde der linken Mannschaft zugeordnet, das sind die Männer aus der linken Abteilung von Haus 3. Wir spielen gegen die Männer aus der rechten Abteilung. So ein kleiner dicklicher Typ von der gegnerischen Mannschaft, er mag vielleicht Ende zwanzig sein, schiebt den Ball vor sich her und läuft an mir vorbei. Ich kicke den Ball von seinem Fuß, ohne diesen zu berühren. Der Typ läuft noch fünf Meter ohne Ball weiter, bis er es bemerkt, schreit auf, dreht sich um und rennt wie ein Kampfstier mit gebeugtem Kopf auf mich zu. Blitzschnell packe ich ihn, schwinge ihn über meine Hüfte auf den Boden und halte ihn fest, schließlich habe ich mal Judo gelernt. Drei Pfleger stürmen auf mich zu und brüllen: »Lassen Sie sofort den Mann los!« Ich liege ebenfalls auf dem Boden, während ich ihn fest im Griff habe, und schaue zu den Pflegern hoch, die im Begriff sind, mich zu packen. Schließlich lasse ich los. Am Nachmittag werde ich zu einem Arzt zitiert: »Sie wollen mir weismachen, dass Sie nicht gefährlich sind, und gleich am ersten Tag beim Sport fallen Sie so massiv aus der Rolle.« Ich verteidige mich, dass ich nicht gewusst habe, wie gefährlich der Typ sei, und dass ich mich nur geschützt habe. »Sie hätten ja auch weglaufen können«, meint der Arzt. »Aber Fußballer laufen nicht weg, das wäre doch feige«, entgegne ich. Manchmal spiele ich mit einem Nachtpfleger Schach. Er ist ein polnischer Spätumsiedler und der einzige warmherzige Mensch in diesem Saustall.

Eines Tages bekommen der große Fettwanst, der eine Krankenschwester und einen Arzt als Geiseln genommen hatte, und der kleine Manische Streit. Der Große, der von dem Dauerquassler genauso genervt ist wie wir alle, gibt ihm ein paar Ohrfeigen, damit er endlich still ist. Der Pfleger geht dazwischen und zerrt den Kleinen weg. Da springt der Große auf, nimmt seine Colaflasche – damals waren sie noch aus Glas –, haut sie an einer Tischkante kaputt und geht mit dem gezackten Hals auf den Pfleger zu. Dabei kommt er an mir vorbei. Ich überlege nicht lange, sondern packe den nächsten Stuhl und haue ihm auf die Hand, worauf er die Flasche fallen lässt. Doch schon stürmen mehrere Pfleger in den Raum, werfen sich auf mich und zerren mich in eine dieser vergitterten Einzelzellen. Ich muss mich ausziehen und bekomme das Leichenhemd. Keine Unterwäsche, keine Socken, keine Schuhe. Auf dem Fußboden liegt eine Matratze, daneben ein Schaumstoffwürfel, das ist das gesamte Mobiliar. Meine Verzweiflung ist grenzenlos. Ich rüttle an den Stäben, schlage meinen Kopf gegen die Wand. Ich weine.

Am nächsten Morgen kommt ein Arzt und fragt mich vorwurfsvoll, was für ein Gewaltpotenzial man haben müsse, um mit einem Stuhl auf seinen Mitpatienten einzuschlagen. Meinen Einwand, dass dieser Mitpatient einen abgebrochenen Flaschenhals in der Hand gehabt habe, will er nicht hören.

Erst am späten Nachmittag tritt der Nachtpfleger seinen Dienst an und entlastet mich. Ich darf das Leichenhemd wieder ausziehen und in meine Abteilung zurückkehren. Ein Dankeschön oder eine Entschuldigung gibt es nicht. Aber nun werde ich wenigstens in Ruhe gelassen. Die anderen bekommen langsam Respekt vor mir. Und auch ein bisschen Angst.

Für einen Borderliner wie mich ist das eigentlich eine Traumsituation, so komisch es klingen mag. Die ständig empfundene Bedrohung durch Mitpatienten, durch Pfleger und Ärzte schafft eine Atmosphäre, in der ich kämpfen und mich wehren muss. In dieser Krankheit steckt auch viel Kraft. So haben mir ihre Strukturen geholfen, F. ohne größere Verletzungen zu überstehen. Aber bis dahin ist der Weg noch lang.

Endlich findet die von mir seit Wochen ersehnte Behandlungsplan-Konferenz statt. Der Bauernhof rückt wieder in greifbare Nähe. Das glaube ich zumindest. Ich betrete den Raum, in dem die Konferenz stattfinden soll. Vor mir sitzen im Halbrund ein Arzt, nicht mehr ganz jung, aber sehr energisch. Neben ihm der Pfleger, den ich mit einem Stuhlbein gerettet habe, der Stationsarzt und die Psychologin. Meine Krankenakte liegt vor ihnen auf dem Tisch. Ich lege sofort los: »Gott sei Dank, dass das hier endlich stattfindet, und hoffentlich ist nach so vielen Wochen mein Platz auf dem Bauernhof noch frei, wo ich endlich die versprochene Psychotherapie bekomme.« Da blickt einer der Ärzte hoch und sagt sinngemäß: »Was wollen Sie machen? Eine Psychotherapie? Da sind Sie bei mir genau richtig, das ist nämlich mein Hobby.« Er fügt noch hinzu, dass die anderen auch nur mit Wasser kochten und überhaupt, diese neumodische Krankheit Borderline, die könne man auch hier behandeln. Ich brauche schließlich keine Edelpsychiatrie. Er könne sich gut vorstellen, dass ich in Haus 25 passen würde. Ob Station 1 oder 2, das müsse man sehen, wo noch ein Platz frei sei.

Dann rauscht er ab, und die Konferenz ist beendet. Übrigens hat dieser Arzt die Klinik längst verlassen und sein Abschied soll nicht gerade glanzvoll gewesen sein.

Mein Pfleger, der einzig mitfühlende Mensch in diesem Raum, klopft mir auf die Schulter: »Mach dir keine Sorgen, das ist das beste und modernste Haus in F., da wird nach den neuesten Erkenntnissen der Forschung gearbeitet. Da gibt es sogar Wohngruppenvollzug. Und du bekommst nach einiger Zeit die Erlaubnis, im Ort einzukaufen oder auch mal in die Stadt zu fahren.« Dieser Wohngruppenvollzug wurde damals als das Nonplusultra zur Behandlung psychisch gestörter Rechtsbrecher angepriesen und war gerade in F. eingeführt worden.

So kam ich in den Hochsicherheitstrakt, in das Haus 25/2, in den Vorhof der Hölle.

Aber wie bin ich da nur hineingeraten?

Begonnen hat alles am 31. Juli 1966, am Tag meiner Geburt.

Eine schwierige Kindheit 1

Eine Rabenmutter ist eine Mutter, die ihre Kinder im Stich lässt. So heißt es. Über Rabenmütter wird mal mehr, mal weniger heftig in den Medien diskutiert. Aber der Begriff selbst wird selten hinterfragt.

Er geht auf eine Beobachtung zurück, dass junge Raben nach dem Verlassen des Nestes am Boden sehr unbeholfen wirken und scheinbar zu früh sich selbst überlassen sind. Es heißt auch, dass sie von ihren Eltern aus dem Nest gestoßen wurden. Aus dieser einseitigen Wahrnehmung kam es zu dem Trugschluss, dass Raben keine fürsorglichen Eltern seien. Das stimmt aber nicht. Das Gegenteil ist der Fall: Junge Raben sind zwar Nesthocker, verlassen aber vor Erlangen der Flugfähigkeit aus eigenem Antrieb das Nest. Die Elternvögel füttern ihre bettelnden Jungen noch einige Wochen lang nach deren Nestflucht, warnen und schützen sie vor Feinden.

So ungefähr steht es im Internet-Lexikon Wikipedia.

Trotzdem spiele ich gern mit dem Begriff, wenn ich über meine Mutter nachdenke. Ja, sie war eine Rabenmutter, weil sie mich verstieß. Nein, sie war keine Rabenmutter, weil sie mich als kleines Kind nicht vernachlässigte. Jedenfalls bis zu dem Tag, an dem sie uns verließ. Mich und meine Geschwister. Zu so etwas sind wohl nur Menschen fähig.

Ich hasse meine Mutter nicht dafür. Heute wäre es mir völlig gleichgültig, ob diese für mich fremde Frau sechs Richtige im Lotto gewänne oder ob sie in der Gosse landete. Sabine, meine »kleine Schwester«, hätte damit vielleicht ein Problem, denn sie ist mit einem ausgeprägten Helfersyndrom belastet. Sie tut alles, um andere zu retten, und diese anderen sind hauptsächlich Männer. Damit versucht sie, ihr eigenes angeschlagenes Selbstwertgefühl zu retten, und begibt sich damit immer wieder in fatale Abhängigkeiten. Das ist ihre Wunde, die aus der Kindheit herrührt. Als ich sie einmal fragte, ob sie Mutter unterstützen würde, wenn diese in eine Notlage geriete, sagte sie mir: »Ich würde mir wünschen, Nein zu sagen. Aber ich weiß es wirklich nicht, ob ich dazu in der Lage wäre.«

Mein Vater Heinz Detert stammt aus einer bäuerlichen Familie aus dem Lipper Land. Ich sehe ihn vor mir, den Vater meiner Kindheit, diesen geschätzte hundertdreißig Kilo schweren, 1,80 Meter großen Koloss, der nicht fett, sondern muskulös und stark war. Lediglich sein mächtiger Bauch verriet seine Vorliebe für deftige Hausmannskost.

Meine Mutter Ruth Detert, geborene Müller – später trug sie einen anderen Namen –, war ebenfalls sehr groß, aber dabei schlank, trotz der sieben Kinder, die sie im Lauf der Jahre in die Welt gesetzt hatte. Als junge Frau soll sie sehr hübsch gewesen sein. Sie pflegte ihren Kaffee mit Weinbrand zu vermischen, im Verhältnis 50 zu 50, so wurde hinter vorgehaltener Hand über ihren Alkoholkonsum geklatscht. Mein Bruder Martin und ich kommen äußerlich mehr nach unserer Mutter, meine Schwestern Elke und Sabine erbten Vaters Statur, gegen die sie mehr oder weniger erfolgreich zeitlebens ankämpfen müssen.

Sie lernten sich über eine Anzeige kennen. Vater näherte sich schon den Dreißigern, er war nicht gerade der Typ, auf den die Frauen flogen. Und Mutter hatte bereits ein Kind, gezeugt von einem verheirateten Schuster, der sie sitzen ließ. Das war damals, zumal auf dem Land, ein heiratsfeindlicher Makel.

Vater nahm sie trotzdem zur Frau. Für sie war das die Fahrkarte in ein halbwegs bürgerliches Leben, denn er arbeitete bei der Post und hatte ein zwar nicht üppiges, aber doch gesichertes Einkommen.

Vater hatte als Vierzehnjähriger nach dem Krieg als Telegrammbote bei der Post angefangen. Dann war er fast zehn Jahre Briefzusteller. In den 1950er-Jahren arbeitete er kurzfristig in einer Maschinenfabrik, bevor er nach einem Intermezzo als Gastwirt bei der Deutschen Bundesbahn Pakete austrug.

Über den Bauernhof, auf dem er aufgewachsen war, hatte er von Bekannten seiner Großeltern das Angebot bekommen, ein ländliches Gasthaus zu übernehmen. Ich glaube, dass er zum Gastwirt taugte, denn er war ein umgänglicher Mensch und trank keinen Alkohol. Doch meiner Mutter gefiel das alles nicht. Sie langweilte sich in dem Dorf, in dem sich nichts Aufregendes ereignete. Schließlich fügte sich mein Vater ihren Wünschen, gab den Gasthof auf und ging mit ihr zurück nach Bielefeld, wo er fortan bis zu seiner Pensionierung für die Bahn Pakete transportierte.

Ich war sechs Jahre alt, als wir Anfang 1972 nach Bielefeld zogen. Erinnerungen, die im Halbdunkel liegen: Bevor meine Schwester Sabine zur Welt kam, war ich das Nesthäkchen und saß oft auf Mutters Schoß, eine Liebkosung, die sie mir nicht verweigerte. Doch an andere Zärtlichkeiten kann ich mich nicht erinnern. Trotzdem scheint sie sich um mich gekümmert zu haben. Es gibt eine Anekdote aus dieser Zeit, die in der Familie gern erzählt wird: Als Kleinster und Jüngster hatte ich es schwer, mich gegen drei ältere Geschwister durchzusetzen, den mir zustehenden Anteil an Fürsorge zu bekommen. Vor allem bei den Mahlzeiten. Deswegen stellte meine Mutter immer zwei Tassen Kakao an meinen Platz, damit ich nur ja nicht zu kurz käme, falls mir eine von den Geschwistern weggeschnappt würde. Nein, sie war keine Rabenmutter. Damals jedenfalls noch nicht.

Meine Mutter kam aus einem denkbar schlechten Umfeld. Ihr Vater war mehr oder weniger gebrochen aus dem Krieg zurückgekommen, hatte sich dann seinen Lebensunterhalt als Schrotthändler verdient; er trank, zeugte mehrere Kinder und lebte mit seiner Familie in einer Barackensiedlung am Rande von Bielefeld. Eine Bekannte meiner Mutter verdiente ihr Geld als Prostituierte, eine andere wurde von ihrem Mann erwürgt – ich hatte ihn noch gekannt, den Mörder. Zu mir war er immer sehr nett, nur etwas jähzornig, was dann zu dieser schrecklichen Tat führte, die in der Familie gern unter den Teppich gekehrt wurde. Zwei weitere Bekannte waren Alkoholiker und Kleinkriminelle. Das war wirklich kein feiner Umgang. Ich verstehe meine Mutter, dass sie aus diesem Umfeld fliehen wollte und dafür einen ungeliebten Mann, meinen Vater eben, heiratete.

Ich verstehe auch, dass sie eines Tages ihrer Liebe, vermutlich der einzigen Liebe ihres Lebens, folgte, mit allen sich daraus ergebenden Konsequenzen. Bis auf die eine.

Ein Herbsttag im Jahr 1972, die Sommerferien waren zu Ende gegangen, und ich besuchte seit ein paar Wochen die erste Klasse der Grundschule in Bielefeld. Das Lernen machte mir Spaß und ging mir leicht von der Hand. Die Lehrerin hatte mich gelobt, weil ich so toll rechnen konnte.

Ich kann mich noch an jede Einzelheit erinnern, als ich an diesem Tag von der Schule nach Hause kam. Es regnete, und ich wollte mit Mutters Hilfe schnell meine nassen Klamotten loswerden. Doch Mutter war nicht da. Vater saß auf dem Ehebett und weinte. Dieser riesige, starke Kerl hockte da zusammengekrümmt, hielt sich die Hände vors Gesicht und stieß von Zeit zu Zeit leise Schluchzer aus. Seine Hände waren nass von Tränen. Kurze Zeit später kam Mutter nach Hause, betrat das Schlafzimmer und warf ein paar Sachen in eine große Tasche. Es ging blitzschnell, und sie sagte dabei kein Wort. Uns Kinder beachtete sie überhaupt nicht. Da packte Vater meine kleine Schwester Sabine, meinen Bruder Martin und mich und stellte uns an die Wohnungstür. Wir sollten offensichtlich als Barriere dienen. Doch Mutter schob uns einfach zur Seite, riss die Tür auf, schlug sie hinter sich zu – und war für immer weg. Ihren unehelichen Sohn Thomas, unseren Halbbruder, hatte sie bereits vorgeschickt, wie wir später erfuhren. Unsere ältere Schwester Elke war nicht zu Hause, jedenfalls kann ich mich nicht erinnern, dass auch sie Zeugin dieses Dramas war.

Unser Vater mochte nicht wahrhaben, dass sich Mutter in einen anderen Mann verliebt hatte und zu ihm in seine kleine Wohnung in Bielefeld gezogen war. Nach der Scheidung von Vater heiratete sie diesen Mann, sie bekamen noch zwei Kinder und sind bis zum heutigen Tag ein Ehepaar.

Obwohl Mutter damals nichts mehr von sich hören ließ, glaubte Vater fest daran, dass sie eines Tages zurückkäme. Das versicherte er auch uns Kindern und nährte damit Hoffnungen und Sehnsüchte, die sich nicht erfüllten. Sie kam nicht zurück. Sie rief auch nie an, schickte uns keinen Brief, keine Karte, weder zu Weihnachten noch zum Geburtstag. Wir existierten einfach nicht mehr für sie. Wie soll ein Kind so etwas begreifen? Ich begreife es bis heute nicht.

Nachdem Vater herausgefunden hatte, wo sie mit dem Mann lebte, packte er eines Tages uns Kinder in sein Auto. Zuvor hatte er uns gesagt, dass wir unsere Mutter besuchen würden, und ich freute mich und dachte, alles wird gut. Aber nichts wurde gut. Vater stellte uns, wie sonst seine Pakete, vor die Haustür, klingelte und fuhr weg, nachdem er durch die Türöffner-Anlage eine Stimme antworten gehört hatte. Sie ließen uns nicht in ihre Wohnung. Stattdessen brachten uns Mutter und ihr neuer Lebensgefährte direkt zum Jugendamt. Was dort verhandelt wurde, weiß ich nicht, ich war noch keine sieben Jahre alt. Wir drei saßen eingeschüchtert und allein gelassen in einem Raum, die Stunden dehnten sich zur Ewigkeit.

Schließlich brachte uns eine Mitarbeiterin des Jugendamts in ein Kinderheim. Wenigstens Martin und ich durften zusammenbleiben. Wir kamen in einen riesigen Schlafsaal, wie es damals noch üblich war. Sabine wurde zu den Mädchen geschickt. Wir sahen sie lange nicht. Sie verstand die Situation am wenigsten, sie war doch erst vier Jahre alt. Thomas, unser Halbbruder, hatte es in der neuen Familie nicht lange ausgehalten und war zu uns zurückgekommen. Er wurde darauf vom Jugendamt in einem anderen Heim untergebracht.

Ich sah ihn nie wieder. Ich weiß aber, dass er später Lastwagen fuhr, wegen verschiedener Eigentumsdelikte mehrmals in Haft saß, wohl auch Drogen konsumierte, und dass er vor ein paar Jahren an den Folgen eines Unfalls starb.

Da nun nach Thomas' Flucht im neuen Heim der Mutter »ein Platz« frei war, wollte unsere ältere Schwester Elke, die damals zehn Jahre alt war, diesen Platz einnehmen. Sie setzte sich vor der Haustür auf den Bordstein und bettelte so lange, bis Mutter sie schließlich aufnahm. Sicher bekam sie saubere Kleidung und regelmäßig zu essen. Aber körperliche Zuwendung, Zärtlichkeit, Liebe konnte Mutter auch ihr nicht geben, davon bin ich überzeugt. Elke sagt heute noch, wenn sie damals nicht so beharrlich gewesen wäre, hätte man sie ebenfalls in ein Heim gesteckt. Sie ist die einzige von uns Geschwistern, die ihr Abitur machte. Das habe sie Dieter, dem neuen Mann von Mutter, zu verdanken, der sie sehr gefördert habe, erzählte sie einmal Sabine.

So kam es zu der Trennung von dieser Schwester, zu der ich bis heute kein besonders inniges Verhältnis habe. Wir treffen uns nur selten, wenn es in der Familie etwas zu feiern oder zu betrauern gibt. Deswegen möchte ich nicht mehr über sie erzählen. Sie ist beruflich erfolgreich, ist verheiratet und hat zwei Kinder. Nach außen zumindest lebt sie in einer geordneten Welt.

In dem Kinderheim blieben Sabine, Martin und ich nur ein paar Monate. Dann durften wir wieder zu unserem Vater, der alle Hebel in Bewegung gesetzt hatte, um uns aus dem Heim zu holen. Dafür hatte er ein Konstrukt gebastelt, das vom Jugendamt akzeptiert wurde, unseren Schlamassel aber nur noch vergrößerte. Unser Opa, der Vater von Mutter, würde künftig bei uns wohnen, auf uns aufpassen und uns versorgen, während Vater bei der Arbeit war. Dieser Opa war aber Alkoholiker und alles andere als ein Vorbild für uns Kinder. Da stand dann auch häufig die Familienfürsorge vor der Tür, in Gestalt einer strengen Dame mit schwarz umrandeter Brille, die mich an Tante Prüsseliese aus *Pippi Langstrumpf* erinnerte.

Bei uns zu Hause herrschte das Chaos. Zur Schule ging ich eigentlich nur, wenn schlechtes Wetter war. Zähneputzen? Haare waschen? Unterwäsche wechseln? Fehlanzeige. Es war typisch für Vater und sollte sich in den kommenden Jahren noch oft wiederholen: Er setzte alles daran, dass wir bei ihm leben durften. Waren wir aber erst einmal da, kümmerte er sich nicht mehr um uns.

Das Jugendamt befand, dass uns bei Vater Verwahrlosung drohte, und schickte uns in ein gerade neu entstehendes Kinderdorf bei Minden. Dort experimentierte man damals mit einem völlig neuen Konzept. Für die Kinder und Jugendlichen, die aus verschiedenen Gründen nicht mehr bei ihren Eltern leben konnten oder durften, wurden keine Pädagogen als Erzieher und Betreuer zur Verfügung gestellt, sondern Ehepaare mit eigenen Kindern, die bereit waren, ehrenamtlich mehrere Pflegekinder aufzunehmen und ihnen so eine Ersatzfamilie zu bieten. Dafür durften sie in einem der gerade neu erbauten geräumigen Häuser mietfrei wohnen.

Inzwischen hat sich das Konzept etwas geändert: Zumindest ein Teil der Pflegeeltern ist pädagogisch geschult. Sie sind seit 1989 Angestellte des Kinderdorfs mit allen damit verbundenen Pflichten und Vorzügen – wie zum Beispiel einer späteren Rente. Damals hatte sich das junge Ehepaar Renate und Holger Berger spontan entschlossen, entwurzelten Kindern wie uns ein Heim zu bieten. Er arbeitete als

Ingenieur in Paderborn, sie war, neben ihrer Tätigkeit als Hausfrau und Mutter, aktiv bei der Gewerkschaft. Sie hatten drei eigene Kinder, die ungefähr in unserem Alter waren: Susanne, Jan und Ulf. Wir wurden ihre ersten Pflegekinder. Deswegen ist ihre Erinnerung an uns bis heute besonders lebendig. Wir haben wohl unsere Spuren hinterlassen, im Guten wie im Bösen. Meine Schwester Sabine sagt manchmal halb im Scherz, weil sie so ein Biest gewesen sei, habe sie die Pflegeeltern für alle künftigen Problemfälle abgehärtet, und das sei doch letztlich eine gute Sache.

Vor Kurzem besuchte ich nach längerer Zeit zusammen mit Sabine unsere ehemalige Pflegemutter Renate Herbst. So heißt sie in ihrer zweiten Ehe. Sabine, für die Renate eine wirkliche Mutter geworden ist, holte ihre zwei Jüngsten, Jeannette und Jonas, ab, die bei der »Oma Renate« zwei Urlaubswochen verbracht hatten. Da Sabine keinen Führerschein und kein Auto besitzt, hatte ich ihr angeboten, sie zu chauffieren.

»Du wirst dich wundern, was sich hier alles verändert hat«, sagte mir Sabine, als wir in dem kleinen Städtchen in die Goethestraße einbogen, ein Stück weit durch Wiesen und Felder fuhren und schließlich mitten auf dem Dorfplatz des Kinderdorfes das Auto parkten. Kinder sah man kaum an diesem heißen Sommertag, sie tummelten sich alle im nahe gelegenen Freibad. Ich bewunderte die mosaikgeschmückten Garagen im Hof, an denen wir entlangfuhren, ich bemerkte die Skaterrampen und Basketballkörbe, die es damals noch nicht gegeben hatte. Und ich freute mich, dass die einstmals schwarzen abgeschrägten Dächer, die wie Dreispitze auf den weißen Kuben der Häuser sitzen, die sich rund um den Dorfplatz gruppieren, nun in freundliches Hellrot getaucht waren. In einem dieser Dachgeschosse hatte ich eine Zeit lang das Zimmer mit meinem Bruder Martin geteilt.

Das Gelände rund um die Häuser erkannte ich kaum wieder. Damals standen ein paar der Wohnhäuser ziemlich verlassen inmitten einer kahlen Ackerfläche, das Gemeinschaftshaus wurde gerade erbaut, es gab noch keine Gärten, nur einige frisch gepflanzte Bäumchen ließen erahnen, dass hier einmal ein Park entstehen würde.

Die Tür stand offen im Haus der Familie Herbst. Jonas lief auf seine Mutter zu. Er hatte sich im Freibad beim Herumtoben gestoßen und eine dicke rote Nase abgekriegt. Deswegen war er als einziges Kind im Haus und durfte ausnahmsweise fernsehen. Dann betrat Renate den Raum. Sie nahm Sabine in die Arme und drückte sie fest an sich. Ich wusste nicht so recht, wie ich mich verhalten sollte. Ich hatte sie lange nicht gesehen. Schließlich rang ich mich zu einem »Hallo, Renate« durch, aber schon umarmte sie mich, was mir etwas unangenehm war. Ich empfand Beklemmungen bei zu viel körperlicher Nähe, die auf mich wie eine Vereinnahmung wirkte. »Mein Gott, bist du groß geworden«, sagte Renate. Sie stand nun kurz vor ihrer Pensionierung. Ihre hellen Augen strahlten noch immer diese besondere Energie aus, die mir damals so viel Angst eingejagt hatte, als mir diese resolute Frau plötzlich als neue Mutter vorgesetzt wurde.

»Damals, erinnerst du dich noch, als wir im Oktober 1975 bei dir ankamen?«, fragte ich Renate. Wir saßen inzwischen im Garten. Jedes Haus hier hat einen eigenen Garten. Die Bäume waren über die Jahre groß geworden, ihre Äste ausladend, sie spendeten angenehmen Schatten. »Oh ja«, sie lachte, »und wie!«

»Du fielst mir sofort auf mit deinen blonden Locken, die sich bis auf die Schultern kringelten, und die offensichtlich schon lange keine Bürste mehr gespürt hatten. Du trugst zwar Schuhe, aber nur eine Socke, und die war durchlöchert. Auch deine Geschwister hatten Wildwuchs auf dem Kopf, sie waren aber nicht so blond wie du. Gemüffelt habt ihr alle drei, mir war klar, dass ihr schon lange nicht mehr die Hosen und Pullover gewechselt hattet. Und die Dreckränder an euren Hälsen blieben mir auch nicht verborgen.«

»War ich damals eigentlich frech oder eher schüchtern?«, wollte ich von Renate wissen. »Du warst ein Sonnenschein«, antwortete sie schnell mit einem entschuldigenden Blick zu Sabine, um nur ja keine Eifersucht aufkommen zu lassen. »Ich habe euch wie meine eigenen Kinder früh daran gewöhnt, im Haushalt mit anzupacken. Einmal versuchtest du, im Wohnzimmer Staub zu wischen. Dabei hast du mit dem Rohr des Staubsaugers die ganze Fensterbank abgeräumt. Die Vasen und Porzellanfigürchen flogen auf den Boden und gingen zu Bruch. Nach einem kurzen erstaunten ›Oh‹ strahltest du mich an und sagtest: ›Kann ich nichts für.‹ Ein anderes Mal solltest du mir helfen, die Spülmaschine leer zu räumen. Du packtest einen Stapel von ungefähr zehn Tellern und ließest sie prompt fallen, lachtest verlegen und sagtest: ›Kann ich nichts für!‹ Man konnte dir nicht böse sein. Dein Charme war einfach entwaffnend.«

Ich muss lächeln bei der Vorstellung, so ein nettes, sonniges Kerlchen gewesen zu sein. Aber ich habe andere Erinnerungen. Bevor wir uns überhaupt zum ersten Mal mit an den Tisch setzen durften, wurden wir in die Badewanne gesteckt und von Kopf bis Fuß geschrubbt. Später schnitt sie uns die Haare. Unser Sträuben nutzte überhaupt nichts.

Ich wusste zunächst nicht, wie ich unsere Pflegemutter anreden sollte, schwankte zwischen Sie und Du, das Wort Mama brachte ich nicht über die Lippen. Ich hielt mich für besonders schwierig, als ich damals ins Kinderdorf kam. Renate ist da anderer Meinung.

»Sabine war ein aufsässiges kleines Biest, aber sie war die Erste, die mich Mama nannte und mit fliegenden Fahnen zu mir überlief. Genauso schnell ist sie allerdings auch wieder weggelaufen, als euer Vater draußen vor der Tür stand!

Martin war der Schwierigste von euch drei Geschwistern. An ihn ranzukommen war fast unmöglich. Die ersten vier Wochen sprach er mit mir kein Wort. Er war total sauer auf mich, als ich ihn in die Badewanne steckte. Auch später hat er meine Versuche, ihm Hygiene beizubringen, immer wieder boykottiert. Einmal lag auf seinem Schreibtisch ein noch nicht eingetüteter Brief, den er wohl an seinen Halbbruder Thomas schicken wollte. Ich war neugierig und las, dass es hier furchtbar sei, ›wie in einem Heim‹, schrieb er. Als er mittags aus der Schule kam, fragte ich ihn, was er damit meine, ich hätte geglaubt, dass wir eine richtige Familie seien. Da stöhnte er: ›Morgens Zähne putzen, mittags Zähne putzen, abends Zähne putzen, das hält ja keiner aus.‹ Du hingegen fandest allmählich Gefallen daran, dich mit warmem Wasser zu waschen. Du entwickeltest schließlich eine wahre Leidenschaft fürs Baden. Manchmal musste man dich aus dem längst abgekühlten Wasser ziehen.«

Ganz allmählich fügten wir uns in den Alltag im Kinderdorf ein. Wir besuchten die Dorfschule, und es tat gut, nicht mehr ausgelacht zu werden wegen dreckiger Klamotten und ungepflegter Matte auf dem Kopf. Wir lernten, mit Messer und Gabel zu essen und uns täglich zu waschen. Unser Pflegevater Holger, der ein eher stiller Zeitgenosse war, unternahm viel mit uns an den Wochenenden. Ich erinnere mich, dass wir angeln gingen und im Herbst Pilze sammelten. Einmal bauten wir im Wald aus Ästen und einer Plane ein Zelt, in dem wir dann übernachteten, mit Lagerfeuer, heißer Suppe aus der Dose und Quellwasser, das wir ebenfalls über dem Feuer erhitzten, um damit Pfefferminztee aufzubrühen.

Aber es gab immer wieder Probleme mit den Kindern der Bergers. Ich hatte den Eindruck, sie waren eifersüchtig auf uns, weil wir ihrer Meinung nach mehr Aufmerksamkeit und Zuwendung bekamen als sie. Wir waren eifersüchtig auf sie, weil wir glaubten, dass sie mehr geliebt wurden als wir. Vor allem Jan und ich konkurrierten heftig. Einmal hatten wir uns gekloppt und wurden beide in unsere Zimmer verbannt. Jan, der seine Mutter natürlich besser kannte als ich und wusste, wie man sie erweichen konnte, durfte schneller wieder aus seinem Zimmer. Auf eine solche Ungerechtigkeit reagiert ein Pflegekind natürlich besonders sensibel.

Heute, als Erwachsener, sehe ich das mit dem nötigen Abstand. Renate war damals eine junge Mutter mit drei eigenen kleinen Kindern. Und plötzlich mussten diese ihre Mutter mit drei fremden Kindern teilen. Da ließen sich Konflikte nicht immer vermeiden.

Renate sagte mir einmal, dass sie aus dieser Konkurrenzsituation, mit der sie damals nicht so recht umgehen konnte, viel gelernt habe.

Der größte Störfaktor in den knapp zwei Jahren, die wir im Kinderdorf verbrachten, war unser Vater. Eines Tages tauchte er unangemeldet bei uns auf. Irgendwie hatte er es geschafft, unsere Mutter zu überreden, ihn zu begleiten. Renate erlaubte ihnen aber nicht, ihr Haus zu betreten und uns zu sehen. Sie stritten sich heftig, und sie verbot ihm, uns weiterhin zu besuchen. Martin und ich waren deswegen stinksauer. Das warf uns völlig aus der Bahn. Heimlich verabredeten wir uns eines Morgens. Anstatt zur Schule zu gehen, setzten wir uns auf unsere Fahrräder und fuhren die ungefähr fünfzig Kilometer bis nach Bielefeld, zur Wohnung unseres Vaters. Als wir völlig erschöpft ankamen, war die Wohnung verschlossen. Vater lebte dort nicht mehr. Wir schlossen uns in der Toilette ein, die sich im Treppenhaus befand. Es war eng und kalt, wir froren und wussten nicht weiter. Schließlich erlösten uns die Pflegeeltern, die schon vermutet hatten, wohin wir gegangen sein könnten, und uns mitten in der Nacht aus unserer unbequemen Situation befreiten. Sie mussten uns nicht überreden, mitzukommen. Wir waren froh, wieder bei ihnen zu sein.

Vater besuchte uns dann heimlich. Manchmal, wenn wir in den Ort gingen, stand er mit seinem Auto oben an der Straßenkreuzung, kurbelte das Fenster herunter und fragte: »Habt ihr mich denn gar nicht mehr lieb?« Was sollten wir tun? Brav stiegen wir in sein Auto und fuhren mit ihm nach Bielefeld. Manchmal nahm er uns wie früher mit, wenn er Pakete austrug, oder wir fuhren mit ihm zum Ausflugslokal »Schöne Aussicht«, wo er am Wochenende kellnerte. Ein paar Stunden später brachte er uns wieder zurück. Das blieb unserer Pflegemutter natürlich nicht verborgen. Sie zeigte ihn an wegen Kindesentzugs, weil er von Amts wegen nicht mehr über unseren Aufenthaltsort bestimmen durfte.

Dann heiratete Vater wieder. Diese Frau brachte drei Kinder in die Ehe mit und war damit einverstanden, dass auch wir in der neuen Familie aufgenommen wurden. Es gelang Vater, den Vormundschaftsrichter zu überzeugen, dass wir nun wieder die Chance bekamen, in einer richtigen Familie zu leben. Wir wurden ebenfalls gefragt und beteuerten, gern zu unserem Vater zurückkehren zu wollen.

Er hatte es mit seinen Fragen und Versprechen – »Habt ihr mich denn gar nicht mehr lieb?« oder »Ich bin nicht wie eure Mutter, ich werde euch nie im Stich lassen.« – geschafft, uns ein schlechtes Gewissen einzureden. Als er schließlich vorfuhr, um uns abzuholen, gingen Martin und ich zwar etwas zögerlich, jedoch freiwillig mit, Sabine aber huschte in sein Auto, ohne ihrer Mama Tschüss zu sagen. Das erzählte mir Renate viel später und auch, dass sie mit einem Kreislaufkollaps zusammenbrach und ihr Mann den Notarzt holen musste, nachdem wir das Haus verlassen hatten. Sie war untröstlich und voller Zorn auf unseren Vater. Noch heute glitzern Tränen in ihren Augen, wenn sie davon erzählt.

»Es war egoistisch und unverantwortlich von ihm, euch aus unserer Familie zu reißen. Ihr hattet euch gut entwickelt. Martin wollte Tierarzt werden. Er hatte in der vierten Klasse so gute Noten, dass wir ihn auf dem Gymnasium anmeldeten. Dich wollten wir auf die Realschule schicken, weil du zwar sehr intelligent bist, aber bei dir eine Legasthenie festgestellt worden war. Doch keiner von euch durfte auf eine höhere Schule wechseln, weil Herr Detert nun wieder über euch bestimmte. Die Kinder seiner neuen Frau besuchten die Hauptschule, das musste auch für euch reichen. Keine Extrawürstchen für die Detert-Kinder. Außerdem konntet ihr alle denselben Schulbus benutzen.«

Renate bekam sehr schnell neue Pflegekinder. Doch sie trauerte uns lange nach. Auf der anderen Seite, so sagt sie heute, habe die Trennung von uns sie ein Stück der Realität näher gebracht. Schließlich seien wir nicht ihre eigenen Kinder gewesen, und sie habe lernen müssen, loszulassen, wenn die leiblichen Eltern sich wieder um ihre Kinder kümmern konnten.

Vaters neue Frau, die er über den Verein alleinerziehender Mütter und Väter kennengelernt hatte, war noch katastrophaler als unsere eigene Mutter. Heute nenne ich sie nur noch »die Sektenfrau«. Sie gehörte einer obskuren Sekte an und erschien uns Kindern etwas merkwürdig, denn sie sprach ab und zu von Erleuchtungen.

Unser Vater hatte wieder einmal erreicht, was er wollte, nämlich uns aus dem Kinderdorf zu holen. Nun waren wir da, nun kümmerte er sich nicht mehr um uns. Das überließ er der Sektenfrau. Sie wollte unseren verwilderten Garten in ein blühendes Paradies verwandeln, was ja an sich keine schlechte Idee war. Nur, dass mein Bruder und ich diese oft harte Arbeit unter ihrer Regie verrichten mussten, fanden wir weniger gut. Martin schaffte das einigermaßen, aber ich war doch ein recht zarter Junge. Am schlimmsten traf es Sabine. Sie war nach Meinung der Sektenfrau vom Satan besessen, und den wollte sie ihr austreiben. Das tat sie mit dem Teppichklopfer, dem Handfeger, einem Gürtel, einem Besenstiel, was ihr gerade in die Hände geriet. Manchmal wurde Sabine stundenlang in ihr Zimmer eingeschlossen und bekam als einzige Lektüre die Bibel. Keiner durfte dann mit ihr sprechen. Sabine war Bettnässerin. Das wollte ihr die Sektenfrau mit Gewalt abgewöhnen, doch damit erreichte sie genau das Gegenteil. Erst mit dreizehn musste

Sabine ihr Bettzeug nicht mehr schamhaft vor uns verstecken.

Vielleicht litt ich noch mehr als Sabine unter der »bösen Stiefmutter«, die nicht aus der Märchenwelt kam wie die Stiefmutter von Aschenputtel, sondern bittere Realität war, denn ich konnte meiner kleinen Schwester nicht helfen. Das war für mich kaum auszuhalten. Ich war ja selbst noch ein Kind und dieser Frau ausgeliefert.

Schließlich kam es zur Trennung, worüber wir Kinder sehr erleichtert waren. Eines Tages erklärte die Sektenfrau, Jesus sei ihr erschienen und habe ihr verboten, weiter mit einem Mann zusammenzuleben. Da warf Vater sie hinaus, samt ihrer Brut. So jedenfalls stellt er es gerne dar. Ich glaube aber, dass die Sektenfrau freiwillig gegangen ist, sechs Kinder waren ihr wohl zu viel. Soweit ich weiß zog sie in die Schweiz, in das Haus der Sekte. Ich jedenfalls habe nichts mehr von ihr gehört. Und Vater hat nie mehr über sie gesprochen.

Während der kurzen Episode seiner zweiten Ehe hatte Vater ein Haus gekauft, einen Rohbau noch, dessen Besitzer pleitegegangen war. Vater wollte in dem fertigen Haus zusammen mit der Sektenfrau und allen Kindern leben.

Nun zogen wir zu viert in den Rohbau, der nie wirklich fertig wurde, denn Vater fuhr tagsüber Pakete aus und abends arbeitete er als Kellner. Wir sahen ihn kaum. Er war wirklich ein Malocher, das muss ich ihm lassen. Aber darüber vernachlässigte er alles andere. In dem Rohbau gab es anfangs keine Heizung und kein warmes Wasser. Wenn wir mal, was selten vorkam, das Bedürfnis hatten, uns zu waschen, stellten wir einen großen Topf auf die Herdplatte und warteten, bis das Wasser kochte. Das gossen wir dann in einen Eimer. Wenn das schmutzige Geschirr überhand nahm, stapelten wir es in der Badewanne und gossen heißes Wasser darüber.

Hin und wieder gab eine Frau ein Gastspiel in unserer Wohngemeinschaft. Obwohl Vater nicht gerade der Attraktivste war, hatte er immer Freundinnen. Die fand er in dem Verein alleinerziehender Mütter und Väter. Dort kamen ungefähr zwei Männer auf zwanzig Frauen. Somit hatte er eine große Auswahl. Und wenn die Frauen hörten, dass er ein eigenes Haus besaß, übersahen sie gern seinen dicken Wanst und erklärten sich bereit, ihm den Haushalt und die Kinder zu versorgen. Das ging aber nie sehr lange gut. Wer hielt es in diesem chaotischen Schweinestall schon aus? Schließlich kümmerten wir Kinder uns nicht mehr darum, ob da eine Frau herumlief oder nicht. Erziehungsversuche prallten an uns ab, wir ließen uns nichts mehr befehlen. Wir verwilderten. Unsere Freiheit war grenzenlos, wir konnten Freunde einladen und nachts im Rohbau mit ihnen Verstecken spielen, wir konnten bis in die Puppen schlafen, weil keiner uns ein Frühstück machte und uns in die Schule schickte. Vater erlaubte uns alles. Er hatte auch nichts dagegen, wenn ich spät am Abend in die Bielefelder Disco EX zog. Als Dreizehnjähriger war ich fast zu meiner vollen Größe aufgeschossen und wirkte dadurch um einiges älter, deswegen wurde ich von den Türstehern nie abgewiesen. Es gab in der Disco verschiedene Motto-Abende. Ich mochte am liebsten die Songs der Neuen Deutschen Welle, »Da! Da! Da!« von Trio, »Skandal im Sperrbezirk« von der Spider Murphy Gang oder »Hurra, die Schule brennt« von Extrabreit. Am Reggae-Abend waren Bob Marley und Peter Tosh die Favoriten. Die meisten Jungs und Mädels aber standen auf Hardrock. Wenn die Sounds von Deep Purple, AC/DC oder Uriah Heep durch den verrauchten Kellerraum dröhnten, brauchten sie nur auf der Tanzfläche herumzulungern, die langen Haare zu schütteln und mit dem Kopf zu wackeln. Nichts mit Anfassen und eins zwei drei im Wiegeschritt.

Noch heute wundere ich mich, dass ich mich damals nicht zu Alkohol und Drogen verführen ließ. Ein einziges Mal hatte ich versucht zu rauchen. Davon wurde mir jämmerlich schlecht. Die anderen beteuerten, das sei immer so bei der ersten Zigarette. Erst ab der fünften werde Rauchen zu einer Offenbarung. Ich aber fragte mich, warum ich eine zweite rauchen sollte, wenn mich doch schon die erste ankotzte.

Betrunken habe ich mich nur ein Mal auf einer Fete. Die Folgen hafteten so schmerzlich in meiner Erinnerung, dass es bei diesem einzigen Ausrutscher blieb.

Vater sagte später einmal: »Da habe ich doch offensichtlich einiges richtig gemacht.«

Mag schon sein. Hätte ich einen Alkoholiker oder einen Schläger zum Vater gehabt, hätte ich seine Verhaltensmuster vielleicht übernommen. Geschlagen hat mich Vater nur ein einziges Mal, als ich ungefähr dreizehn war. Er hatte mal wieder eine neue Freundin mit nach Hause gebracht, die ich überhaupt nicht mochte und über die ich ein paar nicht sehr nette Bemerkungen machte. Er verbat sich das mit den Worten: »Grins nicht so frech!« Ich grinste noch breiter und sagte: »Ich grins doch gar nicht.« Da rutschte ihm die Hand aus. Meinen Bruder hat es schon schlimmer erwischt. Martin betrank sich hin und wieder, vorzugsweise mit Whiskylikör mit Orangengeschmack. In einem solchen Zustand befand er sich eines Nachts, als er zusammen mit seinem Kumpel eine ganze Flasche des hochprozentigen Getränks geleert hatte. In der Nähe ihres

Saufgelages befand sich ein Forellenzuchtteich. In ihrem wirren Kopf öffneten sie die Schleuse, mit dem ablaufenden Wasser wurden zahlreiche Fische fortgespült, jene, die zurückblieben, zappelten noch eine Zeit lang auf dem Trockenen und verendeten schließlich. Dabei entstand ein Schaden von mehreren Tausend Mark, den Vater wohl oder übel bezahlen musste. Da schlug er zu. Zuerst mit der Hand, weil ihm das aber offensichtlich wehtat, riss er von der Garderobe die Leine unseres Hundes Charlie, einem schlappohrigen Cockerspaniel, den die Sektenfrau als Souvenir zurückgelassen hatte. Nur weil ich laut schreiend protestierte, hörte er schließlich auf. Ansonsten war Vater ein eher ruhiger und zurückhaltender Mensch, er sah sich lieber in der Rolle des Kumpels als in der des strengen Vaters. Weil er selbst nicht in der Lage war, seine Gefühle auszudrücken, konnte er sie auch nicht an uns weitergeben. Bei uns wurde nicht gekuschelt, nicht gestreichelt und schon gar nicht geküsst. Vielleicht mit ein Grund, warum Mutter sich einem anderen Mann zugewandt hatte. Auch mit Geschenken hatte Vater wenig im Sinn. Mir tat vor allem Sabine leid, und ich fand es beschämend, dass sie zum Geburtstag oder zu Weihnachten von Vater außer Geld nichts geschenkt bekam. So kaufte ich ihr kleine Geschenke, die ich mit viel Fantasie einpackte. Einmal bekam sie von mir eine Barbiepuppe. Daran erinnert sie sich noch heute. Und auch daran, dass ich ihr, als sie krank war, Tee kochte und eine Biene-Maja-Schablone und Farbstifte mitbrachte, damit die Zeit im Bett schneller vorbeiging. Sie hat aber auch nicht vergessen, dass sie bei ihrer Einschulung als einziges Kind ohne eine Schultüte erschien.

Weihnachten lief bei uns immer nach dem gleichen Muster ab: Vater musste bis Heiligabend mittags arbeiten.

Martin und ich halfen ihm dabei, die letzten Pakete auszutragen. Wenn wir gegen dreizehn Uhr fertig waren, fuhren wir in den Supermarkt, in dem es auch eine Spielzeugabteilung gab. Dort durften wir uns für hundert Mark etwas aussuchen, während Vater die Lebensmittel besorgte. Einmal kaufte ich von dem Geld, das eigentlich für mich bestimmt war, ein Barbie-Haus für Sabine. Die Geschenke legte ich dann unter den Weihnachtsbaum. Es war ein mickriges Tännchen im Topf, das wir auch im Supermarkt erstanden hatten, und das ich später in den Garten umpflanzte. Ich hatte es mit Lametta geschmückt. Vater kochte dann für uns alle, es gab Schweinebraten mit Blumen- oder Rosenkohl, dicker Soße und Kartoffeln, hinterher eine große Schüssel mit Schokoladenpudding, dem er selbst am meisten zusprach. Den Rest des Tages legte er sich aufs Sofa vor den Fernseher und war mit sich und der Welt zufrieden. Später, als Sabine schon wieder im Kinderdorf lebte, brachte er Weihnachten Frauen aus dem Verein der Alleinerziehenden mit nach Hause, während Martin und ich von unseren Kumpels Besuch bekamen, denen es in ihren Familien zu feierlich zuging.

Zu Hause übernahm ich immer mehr die Rolle der fehlenden Mutter. Schon früh fühlte ich mich für Martin und Sabine verantwortlich. Ich sorgte dafür, dass wir etwas zu essen im Haus hatten, weil Vater das oft vergaß. Ich kochte, ich schmierte Schulbrote. Ich hörte auf, kindlich zu denken.

Ein vorzeigbarer Jugendlicher

2

Eines Tages wurde Sabine beim Ladendiebstahl erwischt.

Als kleines Mädchen hatte sie an ihre leibliche Mutter nur undeutliche Erinnerungen. »Martin, der unsere Mutter ab und zu besuchte, hat mich einmal mitgenommen«, erzählte sie mir, als ich wissen wollte, wie sie über Mutter denkt. »Ich durfte zwei Minuten auf ihrem Schoß sitzen, bekam einen Kakao und ein Bütterchen vorgesetzt und fünf Mark in die Hand gedrückt. Aber dann schickte sie uns schnell wieder weg. Ihr neuer Mann hätte ja nach Hause kommen können. Unser Besuch wäre ihm sicher nicht recht gewesen.« Das blieb die einzige »zärtliche Geste«, an die sich Sabine erinnern kann. Eine Atmosphäre von Geborgenheit, Nähe, liebevoller Zuwendung und Vertrauen kannten wir Detert-Kinder nicht. Woher denn auch? Wir zeigten unsere Geschwisterliebe durch Raufereien. Dieser raue Umgangston zwischen uns ist bis heute geblieben.

In der Schule wollte damals kein Kind mit Sabine spielen. Sie war wie wir alle ungekämmt, verwahrlost und dreckig, deswegen wurde sie nie zu Kindergeburtstagen eingeladen. »Was blieb mir da anderes übrig, als mir die Freundschaft meiner Klassenkameraden zu erkaufen?«, versuchte sie einmal später, als sie schon erwachsen war, ihr damaliges Verhalten zu rechtfertigen. So begann sie zu klauen, Federmäppchen, Farbstifte, Kugelschreiber, Süßigkeiten. Sie wurde immer dreister. Einmal kam sie mit einer ganzen Plastiktüte voller Schokoriegel aus der Stadt. »Es ging ganz einfach«, sagte sie mir und war sichtlich stolz. Ich verriet sie nicht. Schließlich wurde sie von einem Kaufhaus-Detektiv bei einem ihrer Beutezüge in flagranti ertappt.

Ja, und dann stand die »Tante Prüsseliese« wieder vor unserer Tür. Sabine wurde vor die Wahl gestellt: in einem Kinderheim in Bielefeld untergebracht zu werden oder wieder zurück zu ihrer ehemaligen Pflegefamilie ins Kinderdorf zu gehen, das wir vor vier Jahren verlassen mussten. Sie entschied sich für das »kleinere Übel«, das sie ja bereits kannte. Martin und ich wurden auch gefragt, ob wir aus diesem verwahrlosten Zuhause wegwollten, aber die Freiheiten, die wir hier irgendwie auch genossen, mochten wir um keinen Preis aufgeben. Wir hatten uns an das Chaos längst gewöhnt. Und so blieben wir bei Vater, mit dem wir eine Schicksalsgemeinschaft der Verlassenen bildeten. Damals verteidigte ich ihn gegen jeden Angriff der Behörden mit Klauen und Zähnen, denn er hatte uns nicht verlassen wie unsere Mutter, sondern immer wieder um uns gekämpft. Heute weiß ich, dass er seine Kinder lediglich als Mittel zu eigenen Zwecken benutzte und uns auf seine Weise ebenso beschädigte, wie unsere Mutter es getan hatte.

Mit ihr wollte ich nichts mehr zu tun haben. Martin besuchte sie manchmal. Einmal brachte er mir eine Armbanduhr, die sie ihm als Geschenk für mich mitgegeben hatte. Wenn ich damals die Schule schwänzte, verbrachte ich die Stunden oft in der Comic-Abteilung unserer Stadtbibliothek, um in Asterix-Heften und in Donald-Duck-Comics zu schmökern. Mutter wohnte mit ihrem neuen

Mann und dessen Kindern in der Nähe der Bibliothek. An einem dieser »schulfreien« Vormittage klingelte ich bei ihr, ohne mir genau überlegt zu haben, was ich eigentlich von ihr wollte. Vielleicht wollte ich sie einfach nur provozieren. Sie tat so, als sei es das Normalste auf der Welt, dass ihr verstoßener Sohn sie besuchen kam. »Warum kommst du denn nicht öfter vorbei?«, sagte sie. Ich fragte sie ohne Umschweife, warum sie uns verlassen habe. Sie erklärte mir, dass damals in der Wohnung ihres neuen Mannes kein Platz für uns alle gewesen sei, und so habe sie sich eben entscheiden müssen, da sie kein eigenes Geld verdiente und nichts zu einer höheren Miete in einer größeren Wohnung hätte beitragen können. Wortlos legte ich die Uhr auf den Tisch und ging. Danach habe ich nie mehr mit ihr gesprochen. Selbst nicht bei der Hochzeit meiner Schwester Elke. Ein paar Jahre später – wir waren nun beide erwachsene junge Männer – schlenderten Martin und ich durch die Fußgängerzone. Da kam sie uns entgegen. Ich erkannte sie sofort, obwohl ich sie seit Jahren nicht mehr gesehen hatte. Sie begrüßte Martin, mich beachtete sie nicht. Ich lauerte auf jede ihrer Reaktionen, betrachtete ihr Gesicht wie durch eine Lupe. Kein Zwinkern ihrer Augen, kein Zucken ihrer Mundwinkel entging mir. Und ich sah die Falten an ihrem Hals. Sie schien es nicht zu bemerken. Das war schon eine ziemlich abgefahrene Situation. Entweder erkannte sie mich wirklich nicht und dachte, ich sei ein Freund von Martin, was man sich kaum vorstellen kann, oder es war ihr peinlich, mir zu begegnen. Blut ist eben nicht immer dicker als Wasser. Auch Sabine kann dazu eine »hübsche« Geschichte beitragen:

»Ich war noch keine achtzehn Jahre alt und hochschwanger mit meinen Zwillingen Carina-Kristin und Jan.

Der Kindsvater wusste nichts von dieser Schwangerschaft, die das Ergebnis einer kurzen Affäre war. In dieser Zeit hatte ich wieder mehr Kontakt zu meiner älteren Schwester, die ja bei unserer leiblichen Mutter aufgewachsen war. Elke hatte mich zu ihrem Polterabend eingeladen. Zusammen mit Vater ging ich dorthin. SIE war auch da, ich erkannte sie sofort und wollte mich so unauffällig wie möglich an ihr vorbeidrücken, da sprach sie mich an: ›Warten Sie mal, junge Frau, ich kenne alle Freundinnen meines geschiedenen Mannes. Sie können ruhig auch Guten Tag sagen.‹ Vermutlich hatte sie mein dicker Bauch zu dieser Annahme gebracht. Ich murmelte ›Guten Abend‹ und ging schnell weiter. Stunden später stand ich mit meinem Onkel und meiner Tante beisammen, da sprach sie mich nochmals an: ›Darf ich Ihnen vielleicht 'ne Bratwurst vom Grill mitbringen? Ich geh sowieso hin ...‹ Da konnte meine Tante nicht länger an sich halten: ›Weißt du eigentlich, wen du da siezt? Das ist deine Tochter!‹ In die peinliche Stille, die darauf folgte, platzten ihre Worte wie Hohn: ›Oh Entschuldigung, Sabine, ich habe dich wirklich nicht erkannt. Das liegt wohl an deiner Schwangerschaft.‹ Ich sagte nur: ›Wir sollten lieber beim Sie bleiben.‹«

Das war Sabines Geschichte.

Als pubertierender Jugendlicher durchlebte ich eine ziemlich wilde Phase. Vater wies mir keine Grenzen, und ich ließ mir von niemandem Grenzen zeigen. Obwohl ich indirekt durch mein Verhalten geradezu um Grenzen bettelte.

Mit vierzehn blieb ich in der Hauptschule zum ersten Mal sitzen. Ich war jetzt also nicht nur größer, sondern auch älter und reifer als meine neuen Mitschüler. Ich wurde so etwas wie ihr Leitwolf, sie hatten Respekt vor mir, weil ich mir nichts gefallen ließ. Von der Schule kamen regelmäßig Beschwerdebriefe nach Hause, die ich öffnete, weil Vater ja nie da war, und wieder zurückbrachte mit der Bemerkung, mein Vater habe keine Zeit, sie zu beantworten. Was so nicht unbedingt stimmte – Vater interessierte sich für solche Beschwerdebriefe einfach nicht. Als ich die achte Klasse der Hauptschule besuchte, kam es zu einer Rangelei mit einem Lehrer, die zu meinem ersten Schulverweis führte.

Mit einem Klassenkameraden spielte ich in der Pause »Mützefangen«. Das war damals eine der üblichen Foppereien unter Jugendlichen. Man zieht einem Jungen die Mütze vom Kopf und wirft sie sich gegenseitig zu. Dieser Junge versucht natürlich, seine Mütze wiederzubekommen. Ich wollte gerade die Mütze auffangen, die mir mein Kumpel zuwarf. Dabei fiel sie auf den Boden, und ich bückte mich nach ihr. In diesem Moment griff die Pausenaufsicht ein. Unser Physiklehrer, ein kleiner zierlicher Mann mit einer Nickelbrille, gab mir einen Schubs und nahm die Mütze an sich. Ich – mit meinen bereits 1,80 Metern Länge und meinen geschätzten achtzig Kilo Gewicht – rempelte zurück, worauf er sich auf seinen Hintern setzte und die Brille von seiner Nase rutschte. Er stand auf, sagte kein Wort und ging weg. Kurze Zeit später wurde ich zum Direktor gerufen: »Du kannst deine Tasche packen und nach Hause gehen. Ich will dich hier nicht mehr sehen«, lauteten seine Abschiedsworte.

Daraufhin wechselte ich die Hauptschule. In der neuen hatten sie gerade auf einen wie mich gewartet. Natürlich hatte es sich herumgesprochen, dass ich von meiner Schule geflogen war, und so wurde ich gleich entsprechend begrüßt. Mein neuer Klassenlehrer sagte: »Wenn du meinst, du könntest hier so weitermachen wie auf deiner alten Schule, dann werden wir es dir schon zeigen.« Damit flammte mein Widerstand, der noch nicht gebrochen war, wieder auf. Er richtete sich vor allem gegen die Lehrer, die mit meinem Hang zu Ironie und Zynismus nicht umgehen konnten. Dieter Hildebrandt mit seinem *Scheibenwischer* war damals mein großes Vorbild. In der Rolle des Klassenclowns fühlte ich mich ausgesprochen wohl, und meine neuen Mitschüler, die mich anfangs als Außenseiter abgelehnt hatten, bekamen allmählich Respekt vor mir.

Jeder kennt sie, diese Strukturen in einer Klasse. Da gibt es den sportlichen Athleten, den bebrillten Besserwisser und den lustigen Clown – ich kombinierte alles miteinander. Die einen fühlten sich von mir bedroht, denn ich war groß, hatte ein breites Kreuz und viel Kraft. Einen tumben Schläger kannst du mit intellektuellen Waffen schlagen, das funktionierte bei mir nicht. Ich war schlagfertig und nie um eine Antwort verlegen. Und ich sorgte immer wieder für Gelächter während des Unterrichts. Spaß für meine Mitschüler, Stress für die Lehrer.

Schräg gegenüber auf der anderen Straßenseite gab es eine Bäckerei. Während der Pause durften wir unter Androhung von Strafe den Schulhof nicht verlassen. Doch die frischen Brötchen aus der Backstube zogen uns magisch an. Hin und wieder gelang es einem Schüler, sich vom Schulhof über den angrenzenden Parkplatz zwischen den abgestellten Autos der Lehrer unbemerkt hindurchzuschlängeln, um dann schnell auf die andere Straßenseite zu wechseln. Wenn einer dabei erwischt wurde, musste er die Schulordnung abschreiben, das war die gängige Strafe. Mich reizte das Verbot. So marschierte ich eines Morgens an der Pausenaufsicht vorbei und ging über die Straße, als sei es die selbstverständlichste Sache der Welt. Natürlich weigerte ich mich, die Schulordnung abzuschreiben. Daraufhin ging ein Beschwerdebrief nach Hause.

Am nächsten Tag las ich ihn in der Klasse vor: »Ihr Sohn Peter hat unerlaubt den Schulhof verlassen, um sich beim Bäcker ein Brötchen zu kaufen ...« stand da, und ich ergänzte: »Mein armer Vater ist erschüttert, dass sein vierzehnjähriger Sohn ganz allein über die Straße gegangen ist.« Es folgte ein Riesengelächter, und der Lehrer schrieb nie wieder einen solchen Brief. Heute, als Erwachsener, weiß ich natürlich, dass es bei dem Verbot vor allem um versicherungstechnische Dinge ging – der ungehorsame Schüler hätte beispielsweise bei seinem kurzen Weg über die Straße von einem Auto erfasst werden können.

Ein anderes Mal brachte ich von zu Hause eine Rolle Klopapier und Zahnpasta mit, beschmierte das Papier mit der weißen Paste und beklebte damit die Autos der Lehrer, um so deutlich zu machen, dass sie mich alle mal »konnten«. Ich bettelte um Grenzen.

Schließlich drohte mir als schwer erziehbarem Jugendlichen die Sonderschule, die »Lukrezius University«, wie wir Kinder diese verhasste und verspottete Einrichtung für Doofe nannten. Doch dort wollte ich um keinen Preis der Welt hin. Der Schock war entsprechend groß, als diese Empfehlung vom Jugendamt kam. Da fiel mir in meiner Not die Familie Berger im Kinderdorf ein, bei der meine Schwester Sabine ja wieder lebte und sich offensichtlich wohlfühlte.

Ohne meinen Vater darüber zu informieren, ging ich zum Jugendamt. Dort war ich kein Unbekannter, und ich erinnere mich auch noch an den Namen des Sachbearbeiters, Herr Schröder. Ich klopfte an seiner Tür, öffnete sie einen Spalt und fragte: »Darf ich Sie einen Moment sprechen?« Er winkte mich herein, und ich erzählte ihm, dass ich mal wieder in Schwierigkeiten sei, denn auch auf meiner neuen Schule sähe es nicht gerade günstig für mich aus. Ich hatte noch ein Pflichtjahr, das neunte, bis zum Hauptschulabschluss, das ich aber nicht auf der Sonderschule absolvieren wollte, und so bat ich ihn, wieder in das Kinderdorf zurückgehen zu dürfen, um in der dortigen Schule meinen Abschluss zu machen. Er sagte mir, er fände es gut, dass ich zu ihm gekommen sei, denn er habe sich ja immer dafür eingesetzt, dass ich nicht bei meinem Vater in diesen unordentlichen Verhältnissen aufwachsen müsse, und er wolle sehen, was sich machen lasse.

Bei Familie Berger war, bei insgesamt neun Kindern, leider kein Platz mehr frei, obwohl sie mich wirklich gern wieder aufgenommen hätten, nicht zuletzt auch, damit Sabine ihren großen Bruder zurückbekam, der ihr zunächst sehr gefehlt hatte. Renate hörte sich um und fand für mich einen Platz bei Familie R., die in einem renovierten Haus am Stadtrand ein kleines Kinderheim leitete. Dort lebte das Ehepaar mit vier Pflegekindern und zwei eigenen Söhnen. Die R.s hatten ursprünglich ebenfalls im Kinderdorf gewohnt. Sie war Bäckereifachverkäuferin, bevor sie Kinderdorf-Mutter wurde, er ein arbeitsloser Maurer. Sie hatten sich für wenig Geld ein heruntergekommenes altes Haus gekauft, das er mit viel Geschick restaurierte, und in das ich nun als siebtes Kind einzog.

Da ich wusste, dass dies meine letzte Chance war, um nicht doch noch in die Sonderschule gesteckt zu werden, strengte ich mich an, ein vorzeigbarer Jugendlicher zu werden. Mit einem Notendurchschnitt von 5,6 kam ich in der neuen Hauptschule an. Und obwohl mich die neuen Klassenkameraden – die nicht auf einen Fünfzehnjährigen aus der Stadt gewartet hatten, der glaubte, alles besser zu wissen – zunächst als Außenseiter behandelten, gelang es mir schließlich doch, in ihre Gemeinschaft aufgenommen zu werden. Mein Notendurchschnitt verbesserte sich nach einem halben Jahr auf 3 und nach einem weiteren auf 2. Ich besuchte nun die neunte Klasse und hatte gute Aussichten auf einen Realschulabschluss.

Doch dann begann ein schleichender Kleinkrieg, der schließlich zwischen Heiko, dem ungefähr gleichaltrigen leiblichen Sohn der R.s, mit dem ich das Zimmer teilte, und mir eskalierte.

Manchmal, wenn wir etwas angestellt hatten, wurden wir mit Küchendienst bestraft, den wir alle hassten. Ich empfand es als ungerecht, da es häufig mich traf, wenn ich abends zu spät nach Hause kam und das gemeinsame Abendessen, ein heiliges Ritual in der Familie, verpasste, weil ich mich lieber bei den Bergers aufhielt. Das bedeutete, dass ich, bei drei Mahlzeiten am Tag, eine Woche lang kaum aus der Küche herauskam. Ich arbeitete damals in meiner Freizeit auf dem Bau, für fünf Mark die Stunde. Ich trug Steine oder nagelte Glaswolle als Dämmmaterial auf Holzlatten, und das macht wirklich keinen Spaß, weil die spitzen Fasern stechen und noch Stunden später in den Fingern jucken. Doch ich war froh über diesen Job, denn dadurch konnte ich meine Hobbys finanzieren, und so eine Angelausrüstung ist ja nicht gerade billig. Aber wenn ich zum Küchendienst verdonnert wurde, konnte ich nicht auf den Bau, und mein Erspartes schmolz allmählich dahin.

Die Aufgaben, die wir im Kinderheim übernehmen mussten – Tisch decken, Geschirr abtrocknen, Rasen mähen, Holz hacken –, wurden unserem Alter entsprechend verteilt. So gehörte es zur regelmäßigen Pflicht von Heiko und mir, die vier Mülltonnen am Vorabend der Abholtage auf den Bürgersteig zu stellen. Einmal vergaßen wir es, weil wir an dem Tag Fußball spielten und es danach eilig hatten, denn im Fernsehen lief *Dallas*, und wir wollten den Anfang nicht verpassen. Ich wurde ziemlich hart bestraft, Heiko jedoch kam glimpflicher davon, weil er sagte, er habe sich auf mich verlassen. Schon damals hatte ich ein stark ausgeprägtes Empfinden für Gerechtigkeit. Deswegen verweigerte ich die Strafe, die wieder einmal aus Küchendienst bestanden hätte. Ich war wütend auf meine Pflegemutter und wütend auf Heiko, ihren Sohn. Ich fühlte mich gedemütigt und in meinem Stolz gekränkt. Sie aber beharrte auf der Strafe. Sie hätte mit mir sowieso immer wieder Ärger, ich sei unzuverlässig und uneinsichtig, und jetzt sei das Maß voll, erklärte sie.

Mein Wechsel in die zehnte Klasse mit der Aussicht auf einen guten Realschulabschluss stand bevor, als sich der eigentlich lächerliche, für mich aber schwerwiegende Mülltonnen-Zwischenfall ereignete, mit allen sich daraus ergebenden Folgen. Frau R. sprach nicht mehr mit mir, ich sprach nicht mehr mit ihr. Zwischen uns herrschte Eiszeit.

Schließlich empfand ich meine Lage als unerträglich. Anstatt zur Schule zu gehen, trampte ich eines Morgens nach Bielefeld zu meiner alten Anlaufstelle, dem Jugendamt, wo ich auf einen mir bisher unbekannten Sachbearbeiter traf. Ich bat inständig darum, wieder zu meinem Vater zurückkehren zu dürfen, was mir schließlich gestattet wurde. So kam ich in die alten Verhältnisse zurück, die sich nicht wesentlich verändert hatten. Und ich klopfte bei der Hauptschule an, aus der ich wegen des Zusammenstoßes mit dem Physiklehrer geflogen war. Der damalige Direktor, Herr Denkendorf, der über meine Wiederaufnahme entscheiden sollte, fragte skeptisch: »Wirst du denn überhaupt versetzt?« Da reichte ich ihm mein Zeugnis, und er fiel aus allen Wolken, als er sah, dass ich mich im Notendurchschnitt von 5,6 auf 2,3 verbessert hatte. Außerdem erklärte ich ihm, dass ich ruhiger geworden sei und er keinen Stress befürchten müsse. Er gab mir eine zweite Chance.

Innerhalb kurzer Zeit gelang es mir, meinen Realschulabschluss mit der Qualifikation für die gymnasiale Oberstufe zu machen, den ich als Jahrgangsbester bestand. Trotzdem war ich so erbost auf meine Deutschlehrerin, dass ich nicht an der Abschlussfeier teilnahm, obwohl ich dort eine Rede halten sollte. Wegen meiner schlechten Rechtschreibung, bedingt durch die Legasthenie, wurde mein gesamter Notendurchschnitt abgewertet. Wenn wir eine Klassenarbeit schrieben, war ich immer sehr schnell fertig. Dann knallte mir meine Deutschlehrerin den Duden auf den Tisch und befahl: »Du prüfst jetzt jedes einzelne Wort nach«, wozu ich aber keine Lust hatte. Für die Abschlussarbeit in Deutsch, die Bearbeitung eines Textes von Friedrich Dürrenmatts Roman *Der Verdacht*, standen uns vier Stunden zur Verfügung. Ich lieferte meine Arbeit schon nach zwei Stunden ab – mit entsprechend vielen Rechtschreibfehlern. Darauf wertete sie meine Deutschnote trotz der gesamten Abwertung meines Notendurchschnitts nochmals ab und gab mir eine Drei. Diese doppelte Abwertung empfand ich als ungerecht und beschwerte mich bei ihr. Sie erklärte mir, dass sie für unglaubwürdig gehalten würde, wenn ich mit einer Zwei in Deutsch auf das Gymnasium wechselte, obwohl ich kein DIN-A4-Blatt ohne 40 Fehler abliefere.

In diesem letzten Schuljahr engagierte ich mich aktiv im Jugendzentrum der Evangelischen Kirche. Ich führte Filme vor, übernahm den Thekendienst und achtete darauf, dass nicht geraucht und kein Alkohol getrunken wurde.

Es gab hier in M. zwei Cliquen, zu denen ich mehr oder weniger gehörte. Dieser Stadtteil am Rande von Bielefeld bestand aus einer Wohnsiedlung mit ein paar Geschäften und zwei Kneipen und war im Prinzip wie ein kleines Dorf. Nur die Kirche fehlte. Jeder kannte hier jeden.

Als ich nach anderthalb Jahren aus dem Kinderdorf zurückgekommen war, hatte sich mein Bruder Martin einer Clique angeschlossen, die sich nach dem Vorbild amerikanischer Gangs die »Executors« – die Vollstrecker – nannte. Sie trugen über ihren schwarzen Kunstlederjacken Westen aus Jeansstoff, die sie mit allen möglichen Emblemen verziert hatten. Ein paar gingen noch zur Schule, einige Ältere hatten bereits eine Lehrstelle oder waren arbeitslos, ein paar fuhren wie die Wilden auf ihren Mofas durch die Gegend, zwei hatten ein Auto. Diese Mofa-Rocker, wie ich sie nannte, trafen sich regelmäßig bei uns zu Hause. Mein Bruder hatte von unserem Vater die Erlaubnis bekommen, die leer stehende untere Etage als Clubraum einzurichten. Kampftrinken, bis der Erste vom Stuhl fiel, war ein beliebter Zeitvertreib.

Nun kam ich dazu. Anfangs wollten sie sich von mir, einem sechzehnjährigen Halbstarken, nichts sagen lassen, aber dank meiner Größe und meiner Durchsetzungsfähigkeit bekamen sie schnell Respekt. Mich ärgerte ihr Rauchen und Saufen, und vor allem, dass sie meinen gutmütigen Bruder so ausnutzten. Sie nahmen ihn kaum zur Kenntnis, dafür leerten sie unseren Kühlschrank und setzten sich dreist in unser Wohnzimmer, was eigentlich verboten war. Aber dort stand der Videorekorder. Irgendwann wurde es mir zu bunt, und ich jagte sie alle aus unserem Wohnzimmer, worauf sie sich maulend in den Clubraum verzogen.

Zu der zweiten Clique im Ort fühlte ich mich schon mehr hingezogen. Sie bestand aus Gymnasiasten, Jungen und Mädchen. Zu ihnen gehörte auch Julia, meine erste Freundin. Am Ortsausgang von M. gab es ein Gemeinschaftshaus mit einem Kindergarten und einem Spielplatz. Am Nachmittag, wenn die Kinder bereits zu Hause waren, trafen wir Jugendlichen uns dort. »Was treibt ihr euch denn draußen in der Kälte herum?«, fragte der Mitarbeiter des Jugendamts, der hier gelegentlich nach dem Rechten schaute. »Ich schließe euch das Haus auf, und ihr könnt einen Raum nutzen. Aber ich brauche einen Verantwortlichen, der den Schlüssel bekommt und der sich darum kümmert, dass kein Alkohol getrunken wird.« Dabei schaute er mich an. So kam ich zu meinem Job beim Jugendamt.

Wir tranken Cola, spielten Doppelkopf oder Tip-Kick, hörten unsere Musik, saßen herum und redeten dummes Zeug – chillen nennt man das heute. Nebenbei war es eine willkommene Kontaktbörse, bei der wir mit Mädchen anbandelten oder uns zu privaten Feten verabredeten.

Der Mitarbeiter des Jugendamts, dem meine bisherige »Karriere« nicht unbekannt war, sagte später einmal zu mir: »Mensch Peter, du hast so eine gute Art, mit Menschen umzugehen, willst du das nicht beruflich nutzen?«

Er schlug mir vor, nach dem Realschulabschluss die Fachoberschule für Sozialpädagogik zu besuchen. Um dort zugelassen zu werden, musste man ein Jahrespraktikum nachweisen. Meine ehrenamtliche Tätigkeit im Jugendclub wurde mir als Praktikum angerechnet, ich durfte mich nun Streetworker nennen und mein Studium beginnen.

Zum ersten Mal blickte ich voller Hoffnung in die Zukunft. Und ich hatte eine feste Freundin, Julia.

Niemand hört meine Hilferufe

3

Meine erste richtige Freundin hieß Julia. Wir waren beide sechzehn, als wir uns kennenlernten. Unsere Beziehung erinnert mich heute ein wenig an die Teenagerfilme früherer Zeiten, als Teenager noch brave Wesen waren, Tagebuch schrieben und heimliche Liebesbriefchen tauschten, als die Mädchen noch nicht ihren nackten Bauch zeigten und die Jungen ihre martialischen Tattoos auf den muskelgestählten Oberarmen. Wir begegneten uns bei einem Osterfeuer, das unser Jugendzentrum veranstaltete. Davor aber lernte ich Julias Freundin Birgit kennen, und wir verabredeten uns im Eiscafé. Doch da sie mir nicht so recht über den Weg traute, brachte sie ihre Freundin Julia mit. Julias zartes Gesicht, ihre damals noch kurzen blonden Haare, ihre großen Augen und ihr schüchternes Lächeln gefielen mir sehr. Ihren zierlichen Körper versteckte sie unter einem Schlabberpulli, ich konnte ihn nur ahnen. Anfangs gingen wir immer zu dritt aus. Doch insgeheim hatte ich mich längst für Julia entschieden.

Etwas mehr als ein Jahr nach dem Osterfeuer verbrachten wir mit anderen Jugendlichen die Pfingstfeiertage in einem Zeltlager. Am Abend saßen wir lange um das Lagerfeuer, Wein und Bier machten die Runde. Julia und ich tranken Cola und hielten Händchen. Ich will damit sagen, dass wir nicht durch Alkohol berauscht waren, als aus dem Händchenhalten mehr wurde und ich sie nach einiger Zeit in mein Zelt zog. Hier küssten wir uns zum ersten Mal. Aus den zunächst vorsichtigen Küssen wurde eine wilde Knutscherei. Ich schob meine Hand unter ihre Bluse. Sie erlaubte mir, ihre Brüste zu streicheln. Dann zog ich sie aus. Wir mussten lachen, weil es mir nicht gelingen wollte, den Knopf ihrer Jeans zu öffnen. Sie half mir. Es war das erste Mal, dass ich sie nackt sah. Ich war überwältigt von ihrer Schönheit. Ungeschickt tasteten wir uns an unseren ersten Sex heran. Es war nicht geplant, deswegen hatten wir auch nicht an Verhütungsmittel gedacht. Hinterher machten wir uns beide Sorgen – manchmal kann es schon beim ersten Mal passieren ... Weil ich es aus meiner Kindheit gewohnt war, für Schwächere Verantwortung zu übernehmen, schlug ich Julia vor, zusammen zu einer Frauenärztin zu gehen und uns über Verhütung beraten zu lassen. Julia war nur unwesentlich jünger als ich, doch sie wirkte wie ein vierzehnjähriges Mädchen. Mich hingegen konnte man gut und gern auf zwanzig schätzen. Diese Minuten, die sich zu Stunden ausdehnten, im Wartezimmer der Arztpraxis, gehören zu den traumatischen Erinnerungen meines Lebens. Ich saß da als einziger Mann auf meinem Stuhl, und um mich herum nur Frauen, hauptsächlich Mütter mit ihren Töchtern. Ich konnte in ihren Augen lesen, was sie über mich dachten – Was will der hier, dieser Sittenstrolch, dieser Kinderschänder? –, dabei wollten wir nichts anderes als sie für ihre Töchter auch, nämlich die Pille. Wir bekamen ein Rezept, und ich bezahlte sechsunddreißig Mark in der Apotheke, wo ich natürlich auch entsprechend taxiert wurde.

Gemeinsam erkundeten wir die noch fremde Welt der Sexualität, machten sie uns in mühseliger »Kleinarbeit« zu eigen. Wir turnten durch die Kamasutra-Stellungen, die wir uns in einem heimlich gekauften Buch ansahen, und lachten viel dabei, wir waren völlig unverkrampft, wenn wir eine neue Spielart ausprobierten. Aber alles verlief in normalen Bahnen. Wir zündeten keine schwarzen Kerzen an. Wir stülpten uns keinen Sack über den Kopf. Wir benutzten auch keine Ketten oder Ledermasken, »Blümchen-Sex« eben.

Es war eine schöne, romantische Zeit.

Doch plötzlich änderte sich etwas in meinem Leben. Ich fühlte mich unverstanden, von allen verlassen und verraten, selbst wenn ich mit Julia zusammen war oder mit meinen Freunden. Dass meinen achtzehnten Geburtstag ungefähr vierzig Leute mit mir fröhlich feierten, dass Julia mich liebte, dass ihre Eltern mich nach anfänglicher Zurückhaltung akzeptierten, dass ich beliebt war, dass ich einen Praktikumsplatz beim Jugendamt bekommen hatte, dass ich keine Drogen nahm, nicht rauchte, keinen Alkohol trank – das alles spielte für mich keine Rolle mehr. Es fühlte sich an, als ob ich hinter einer Panzerglasscheibe stand und das Leben auf der anderen Seite beobachtete. Ich konnte nicht wirklich dabei sein, denn da war diese unsichtbare Barriere, die ich nicht durchdringen konnte, die mich ausschloss. Ich konnte nicht wirklich teilnehmen am Leben. Dieses schreckliche Gefühl wurde immer stärker, und ich hatte kein Mittel dagegen. Ich verspürte eine große innere Leere. Niemand hörte meine Hilferufe. Für meine Mitmenschen waren sie nur ein Hauch, während ich dachte, dass ihnen ein Orkan ins Gesicht blies und sie ihn einfach ignorierten. Auch Julia hörte meine Schreie nicht.

Dann machte ich meinen ersten Suizidversuch.

Julia und ich waren schon fast zwei Jahre zusammen. Sie wohnte noch bei ihren Eltern, aber wir sahen uns jeden Tag. Ich ging oft in die Stadt, um mir im Filmtheater »Scala« die Fünfzehn-Uhr-Vorstellung anzuschauen. Manchmal gelang es mir, mich abzulenken von diesen unangenehmen Gefühlen, die mir den Atem abschnürten, die ich kaum aushalten konnte.

An diesem Spätsommertag im Jahr 1984 sah ich einen Science-Fiction-Film, an dessen Titel ich mich nicht mehr erinnere. Es war aber kein Film, der mich noch zusätzlich hinabgezogen hätte. Aber er lenkte mich auch nicht wirklich ab. Ich ging die Straße entlang und grübelte, wie ich dieses Gefühl in mir loswerden könnte. Das hatte ich mir schon als Kind gewünscht, wenn es besonders schlimm war: Alles möge aufhören, alles zu Ende gehen. Nur wenn man tot ist, hat man wirklich Ruhe.

Gewöhnlich ging ich zur Detmolder Straße hoch, um nach Hause zu trampen. Beim Trampen blieb ich nie stehen, sondern lief am Straßenrand weiter in Richtung M., dabei drehte ich den Kopf gelegentlich nach hinten und hielt den Daumen hoch. Falls mich keiner mitnähme, käme ich irgendwann auch so nach Hause. Die Gedanken, dass endlich alles aufhören möge, verließen mich nicht. Als sich ein LKW näherte, sprang ich auf die Straße. Es geschah impulsiv und ungeplant. Der Wagen traf mich seitlich, ich flog einige Meter durch die Luft, drehte mich ein paar Mal, landete im Straßengraben und verlor das Bewusstsein. Ich hatte riesiges Glück. Außer einem Kapselriss am linken Fuß, zwei gebrochenen Rippen, ein paar Prellungen und Hautabschürfungen war mir nichts passiert. Als ich erwachte, lag ich bereits versorgt in einem

Krankenbett. Mein erster Gedanke, als ich realisierte, dass ich noch lebte: »Scheiße! Scheiße! Scheiße!«

Dieser erste Suizidversuch wurde noch als normaler Verkehrsunfall durch Leichtfertigkeit gewertet. Noch musste ich keine Bekanntschaft mit der Psychiatrie machen. Auch Julia ahnte nichts. Sie kam und brachte mir ihren Teddy, ihr Kuscheltier aus Kinderzeiten. Sie hatte ihm den Fuß verbunden und ein dickes Pflaster an den Kopf geklebt. Sie war so süß. Ich wurde schließlich entlassen, und das Leben normalisierte sich. Aber was heißt schon normal? Ich war wieder zu Hause in M. und immer noch unglücklich, es hatte sich nichts geändert. Danach ging es relativ schnell bergab, die Tiefausläufer ballten sich zu einem Unwetter zusammen.

Bei meinem nächsten Suizidversuch wollte ich mir die Pulsadern mit einem Schweizer Offiziers-Taschenmesser aufschneiden. Als Rechtshänder setzte ich am linken Handgelenk an, traute mich aber nicht, richtig tief zu schneiden, es tat ja auch weh. Dann klaffte der Schnitt auf, und ich blutete heftig. Es bildete sich bereits eine Lache auf dem Boden. Doch plötzlich merkte ich, dass es mir besser ging. Dass der Druck in meiner Brust mit dem fließenden Blut wich.

Irgendwann hörten die Blutungen auf. Ich klebte ein Pflaster auf die Wunde und zog ein damals modisches Tennisarmband darüber, damit es keiner sah. Ich schämte mich. Später, vor allem während meiner Psychiatrie-Aufenthalte in G., schnitt ich mich noch oft, wenn der Druck zu groß wurde.

Mit neunzehn, während meines Praktikums beim Jugendamt, bezog ich meine erste eigene Wohnung in Bielefeld.

Ein weiterer Schritt in ein normales Leben, doch die Todessehnsucht war stärker. Eines Tages schluckte ich Baldriantabletten, um mich für meinen nächsten Schritt zu beruhigen, dann sägte ich eine Gasleitung in meiner Wohnung an, um mich selbst in die Luft zu sprengen. Wieder hatte ich unverschämtes Glück, denn kurze Zeit später kam eine Kollegin vom Jugendamt. Weil ich auf ihr Klingeln nicht öffnete und sie das Gas roch, rief sie die Feuerwehr. Als sie mich fanden, war ich noch nicht völlig bewusstlos, ich schwebte irgendwie über den Ereignissen. Sie brachten mich direkt nach G. Dieser Ort ist bekannt für seine psychiatrische Anstalt. Nachdem mich ein Notarzt mit Sauerstoff versorgt hatte und ich wieder einen klaren Kopf bekam, begriff ich, was ich getan hatte, und schämte mich.

Natürlich war mir G. ein Begriff. Früher hatten wir Witze über die Anstalt gemacht: »Wer kommt zuerst nach G., du oder ich?«, lautete die Frage. Die Antwort: »Ich, damit ich dir einen Platz freihalten kann.« Aber nie hätte ich mir vorstellen können, dass ich dort tatsächlich eines Tages landen würde. Der Aufnahmearzt fragte mich mit dieser sanften Psychiater-Stimme: »Sie wissen doch, wo Sie hier sind?« Ich antwortete: »In der Ballerburg natürlich, und ich will sofort nach Hause.«

Er schaute mich lange an und fragte dann: »Wollen Sie denn nicht freiwillig bleiben?«, und ich sagte: »Nee, ich bin doch nicht verrückt.« Doch er erklärte mir, dass er mich nicht gehen lassen könne. Dann kam ein Familienrichter, der eine vorläufige Einweisung nach Psych-KG (Psychisch-Kranken-Gesetz) ausstellte. Das ist eine richterliche Anordnung, die besagt, dass man für eine gewisse Zeit, die der Richter bestimmt, in der Psychiatrie bleiben muss und dort beobachtet wird. Ich sollte zwei Wochen in der geschlossenen Aufnahmestation bleiben.

Durch eine Schleusentür gelangte ich zunächst in einen Raum, der Ärzten und Pflegern als Dienstzimmer diente. Links davon befand sich der Aufenthaltsraum für die Patienten, in dem mehrere Tische und Stühle standen. Hier nahmen sie ihre Mahlzeiten ein. Dann folgte ein typischer Krankenhaus-Gang, von dem die einzelnen Zimmer abgingen. Direkt angeschlossen an das Dienstzimmer war der sogenannte Beobachtungsraum, mit einer Wand ganz aus Glas, durch das die Insassen von den Ärzten beobachtet werden konnten. Es erinnerte mich an ein Aquarium, und wir Eingeschlossenen waren die Fische. Hier standen vier Betten, von denen nun zwei belegt waren.

Alle Patienten, die ich bei den Mahlzeiten beobachten konnte, hatten psychotische Störungen. Einer glaubte, dass er durch Handauflegen alles heilen könne. Der kam dann auch zu mir und sagte: »Komm, ich kann dich gesund machen.« Ich wehrte ihn ab. Dann war da einer, der immer von schwarzen Flügelschweinen sprach, die hier herumflogen. Manchmal, wenn er nach ihnen schlug, lief er voll gegen die Wand. Ein paar Patienten saßen nur herum, stierten ins Leere und sagten keinen Ton. Eine Frau redete ohne Punkt und Komma, intellektuelles Zeug über griechische Mythologie und so, ohne jeden Zusammenhang. Das war, wie ich später erfuhr, eine ehemalige Rechtsanwältin, die früher durch ihre Auftritte vor Gericht Mandanten, Gegner und Richter beeindruckt hatte. Und dann war da noch ein junger Mann, der sich einbildete, sein Arm brenne. Immerzu schlug er auf diesen Arm ein und schrie dabei markerschütternd. Er hatte LSD genommen und befand sich auf einem Horrortrip, der nicht enden wollte.

Das war mein erster Eindruck von der Aufnahmestation in der Psychiatrie. Ich würde mich künftig nie mehr über einen Horrorfilm wundern, in dem sich solche Szenen abspielen.

Ich wusste nicht, wo ich zuerst hinschauen sollte, ich dachte nur: »Hier gehörst du nicht hin.« Ich sah keine Flügelschweine, mein Arm brannte nicht, ich wollte keine Hand auflegen, ich war auch nicht sprachlos, mit mir konnte man sich ganz normal unterhalten. Ich verhielt mich nicht wie andere Selbstmörder, die zwei Wochen lang nichts aßen, sich nicht mehr wuschen, nur aus dem Fenster guckten, bis sie sich schließlich aufhängten oder in die Tiefe stürzten. In einem Moment konnte ich einen charmanten Witz erzählen und im nächsten Moment den Gashahn öffnen. Niemand merkte mir an, wie depressiv ich war.

Die Ärzte und das Pflegepersonal stießen bei mir auf Granit. Ich war höflich, scherzte, unterhielt mich mit ihnen, aber kein persönliches Wort kam über meine Lippen. Als ich wieder einmal zum Stationsarzt bestellt wurde, setzte ich mich in den Besucherstuhl und legte all meine Ironie in die Begrüßung: »Na, Herr Doktor, was kann ich denn für Sie tun? Wie geht es Ihnen heute? Haben Sie gut geschlafen?« Statt auf meinen Ton einzugehen, antwortete er knochentrocken: »Wir sind nicht hier, um über mich zu sprechen, Herr Detert, wir müssen uns über Sie unterhalten.« – »Das hilft uns nicht weiter, dadurch wird nichts besser«, sagte ich. Er beharrte: »Sie müssen mir schon sagen, was mit Ihnen los ist, sonst kann ich Ihnen nicht helfen.« – »Sie brauchen mir auch nicht zu helfen, das mache ich schon selber«, entgegnete ich stoisch. Da warf er mich hinaus mit den Worten: »Für solche Kindereien ist mir meine Zeit zu schade.«

Ich las viel in den zwei Wochen, was die Bibliothek so hergab, schaute aus dem Fenster, schlief lange, unterhielt mich mit meinen Nachbarn während der Mahlzeiten, die wir gemeinsam einnahmen. Einmal fragte ich in die Runde: »Sagt mal ehrlich, gehöre ich hierhin?«, worauf ein vielfaches Kopfschütteln folgte. Auch die Pfleger und Krankenschwestern hielten mich für normal. Nach zwei Wochen kam der Familienrichter wieder und fragte den Stationsarzt, welche Erfahrungen er mit mir gemacht habe. »Der redet zwar relativ viel, aber nichts zur Sache, er macht überhaupt keine Anstalten, mitzuarbeiten.« Dann fragte der Familienrichter mich, wie ich mich fühle: »Das mit dem Gas war eine Kurzschlussreaktion, das ist abgehakt, so etwas wird nicht wieder vorkommen. Kann ich jetzt bitte gehen?« Er stimmte mir zu. Doch der Arzt blieb skeptisch, er wollte die Einweisung verlängern, weil er meine Reaktionen für völlig unnormal hielt. Die meisten Suizidgefährdeten haben nach einem misslungenen Versuch das Bedürfnis, darüber zu reden, ihr Herz auszuschütten. Meine Reaktion konnte er in kein Schema einordnen.

Ich ging dann zurück nach M., inzwischen wohnte ich wieder bei meinem Vater, weil mir die Wohnung nach dem Gas-Zwischenfall gekündigt worden war. Kaum war ich zu Hause angekommen, ließ ich Wasser in die Badewanne einlaufen, setzte mich hinein und warf den laufenden Föhn ins Wasser. Ich bekam einen fürchterlichen Stromschlag, der Schutzschalter sprang heraus, ich lag in der Wanne und konnte meine Beine nicht mehr bewegen. Doch wieder hatte ich Glück. Nachdem die Sicherungen in der Wohnung herausgesprungen waren, klopfte mein Vater an die Tür und fragte, was los sei. Als er mein Stöhnen hörte, stürzte er herein, zog mich aus der Wanne und rief sofort einen Krankenwagen. Meine Knie und Gelenke taten sehr weh, doch die Lähmungen ließen bereits wieder nach. Ich wurde auf meine vertraute Station zu meinen vertrauten Ärzten gebracht. Das Spiel fing von Neuem an, sie wollten mit mir reden, ich verweigerte mich, der Familienrichter kam und sagte empört: »Das machen Sie nicht noch einmal mit mir«, und stellte eine Einweisung für sechs Wochen aus mit der Option, sie so lange zu verlängern, wie es für nötig befunden wurde. Das war nun kein Spiel mehr.

Am selben Abend flüchtete ich.

In den Zimmern der geschlossenen Station waren die Fenstergriffe abgeschraubt, sodass man die Fenster von innen nicht öffnen konnte. Man konnte zwar die Oberfenster kippen, aber sie waren zu schmal, um durchzuschlüpfen. Mein Zimmergenosse, ein junger Mann mit schweren Depressionen, lag die meiste Zeit im Bett und war unter dem Einfluss von Medikamenten kaum ansprechbar. Daher ging von ihm keine Gefahr aus, als ich nach dem Abendbrot mein Vorhaben in die Tat umsetzte. Ich ging ins Badezimmer, vom Tisch hatte ich zwei Teelöffel mitgenommen, die steckte ich in die Vertiefungen, in denen die Schrauben den Griff fixiert hatten. Ich drehte die Löffel im Uhrzeigersinn, und schon öffnete sich das Fenster. Ich stieg nach draußen, musste nur ungefähr zwei Meter auf den Erdboden springen. Dann lief ich zur Bushaltestelle und fuhr nach Hause. Mein Vater war nicht da, mein Bruder hatte inzwischen Arbeit als Gebäudereiniger gefunden und eine eigene Wohnung gemietet. Nach ungefähr zwei

Stunden klingelte es an der Haustür. Ich öffnete und wunderte mich überhaupt nicht, dass draußen auf der Schwelle zwei Polizisten standen. Ich fühlte mich im Recht, ich hatte nichts verbrochen, ich war kein Psychopath. Das Gesetz aber besagt, dass bei einer richterlich angeordneten Unterbringung die Wahl des Aufenthaltsortes entzogen wird und man notfalls auch mit Gewalt, also in Handschellen, zurückgebracht werden kann. Doch die Polizisten blieben freundlich, ich leistete keinen Widerstand und ließ mich von ihnen zurückbringen.

In dieser Aufnahmestation, die ich noch nicht kannte, herrschte ein verwirrendes Kommen und Gehen von Besuchern, von Eingelieferten, von Patienten aus anderen Stationen, von Ärzten und Pflegern. Ich beobachtete alles genau und passte ein paar Tage später eine Situation ab, als ein junger Assistenzarzt von einer anderen Station auf die Schleusentür zuging. Als er im Begriff war, sie zu öffnen, sagte ich zu ihm: »Halt, Moment, Sie können mich gleich mit rausnehmen.« Er stutzte einen kurzen Moment – und ließ mich dann mit nach draußen. Schon war ich wieder weg. Später nahmen sie es mir sehr übel, dass ich den jungen Kollegen, der noch wenig Erfahrung hatte, für meine Flucht benutzt hatte.

Ich muss wohl immer einen vertrauenswürdigen Eindruck erweckt haben, denn ich wurde oft von Besuchern angesprochen. Das passierte mir später sogar im Hochsicherheitstrakt von F. Dort fand einmal ein Kongress von Psychologen statt: Sie wurden durch das Haus geführt, gerade, als ich mein Zimmer verließ, um in der Cafeteria einen Tee zu trinken. Einer der Kongressteilnehmer stellte mir Fragen, wir kamen ins Gespräch, und während wir uns unterhielten, verlor er den Anschluss an die Gruppe.

»Oh, jetzt sind sie alle weg. Können Sie mich bitte rauslassen?« Ich antwortete ihm: »Wenn ich einen Schlüssel hätte, würde ich das gern tun. Aber dann wäre ich gar nicht mehr hier.« Er schaute mich verdutzt an: »Wie, wenn Sie einen Schlüssel hätten – Sie arbeiten doch hier?« Ich grinste: »Nee, ich bin hier Patient.« Er erschrak, war aber auch fasziniert, weil ich ihm so kenntnisreich Auskunft über die Anstalt gegeben hatte. Ich erklärte ihm dann, dass ich schon einige Zeit hier sei, »wegen Dummheiten, nicht wegen Dummheit«, betonte ich. Er lachte verlegen.

Dieses Mal wollte ich meine Flucht aus der Geschlossenen besser nutzen. Ich wusste ja, dass die Polizei innerhalb kürzester Zeit wieder vor der Tür stehen würde. So fuhr ich mit dem Bus zum Bahnhof und kaufte mir eine Fahrkarte nach München. Etwas Geld hatte ich dabei, außerdem besaß ich bereits ein Bankkonto und eine EC-Karte.

Ich hatte mir bewusst eine Strecke ausgesucht, die mir genügend Zeit zum Schlafen ließ. Der Zug war nicht voll, und ich fand ein leeres Abteil – damals gab es noch keine Großraumwaggons. Ich saß bequem, hatte meinen Sessel vorgezogen, die Beine hochgelegt, die Landschaft draußen flog vorbei, mich überkam ein Gefühl von entspannter Ruhe, die ich lange, lange nicht mehr gespürt hatte. Der Druck wich. In München kam ich auf dem Kopfbahnhof an, schaute mich vorsichtig um, ging eine Treppe hoch zu der Galerie, wo ich in einem Imbiss ein Sandwich aß, dann stieg ich in den nächsten Zug zurück nach Bielefeld.

Mir war klar, dass ich nun eine Entscheidung treffen musste, denn ich konnte ja nicht ewig durch die Gegend fahren. Meine Weiterbildung zum Sozialpädagogen hatte sich nach den Suizidversuchen erledigt, auch das Praktikum beim Jugendamt musste ich abbrechen, ich schlug mich mit Gelegenheitsjobs, als Kraftfahrer, als Gebäudereiniger, als Aushilfskellner oder als Bauhelfer durchs Leben.

Nach einiger Zeit meldete ich mich in der Psychiatrie und erklärte, ich wolle mich nun der Sache stellen. Auch zu Julia, die inzwischen eine Ausbildung zur Assistentin bei einem Allgemeinarzt angefangen hatte, nahm ich wieder Kontakt auf. Sie war erleichtert, denn sie hatte nach meinen Suizidversuchen immer wieder die Frage nach dem »Warum« gestellt. Sie fühlte sich mitschuldig, glaubte, dass sie etwas falsch gemacht, mich nicht genug geliebt habe. Ich hätte ihr gern gesagt, dass sie den Schlüssel zu meiner Seele nicht gefunden habe. Aber wie Männer ja oft in schwierigen Situationen Konflikte scheuen und sie wegschieben, beschwichtigte ich sie, das alles habe nichts mit ihr zu tun. Von meinen Qualen sprach ich nicht.

Nun bemühte ich mich, den Ärzten Auskunft über mich zu geben. Ich sprach über den inneren Druck bis hin zu Atembeschwerden, die Leere, die Einsamkeitsgefühle, aber ich merkte schnell, dass sie nicht wussten, was sie mit mir anfangen sollten. Sie gaben mir Medikamente, zunächst milde Antidepressiva, die ich »Wolke sieben« nannte. Sie probierten auch verschiedene Tranquilizer aus, darunter auch richtige Knaller wie zum Beispiel Lexotanil. Wenn das Medikament wirkt, läufst du neben der Welt her, die Realität erreicht dich nicht mehr wirklich. Wenn dich jemand ansprechen würde: »Du Peter, deine Wohnung ist gerade abgebrannt«, würdest du ihm antworten: »Ach, meine Wohnung ist abgebrannt? Dann schlafe ich eben woanders. Was gibt es denn heute zum Essen?«

An mir wurde im wahrsten Sinn des Wortes herumgedoktert.

Das zog sich über ein paar Wochen hin, bis die Ärzte glaubten, sie hätten mich stabilisiert, und mich schließlich entließen. Ich bekam eine Überweisung zu einer ambulanten Gesprächstherapie bei einem Psychologen in der Stadt.

Nach zwei, drei Monaten ohne Zwischenfall fühlte ich mich wieder schlechter. Doch ich war unfähig, mit Julia darüber zu sprechen. Stattdessen flüchtete ich erneut. Das ging meist von jetzt auf gleich. Sogar mitten während der Arbeit. Einmal, als ich Pakete auslieferte, fuhr ich mit dem Lieferwagen zum nächsten Bahnhof, ließ ihn da stehen, halb voll noch mit Paketen, und bestieg einen Zug, der mich in die Ferne brachte.

Später unternahm ich noch oft solche Fluchtreisen. Ich kaufte mir Interrail-Tickets, mit denen ich einen ganzen Monat durch die Gegend fahren konnte. Ich fuhr tagelang Zug, von Bielefeld nach Hamburg, von Hamburg nach München, von München nach Köln. Einmal stieg ich in einen Zug, der mich bis nach Schottland brachte. Ein anderes Mal bis nach Athen – und wieder zurück. Für die langen Zugfahrten hatte ich mich mit dicken Schmökern versorgt, besonders in Erinnerung ist mir der Fantasy-Klassiker *Der Herr der Ringe* geblieben. Literatur, die in fantastischen Welten spielte, war auch eine Flucht. Das bedrohliche Gefühl der Einsamkeit und Verlassenheit wurde auf solchen Reisen gemildert. Einsam zu sein in einem fremden Land, dessen Sprache du nicht sprichst, dessen Städte du nie zuvor betreten hast, dessen Menschen dir fremd sind, ist leichter zu ertragen als die Einsamkeit in einer vertrauten Umgebung, unter vertrauten Menschen.

Damals war ich noch nicht kriminell, wenn ich einmal davon absehe, dass ich anfing, das Geld für meine Fluchtreisen meinem Vater zu entwenden. Aber diese kleinen

Diebstähle belasteten mein Gewissen nicht. Die Reisen taten mir gut. Wenn ich nach mehreren Tagen völlig erschöpft nach Hause kam, spürte ich mich wieder. Julias verweinte Augen, die nicht wusste, wo ich mich herumgetrieben hatte, rührten mich zwar, aber ich empfand keine Reue.

Als der beruhigende Effekt, den mir diese Reisen verschafften, allmählich nachließ – wie bei einer Droge, von der man immer mehr konsumieren muss, um ihre Wirkung zu spüren –, fing ich wieder an, mich selbst zu verletzen. Dieses Gefühl, bevor ich die Rasierklinge quer durch das Handgelenk führte, ist schwer zu beschreiben: Es ist, als ob dir jemand von innen mit beiden Fäusten gegen Bauch und Brustkorb drückt. Du glaubst, verrückt zu werden. Wenn dann das Blut floss, dieses warme Rinnsal, wenn ich den Schmerz spürte, dann entwich der Druck wie durch einen Zauberstab. Dann fühlte ich mich erleichtert. Es war ein wunderbares Gefühl, so verrückt das klingen mag.

Julia kam damit überhaupt nicht klar, aber ihre Vorwürfe glitten an mir ab, ihr Weinen ließ mich kalt. Ich ärgerte mich auch, wenn sie einen Notarzt rief. Damals konnten diese Selbstverletzungen noch nicht richtig eingeordnet werden. Man hielt sie für Hilfeschreie, auch für Suizidversuche. Ärzte und Krankenpfleger, denen ich auf die Nerven ging mit meiner vermeintlichen Suche nach Aufmerksamkeit, spotteten über mich. So fing ich an, die Wunden zu verbergen. Die Rasierklingen versteckte ich in meinen Socken. Noch heute sind meine Arme voller Narben, ich bin nicht stolz auf sie.

Dann begann ich, mit Daten zu handeln. Ich sagte mir: Bis zu dem und dem Zeitpunkt halte ich durch, danach bringe ich mich um. Und wenn ich dann das Datum erreichte, das ich anvisiert hatte, etwa nach drei Monaten oder an einem persönlichen Termin, etwa meinem Geburtstag, einem bestimmten Feiertag, musste ich irgendetwas tun, um für mich selbst glaubwürdig zu bleiben. Es waren meine ganz persönlichen »deadlines« – »Todeslinien«, die ich mir setzte. Auf einer meiner Fluchtreisen hielt ich mich ein paar Stunden in London auf. Es war genau der Stichtag, den ich mir ausgesucht hatte, um mich umzubringen. Ich musste also handeln. Statt mir Londons Sehenswürdigkeiten anzuschauen, stieg ich mitten in der Nacht hinunter zur U-Bahn, als an den Stationen kaum noch Menschen warteten. Ich lief zum Ende des Bahnsteigs, sprang auf die Gleise und balancierte auf ihnen ein paar Meter hinein in den Tunnel. Wenn sich ein Zug näherte, spürte ich einen leichten Luftzug. Wenn dann der Wind wärmer und stärker wurde, wusste ich, dass der Zug gleich da sein würde. Dann sprang ich im letzten Moment in eine der Nischen, die für Gleisarbeiter entlang der Schienen ausgebaut sind. Das war knapp, das tat gut.

Mein Bruder Martin war ein begnadeter Autobastler. Zusammen mit einem Kumpel pflegte er alte oder durch Unfälle demolierte Autos zum Schrottpreis aufzukaufen, auf Schrottplätzen suchten sie nach passenden Ersatzteilen, setzten in wochenlanger Kleinarbeit das Auto neu zusammen, lackierten es, ließen es dann vom TÜV prüfen und verkauften es für ein paar Tausend Mark. Eins dieser Autos hatte er mir geschenkt, einen Renault 17TL, er war gelb lackiert und hatte ein schwarzes Dach.

An einem regnerischen Tag fuhr ich in einen Außenbezirk von Bielefeld. Dort kannte ich eine kurvenreiche Straße, die bergab führt und wenig befahren ist. Zunächst fuhr ich mit Tempo 60 hinunter, dann wieder hoch und zurück mit Tempo 70, mit 80 und so weiter. Bei Tempo 120 geriet das Auto auf der nassen Straße ins Schlingern. Ich versuchte zu bremsen – und überschlug mich in einer Rechtskurve, das Auto rutschte eine Böschung hinunter, wobei es sich nochmals überschlug. Unten kam das Auto – oder was von ihm übrig geblieben war – wieder auf seinen Rädern zu stehen, das Radio spielte weiter, als sei nichts geschehen. Ich war zwischen Dach, Tür und Lenkrad eingeklemmt, bei vollem Bewusstsein und völlig unversehrt. Doch ich konnte nicht aussteigen. Die Feuerwehr, die von Beobachtern des Unfalls benachrichtigt worden war, befreite mich schließlich.

Ich weigerte mich zunächst, mich auf die Trage zu legen, die sie neben dem Autowrack ins Gras gestellt hatten. »Ich kann gut allein gehen«, sagte ich, und es war mir schrecklich peinlich. »Das ist der Schock, beruhigen Sie sich, legen Sie sich hin, wir bringen Sie ins Krankenhaus.«

Der Arzt in der Unfall-Ambulanz kannte mich bereits: »Mensch Peter, was hast du jetzt wieder für Mist gebaut?« Dann stellte er mir ein paar Fragen, um zu testen, ob ich bei klarem Verstand war; welches Datum wir hatten, wer unser Bundeskanzler sei, wann ich Geburtstag habe. Ich konnte sie alle richtig beantworten. »Du bist wie durch ein Wunder völlig unversehrt. Aber es könnte sein, dass du noch einen blauen Fleck bekommst vom Anschnallgurt«, warnte er mich. »Ich war aber nicht angeschnallt«, erklärte ich ihm, auch das gehörte zu meinen Grenzgängen. »Es ist unglaublich, was für ein Glück du immer hast«, meinte er, als er mich entließ. »Du solltest einmal darüber nachdenken, dass der liebe Gott mit dir noch etwas vorhat hier bei uns.« – »Ist doch klar, auch der will mich nicht«, antwortete ich und grinste. Doch ich war zutiefst verzweifelt. Seit meiner frühen Kindheit hatte ich mir eine Fassade antrainiert, um den anderen nicht zu zeigen, wie es dahinter aussah. Doch die Fassade bekam immer stärkere Risse, die Abstände zwischen den Suizidversuchen wurden kürzer.

Einmal versuchte ich, mich mit einem Abschleppseil an einem Ast zu erhängen. Doch der Ast brach, und ich landete unsanft auf dem Waldboden. Aber wenigstens der Druck war für einige Zeit verschwunden.

Ein anderes Mal probierte ich es mit Rattengift. Ich spülte die bläulichen Haferflocken mit Wasser hinunter, es schmeckte scheußlich, mir wurde schlecht, und ich musste mich übergeben. Das war's dann auch.

Dann schluckte ich Bremsflüssigkeit. Ich hatte in der Zeitung gelesen, dass Touristen mit ihrem Auto in der Wüste liegen geblieben waren. Als ihre Wasservorräte aufgebraucht waren, tranken sie in ihrer Verzweiflung die Bremsflüssigkeit – und starben daran. Aber ich starb nicht.

Meine Aufenthalte in der Psychiatrie in G. wiederholten sich. Der damalige Oberarzt Dr. Hans-Peter Schneider, heute Chef der Psychiatrie, kümmerte sich um mich. Hier fiel zum ersten Mal der Begriff »Borderline«. Aber es gab noch keine Möglichkeit einer speziellen Therapie.

Dr. Schneider war der Meinung, dass es für mich nicht gut wäre, wenn ich wieder nach M. in die alten Verhältnisse zurückkehrte, und dass die wiederholten Klinikaufenthalte allein mir nichts brächten. Er schlug mir vor, für ein Jahr in eine WG für »Betreutes Wohnen« zu ziehen.

Eine kurze Atempause

4

In dem Haus in Hannover waren drei Wohngemeinschaften untergebracht, zwei für Frauen und eine für Männer. Jeweils drei psychisch beschädigte junge Menschen lebten dort zusammen. In einem Anbau im Hinterhof hatten drei Sozialarbeiter ihre Räume. Sie kümmerten sich tagsüber um uns, standen uns bei Fragen und Problemen zur Seite und unterstützten uns bei Behördengängen. Aber wir lebten völlig autark, kauften selbst ein, kochten, gingen aus, bekamen Besuch, wir konnten uns frei bewegen. Hier sollten wir lernen, wieder ein selbstbestimmtes Leben zu führen. Jeder hatte in seiner WG ein eigenes Zimmer; Wohnraum, Bad und Küche benutzten wir gemeinsam.

Bernd, einer meiner beiden Mitbewohner, hatte gerade eine Psychose überwunden. Er hatte sich sämtliche Körperhaare abrasiert und war nackt durch die Straßen gelaufen, weil er glaubte, auf diese Weise alles Schlechte von sich abwenden zu können. Thomas, der andere, war mehrfach drogenabhängig. Er schluckte, inhalierte und schnüffelte alles, was ihn high machte. Und wenn er gar nichts anderes bekommen konnte, schmierte er Lack oder Klebstoff in eine Plastiktüte, die er sich über den Kopf stülpte. Einmal stahl er meine Beruhigungstabletten und schluckte sie alle. Eine einzige dieser kleinen Pillen bescherte mir einen traumlosen Schlaf, wenn ich sehr aufgeregt war. Man hätte meinen können, dass er nie wieder aufwachen würde. Damals wusste ich noch nicht, dass eine Überdosis eines Medikaments genau das Gegenteil bewirken kann. Statt in tiefen Schlummer zu sinken, reagierte Thomas überaktiv. Er sperrte sich in sein Zimmer ein, drehte das Radio auf Höllenlautstärke und zertrümmerte sein Mobiliar. Ich rief einen Sozialarbeiter zu Hilfe. Dieser entdeckte dann meine leere Tablettenpackung.

Schon kurze Zeit nach meinem Einzug lernte ich Christina kennen, die in einer der beiden Frauen-WGs lebte.

Christina litt unter starken Angstzuständen. Sie kaufte nie selbst ein, das erledigten ihre Mitbewohnerinnen für sie. Wenn sie einen guten Tag hatte, schaffte sie es gerade mal bis zum nächsten Briefkasten. An schlechten Tagen weigerte sie sich sogar, ihr Zimmer zu verlassen. Es gibt keine eindeutige Diagnose, woher solche Ängste kommen. Eine Theorie besagt, dass sensible Menschen, die unter dieser Agoraphobie (Platzangst) leiden, als Kinder von Übervorsorge und Überängstlichkeit ihrer Eltern geprägt wurden.

Es gab in unserem Haus regelmäßige Besprechungen mit den Sozialarbeitern, bei denen man über Alltägliches wie Mülltonnen, Flurreinigung, Postverteilung, überlaute Musik oder Besucher in den WGs diskutierte. Anwesenheit war für alle WG-Bewohner Pflicht. Bei meinem ersten Treffen mit den Hausbewohnern fiel mir Christina auf, weil sie von einem der Sozialarbeiter mit sanftem Zwang aus ihrem Zimmer geholt werden musste, denn allein hätte sie an diesem Tag den kurzen Weg die Treppen hinunter, über den Hof zum Anbau nicht geschafft, in dem wir uns alle trafen.

Christina war das genaue Gegenteil von Julia, 1,75 Meter groß mit weiblich-üppiger Figur und dunkelbraunen Haaren. Sie war stets sorgfältig geschminkt, was mir zunächst aber nicht auffiel. Julia war eigentlich hübscher, wenn ich mal von gängigen Schönheitsidealen ausgehe. Aber darum ging es mir nicht.

Christina war der erste Mensch, dem ich begegnete, der so schlagfertig argumentieren konnte, dass mir nichts mehr einfiel, um sie mundtot zu machen. Und das will schon etwas heißen. Einmal baute ich mich in meiner ganzen Größe und Breite vor ihr auf und sagte im Scherz: »Bin ich nicht ein Kerl wie ein Baum?« – »Ja, wie eine Birke«, kam die prompte Antwort. Ich hätte lieber »Eiche« gehört, die für groß, kräftig, ausladend, unverwüstlich steht, doch sie hatte mich bereits durchschaut, ich war in Wirklichkeit schwankend wie eine Birke im Wind.

Christina hatte, genau wie ich, einen ausgeprägten Sinn für schwarzen Humor. Und sie besaß ein sehr feines Gespür für Menschen. Sie schaute mir in die Seele, was zuvor noch keinem Menschen gelungen war. Ich konnte ihr nichts vormachen. Ein paar Tage nach dem Meeting mit den Sozialarbeitern klingelte ich an der Tür ihrer WG, weil ich mir ein Tässchen Zucker ausleihen wollte für meinen Tee. Christina war allein und lud mich auf ein Glas Tee in ihrer Wohnung ein. Wir verstanden uns sofort, hatten uns unendlich viel zu sagen. Meine Beziehung zu Julia war inzwischen recht problematisch geworden. Ihr neuer Job als Sprechstundenhilfe forderte sie sehr. Sie mochte eigentlich über nichts anderes mehr reden als über ihre Erlebnisse mit Kranken. Wenn es einem Patienten besonders schlecht ging, war sie untröstlich. Ihr Start ins Berufsleben, meine Krankheit und meine Erwartungen an Julias Toleranz trieben uns immer mehr auseinander. Wir blieben eigentlich nur noch aus Gewohnheit zusammen und auch, weil keiner von uns gerne allein war.

Christina und ich trafen uns häufiger und aus Sympathie wurde Liebe. Bei einem Spaziergang im Wald gestand ich Julia, dass ich mich von ihr trennen wollte. Sie konnte es zunächst nicht akzeptieren, sie war überzeugt, dass wir uns nach wie vor liebten und ich »diese Affäre« bald vergessen würde. Aber ich blieb bei meinem Entschluss und tat ihr damit sehr weh. Heute weiß ich, dass es letztendlich gut für sie war. Ich glaube, dass sie die kommenden Ereignisse nicht verkraftet hätte. Ich werde immer voller Dankbarkeit an sie denken, weil sie mich ehrlich liebte und ein langes Stück auf meinem schwierigen Lebensweg begleitete.

Am Abend erzählte ich Christina, dass ich mich von Julia getrennt habe. »Das machst du bitte wieder rückgängig, aus uns beiden wird im Leben kein Liebespaar«, erklärte sie und legte Strenge in ihre Stimme. »Du bist für mich wie ein großer Bruder, den ich nie hatte.« Aber ich blieb beharrlich. »Man muss einer Frau von Zeit zu Zeit die Chance geben, Nein zu sagen«, schmeichelte ich ihr, wenn sie meinen Annäherungsversuchen widerstand. Erfolg hatte ich auf einem anderen Gebiet: Ganz allmählich legte Christina ihre Angst ab. Ich war feinfühlig genug, ihre Gefühle zu verstehen. Erst überredete ich sie zu einem kleinen Spaziergang, später sogar ins Kino. Was der teure Psychologe, den ihre Eltern bezahlten, mit seinem Anti-Angst-Training, zum Beispiel mit 200 Sachen über die Autobahn zu rasen, nicht schaffte, ging bei mir ganz einfach. Und irgendwann hatte ich sie so weit: Während eines Stadtbummels fing es an zu regnen. Wir suchten Schutz unter einem Dach und standen dabei genau auf einem Gullydeckel. Ich fragte Christina, die aus Minden stammte: »Kennst du eigentlich die alten ostwestfälischen Traditionen?« Als sie verneinte, erklärte ich ihr mit ernster Stimme: »Bei uns in Ostwestfalen ist es Sitte, dass man sich küsst, wenn man bei Regen auf einem Gullydeckel steht. Das bringt Glück.« Erst blickte sie mich verdutzt an, dann lachte sie laut, und schließlich küssten wir uns.

Später an diesem Tag gestand mir Christina, dass sie wegen ihrer Angststörungen bereits mit siebzehn die Schule abbrechen musste und dadurch keine Kontakte mehr zu Gleichaltrigen hatte und deswegen auch keinerlei sexuelle Erfahrungen machen konnte. Dabei sei sie schon einundzwanzig. Deswegen habe sie sich lieber auf die Rolle der verständnisvollen Freundin eingelassen, weil sie sich auf diesem Terrain sicherer fühle. Aber es fügte sich dann alles wie von selbst.

Ich erzählte Christina von meinen Selbstverletzungen, meinen Fluchtreisen und meinen Suizidversuchen. Zum ersten Mal hatte ich einen Menschen gefunden, dem ich mich rückhaltlos anvertrauen konnte. Sie hatte seit ihrem siebzehnten Lebensjahr mit der Psychiatrie zu tun, sie war wie ich gestört, wir akzeptierten uns gegenseitig. Bei Julia hatte ich immer ein schlechtes Gewissen, weil sie meine Verrücktheiten ertragen musste. Christina hingegen konnte mit ihnen sehr gut umgehen. Denn auch während unserer WG-Zeit ritzte ich mich von Zeit zu Zeit. Einmal mixte ich einen Tablettencocktail, um mich zu vergiften. Zusätzlich fügte ich mir einen tiefen Schnitt im Handgelenk zu. Christina fand mich, als ich bereits das Bewusstsein verloren hatte, in einer großen Lache Blut. Wahrscheinlich wäre ich verblutet, wenn sie mich nicht gefunden hätte. Sie rief

Notarzt und Krankenwagen, sie wartete, bis ich wieder bei Bewusstsein war. Dann sagte sie nur: »Ich werde künftig besser auf dich aufpassen.« Ich will damit sagen, dass ich trotz meiner neuen Liebe und unserer schönen gemeinsamen Zeit immer wieder Grenzen überschritt und in Abgründe fiel. Das eine schließt das andere eben nicht aus.

Das Projekt »Betreutes Wohnen« war auf ein Jahr begrenzt. Es gab aber in Ausnahmefällen die Möglichkeit, zu verlängern. Christina lebte hier bereits im zweiten Jahr. Als sich mein Aufenthalt seinem Ende näherte, beschlossen wir, zusammen eine Wohnung zu suchen.

Ich überredete Christina, eine Fahrschule zu besuchen, doch ihr Vater machte mir eine Szene. Ich habe in Erinnerung, wie er am Telefon schimpfte, dass seine Tochter im Leben keinen Führerschein bekommen würde, sie würde es nicht schaffen, zur Prüfung zu gehen, und er müsse das Ganze bezahlen. Christina hatte ihm nämlich stolz von ihrer ersten Fahrstunde erzählt. Ich begleitete Christina zum Prüfungstermin, ich wartete vor dem Raum, in dem sie ihre theoretische Prüfung ablegen sollte. Durch eine Glasscheibe konnte sie mich sehen, das gab ihr Sicherheit. Sie bestand die Prüfung und gewann durch den Führerschein ein weiteres Stück Selbstbewusstsein.

Der Amokfahrer

5

Trotz meiner innigen Freundschaft mit Christina konnte ich dieses Leben nicht mehr ertragen. Bei meinem letzten Suizidversuch hatte sie mir versprochen, in Zukunft besser auf mich aufzupassen. Aber genau das reizte mich, ihr und mir und dem Leben ein Schnippchen zu schlagen.

Am 31. Juli 1989, meinem dreiundzwanzigsten Geburtstag, setzte ich mich in mein Auto und fuhr los, ohne Ziel und ohne feste Absicht. Ich spürte in mir einen großen Druck und glaubte, daran zu ersticken. Ich musste raus, nichts wie weg. Für Christina, die gerade ihre Eltern besuchte, hinterließ ich keine Nachricht. Ich hätte ihr nicht erklären können, wohin ich fahre und wann ich wieder zurückkomme. In Paderborn – es hätte auch eine beliebige andere Stadt sein können – mietete ich ein Hotelzimmer und wartete dort die Nacht ab. Vorher hatte ich mich in der Umgebung umgesehen und dabei eine ebenerdige Arztpraxis entdeckt, deren Fenster nicht vergittert waren. Im Schutz der Nacht hebelte ich ein Fenster aus und stieg ein. Nun musste ich nur noch den »Giftschrank« aufbrechen, in dem die verschiedenen Beruhigungs- und Betäubungsmittel eingeschlossen waren. Ich nahm sie alle mit – es würden schon die richtigen darunter sein. Wieder zurück in meinem Hotelzimmer, ließ ich mir ein Bad ein. Das entspannte. Abgesehen davon wollte ich nicht schmutzig da oben ankommen. Man weiß ja nie, wem man begegnet. Vielleicht wäre es Marilyn Monroe, und ich hätte dreckige Ohren, wie peinlich für mich. Nach dem Bad mixte ich mir einen Cocktail aus verschiedenen Medikamenten und legte mich auf das Bett. Im Fernsehen lief *Fackeln im Sturm.* Das war meine letzte Erinnerung.

Tage später – oder waren es Monate, Jahre? – erwachte ich in einem Krankenhausbett. Mein ganzer Körper tat weh, war ein einziger überwältigender Schmerz. Ich hatte das Gefühl, von den Haarwurzeln bis zu den Zehennägeln gefoltert zu werden. Wo war ich? Vielleicht schon im Himmel, oder in der Hölle? Nichts von beidem. An meinem Bett standen die vertrauten Gestalten in Weiß und betrachteten mich wie ein seltenes Insekt. Sie erklärten mir, dass ich am frühen Morgen des 1. August zehn Autos mit meinem Auto gerammt habe, und hielten mir auch gleich die Tageszeitung mit der passenden Schlagzeile unter die Nase: »Amokfahrt durch Paderborn« stand da. Wenn man eine zu große Dosis von Tranquilizern einnimmt, setzt oft eine Gegenwirkung ein, man dämmert nicht hinüber, sondern wird überaktiv, ohne zu wissen, was man tut. So war es damals bei meinem Mitbewohner Thomas gewesen, und so war es wohl bei mir. In diesem Zustand muss ich das Hotelzimmer verlassen haben, in mein Auto gestiegen und losgefahren sein. Ich sei die Straße entlanggeschleudert, habe dabei acht parkende Autos gestreift, an einer Straßenbiegung ein Verkehrsschild umgeknickt und sei schließlich zwischen zwei parkenden Autos zum Stehen gekommen. »Fahrer schläft am Steuer«, stand später im Polizeibericht, aus dem ich den genauen Hergang meiner nächtlichen »Amokfahrt« erfuhr. Mir wurde fahrlässige Straßenverkehrsgefährdung vorgeworfen. Ein Amokfahrer war ich nicht, sondern ein verhinderter Selbstmörder ohne Bewusstsein. Aber der »Amokfahrer« schwebte nun wie ein Damoklesschwert über mir.

Wieder kam ich in die geschlossene Abteilung der Psychiatrie von G.

Der Psychiater Dr. Schneider, der ein Gutachten für meinen Gerichtstermin erstellen sollte, sagte zu mir: »Bei der Menge Tabletten, die Sie geschluckt haben, ist es ein Wunder, dass Sie am Leben geblieben sind.« Er konnte es nicht fassen, dass ich überhaupt noch aufstehen, mich in mein Auto setzen, den Zündschlüssel umdrehen und losfahren konnte. Das war jenseits seiner Vorstellungskraft.

Lange blieb ich nicht in der Psychiatrie. Ich hatte inzwischen einige Übung im Entweichen.

Sobald ich wieder aufstehen konnte, setzte ich mich auf eine Bank in den Innenhof der Geschlossenen und überlegte, wie ich fliehen könnte. Dieser angeblich ausbruchsichere Innenhof bildete ein Rechteck, das von einstöckigen Gebäuden umschlossen wurde, in denen die verschiedenen Stationen untergebracht waren. Obwohl mir alles wehtat, stieg ich auf die Lehne der Bank, zog mich auf das Flachdach hoch und sprang auf der anderen Seite hinunter. Dann lief ich in das Waldgebiet, das an die Klinik grenzte. Bis die Pfleger meine Flucht bemerkt hatten und ums Haus herumgelaufen waren, hatte ich bereits ein paar Hundert Meter Vorsprung gewonnen. Ein Pfleger blieb mir lange Zeit auf den Fersen. Er rief mir hinterher: »Ich bin Marathonläufer, Sie können mir nicht entkommen.« Nach einer Weile erreichte er mich tatsächlich. Ich blieb stehen, drehte mich zu ihm um und fragte ihn: »Und – was nutzt Ihnen das jetzt?« Er realisierte, dass wir beide ganz allein im Wald waren, und dass ich ein gutes Stück größer und kräftiger war als er. Er drehte sich schließlich um und lief in die Klinik zurück, um Hilfe zu holen.

Ich trieb mich noch eine Weile in der Gegend herum, dann ging ich zu Christina. Sie hatte sich große Sorgen um mich gemacht. »Jeder Mensch, der sich umbringt, nimmt wenigstens einen anderen mit. Das ist der Mensch, der ihm nahesteht und damit nicht fertig wird. Und das bin ich«, sagte sie und bat mich inständig, freiwillig in die Klinik zurückzukehren. »Aber du weißt doch auch, dass es nichts bringt, dass sie mir nicht helfen können«, wandte ich ein. Ich überredete sie stattdessen, mit mir für ein paar Tage an die Nordsee zu fahren, danach würde ich mich freiwillig in der Psychiatrie zurückmelden. Wir mieteten eine Ferienwohnung. Doch nach zwei Tagen bekam ich hohes Fieber, vermutlich eine Folge des Tablettenmissbrauchs. Christina rief hilfesuchend meine Schwester Elke an, die uns schließlich zusammen mit ihrem Mann abholte und mich nach G. zurückbrachte. Der diensthabende Stationsarzt fragte mich, wie groß ich die Gefahr einschätze, mich in nächster Zeit wieder umbringen zu wollen. Ich erklärte ihm, dass ich das nicht vorhabe, sondern bereit sei, mir helfen zu lassen. Dann gäbe es keinen Grund, mich wieder in der Geschlossenen unterzubringen, meinte er und schlug mir vor, nach Hause zu gehen und mich selbst um eine ambulante Therapie zu kümmern. Christina und ich waren beide froh, dass die Dinge sich zu normalisieren schienen. Ich hatte allerdings vergessen, dass erneut nach mir gefahndet wurde, weil ich ja aus der Psychiatrie entwichen war, und weil mir ein Prozess wegen fahrlässiger Straßenverkehrsgefährdung bevorstand. Abends um Viertel vor zehn klingelte es an der Tür. Draußen standen zwei Polizisten. »Sind Sie Peter

Detert?« Ich bestätigte das, und sie sagten mir, dass ich zur Fahndung ausgeschrieben sei. »Aber das ist Quatsch, ich habe mich doch wieder freiwillig in der Klinik gemeldet und wurde von dem Arzt nach Hause geschickt.« Sie bedauerten, dass sie ihre Vorschriften hätten und mich mitnehmen müssten. Ich könne ja vor Ort die Sachlage klären.

Ich wehrte mich nicht. Ich habe mich in meiner späteren kriminellen Karriere nie gegen Polizisten gewehrt. Aus zwei Gründen: Einmal, weil dadurch alles nur schlimmer wird. Zum anderen, weil ich sie nicht für meine missliche Lage verantwortlich machen wollte. Aber nicht alle Polizisten waren so freundlich zu mir wie die beiden, die mich nun auf das Polizeipräsidium in Bielefeld brachten. Dort wurde ich in eine Verwahrzelle eingeschlossen. Im Volksmund heißt sie auch Ausnüchterungszelle, weil dort vor allem Betrunkene ein unfreiwilliges Nachtlager finden. Diese Zellen sehen überall gleich aus. Sie befinden sich im Kellergeschoss, sind bis zur Decke gekachelt, sind leer bis auf eine abwaschbare Plastikmatratze, auf der eine Wolldecke liegt. Ich musste Schuhe und Gürtel abgeben, dann wurde ich eingeschlossen. Am nächsten Morgen brachten sie mich in einem Bulli, einem dieser typischen VW-Busse, die zum Gefangenentransport umgerüstet waren, zum Gericht. Dort wurde ich dem Haftrichter vorgeführt. Ich wollte ihm erklären, wie alles gekommen sei. Doch er ließ mich gar nicht erst zu Wort kommen, schaute nur in die Akten und las laut vor: »Immer wieder abgehauen, therapieunwillig, unzuverlässig, fahrlässige Straßenverkehrsgefährdung. Suizidgefahr besteht zurzeit offensichtlich nicht – hiermit ordne ich Untersuchungshaft an.« Das war's. Kurze Zeit später fand ich mich in der U-Haft der Justizvollzugsanstalt Brackwede in einem Vorort von Bielefeld wieder. Es ist eins der größten Gefängnisse in Westfalen mit hoher Sicherheitsstufe, ein 1969 erbauter Betonklotz mit dicken Betonstreben vor den Fenstern anstelle der sonst üblichen Metallgitter. Zum ersten Mal sah ich ein Gefängnis von innen.

Zunächst tat sich eine Schleuse auf, und ich stand mit meiner Begleitung in einer Art Innenhof. Die Schleuse schloss sich sofort hinter uns. Endlose Gänge und immer wieder Panzerglastüren, die mit Schlüsseln von einem riesigen Schlüsselbund aufgeschlossen wurden. Das knirschend-metallisch nervtötende Geräusch hallte von den kahlen Wänden wider. Zunächst wurde ich zusammen mit den anderen Neuzugängen in eine kleine Zelle eingeschlossen. Von dort wurden wir einzeln abgeholt und zur Wäschekammer gebracht. Was folgte, kannte ich bereits aus dem Kino: In meine ausgestreckten Arme wurde ein Bündel gelegt. Es bestand aus zwei Wolldecken, einem Bettlaken, Bettbezug und Kopfkissenbezug, beides blau-weiß kariert, zwei Handtüchern, einem Küchenhandtuch, einer leichten grauen Hose, einer ebenfalls grauen Winterhose, einem blauen Hemd und einem mausgrauen Pullover aus kratziger Wolle, drei Garnituren Unterwäsche und als Krönung einem tiefen und einem flachen Teller, einer Tasse, dazu Messer, Gabel und Löffel.

Dann wurde ich in einer Vier-Mann-Zelle zusammen mit drei normalen Strolchen untergebracht. Solchen, die keinen Dachschaden haben, sondern die einfach nur mehr oder weniger kriminell sind. Zwei meiner Zellengenossen waren rauschgiftsüchtig und wegen Beschaffungskriminalität und Dealen von Kokain verhaftet worden. Einer der beiden hatte im Drogenrausch in einem Nobelcafé in Hannover alle Stühle übereinandergestapelt. Der dritte wurde »96« genannt, weil er sich als fanatischer Fan von »Hannover 96« eine riesige Fahne des Vereins auf den Rücken hatte tätowieren lassen. Er war hier »Drehtür-Gast«, so nannte man die Wiederholungstäter, die immer wieder zurückkamen, kaum dass sie ihre Strafe abgesessen hatten. Er brach in Elektronikmärkte ein und brachte Videogeräte und Fernseher zu einem Hehler nach Aachen. Bis er erwischt wurde. Gleich darauf brach er erneut ein und verkaufte wieder sein Diebesgut. Die drei lachten, als ich ihnen meine Geschichte erzählte. Dass einer wegen fahrlässiger Straßenverkehrsgefährdung in den Knast kam, hielten sie für einen Witz.

Christina schickte mir einen Anwalt, den sie später auch bezahlte. Er schüttelte bedenklich den Kopf: »Das ist eine verzwickte Situation. Wenn Sie einmal drin sind, ist es schwierig, Sie mit juristischen Mitteln wieder herauszubekommen. Wäre ich bei der Anhörung dabei gewesen, wären Sie hier gar nicht erst gelandet.« Er könne lediglich ein beschleunigtes Verfahren beantragen, meinte er.

Nach vier endlos langen Monaten in Untersuchungshaft wurde ich im Frühjahr 1990 zum Landgericht nach Paderborn gebracht, wo der Prozess gegen mich stattfinden sollte.

Dr. Schneider, mein psychiatrischer Gutachter, erläuterte dem Gericht, dass ich unter der sogenannten Borderline-Persönlichkeitsstörung leide, dass es mir schwerfalle, zu differenzieren, dass ich nur in extremen Gegensätzen denken könne, also nur in Weiß oder Schwarz, in Leben oder Sterben. Diese Störung sei schwer zu therapieren. Es gäbe bisher in Deutschland nur Ansätze von Therapiemöglichkeiten. Dr. Schneider hielt eine Unterbringung in der Forensik nicht für notwendig und sinnvoll. Stattdessen schlug er für mich einen Platz auf einem therapeutischen Bauernhof in Sondern vor, wo nach der Lehre Rudolf Steiners, des Begründers der Anthroposophie, die Therapeuten mit den Jugendlichen in einer Art Familienstruktur zusammenlebten. Dort könne ich feste soziale Strukturen erfahren, die ich als Kind weder gekannt noch erworben habe. Dort könne ich lernen, Beziehungen zu Menschen aufzubauen und auszuhalten, auch in schwierigen Zeiten.

Doch solche Feinheiten interessierten die Richter nicht. Ihnen ging es allein um die Frage, ob ich schuldfähig oder nicht schuldfähig sei.

Zunächst wurden die zehn Leute angehört, deren Autos ich beschädigt hatte. Es handelte sich überwiegend um leichte Lackschäden, abgebrochene Spiegel oder eingedrückte Scheinwerfer. Der Gesamtschaden betrug ungefähr zwanzigtausend Mark. Neun von ihnen erklärten, dass der Schaden von meiner Versicherung bezahlt worden sei und sie keine weiteren Ansprüche hätten. Doch der Zehnte stellte sich quer. Die Beseitigung des Schadens an seinem Auto – es handelte sich um einen vierzehn Jahre alten Ford Granada, ich erinnere mich genau – habe viertausend Mark gekostet, die Versicherung habe aber nur dreitausend bezahlt.

Das Gericht zog sich zurück und verkündete dann sein Urteil.

Aufgrund der hohen Medikation, die ich geschluckt hatte, war ich nach § 20 des Strafgesetzbuches schuldunfähig. Dieser Paragraph besagt, ich zitiere wörtlich: »Ohne Schuld handelt, wer bei Begehung der Tat wegen einer krankhaften seelischen Störung, wegen einer tief greifenden Bewusstseinsstörung oder wegen Schwachsinns oder einer schweren anderen seelischen Abartigkeit unfähig ist, das Unrecht der Tat einzusehen oder nach dieser Einsicht zu handeln.«

In so einem Fall ordnet das Gericht nach § 63 »die Unterbringung in einem psychiatrischen Krankenhaus an, wenn die Gesamtwürdigung des Täters und seiner Tat ergibt, dass von ihm infolge seines Zustandes erhebliche rechtswidrige Taten zu erwarten sind und er deshalb für die Allgemeinheit gefährlich ist«.

Man hielt mich also für gefährlich. Weil ich im Tablettenrausch ein paar Autos gerammt hatte. Weil sich das jederzeit wiederholen könnte. Weil dabei auch Menschen zu Schaden kommen könnten. Deswegen müsse ich weggeschlossen werden. In diesem Zusammenhang fiel zum ersten Mal der Name der Klinik in F., für mich damals überhaupt kein Begriff.

Ich schaute meinen Anwalt an, der ziemlich ratlos war. Der Gutachter wandte sich empört an den Richter: »Das können Sie nicht machen, Sie können diesen intelligenten jungen Mann nicht nach F. schicken. Was glauben Sie, was dort aus ihm wird? Das ist der falsche Weg.« Darauf meinte der Richter: »Wenn Sie dieser Meinung sind, werden die Ärzte in F. ja auch zu dem Schluss kommen. Wenn diese meinen, dass Herrn Detert nur auf einem therapeutischen Bauernhof geholfen werden kann, dann können sie ihn ja dorthin überweisen, dagegen wird sich das Gericht dann auch nicht sträuben.«

Ich ahnte, dass hinter der Klinik in F. mehr steckte als nur ein therapeutisches Krankenhaus. Mein Anwalt versuchte mich zu beruhigen, das sei nur eine Zwischenstation, die Ärzte würden miteinander telefonieren, und dann käme ich auf den Bauernhof.

Damit konnte ich leben, daran wollte ich glauben. Diese »Amokfahrt«, die keine Amokfahrt war, hatte mir persönlich auch einen großen Schrecken eingejagt, als ich darüber nachdachte, was alles hätte geschehen können. Dass ich zum Beispiel in eine Gruppe von Schulkindern hätte rasen können, dass es Verletzte oder gar Tote hätte geben können.

Aber verurteilt zu werden nach dem Prinzip »was wäre wenn« wollte mir nicht einleuchten. Dann müsste ja jeder Autofahrer, der sich betrunken ans Steuer setzt und in eine Kontrolle gerät, sofort eingelocht werden, denn er hätte ja einen Unfall verursachen können. Mir jedenfalls ist so ein Fall nicht bekannt.

Eine Einweisung nach F. also, eine der größten Einrichtungen für forensische Psychiatrie in Deutschland, in Verbindung mit dem Paragraphen 63 ist so ziemlich das schärfste Mittel, das unser Recht kennt. Das wurde mir erst später klar. Es betrifft vor allem gefährliche Sexualtäter, von denen viele nie wieder in Freiheit kommen, weil sie nicht therapierbar sind. Nun traf es auch mich mit voller Wucht, obwohl ich kein gefährlicher Sexualtäter war und niemals sein werde.

Da ich viel Zeit hatte in den folgenden Monaten, beschäftigte ich mich ausführlich mit den Paragraphen 20 und 21 in Verbindung mit den Paragraphen 63 und 64 des Strafgesetzbuches.

Es gibt drei mögliche Verfahren gegen Rechtsbrecher, die vor Gericht Anwendung finden.

Die erste Variante: Man ist als Angeklagter voll verantwortlich für seine Taten und wird nach dem Strafgesetzbuch verurteilt. Für schweren Diebstahl zum Beispiel sieht das Gesetz eine Gefängnisstrafe von einem bis zehn Jahre vor.

Die zweite Variante: Man ist vermindert schuldfähig, etwa wegen einer Krankheit oder einer schwierigen Kindheit, oder weil man mit 1,5 Promille im Blut noch Auto gefahren ist und einen Unfall verursacht hat. Dann kann einen das Gericht zwar verurteilen, aber nicht mit der vollen Härte. Hier kommt Paragraph 21 zum Tragen.

Die dritte Variante: Man ist schuldunfähig wegen einer seelischen Störung, wegen einer tief greifenden Bewusstseinsstörung oder wegen Schwachsinns – kurz, man ist nicht zurechnungsfähig.

Dieser Paragraph 20 fand bei mir Anwendung: wegen der großen Tablettenmenge, die ich eingenommen hatte, in Zusammenhang mit meiner Borderline-Persönlichkeitsstörung.

Wenn man für »schuldunfähig« erklärt wird, darf einem das Gericht keine Strafe aufbrummen, ob man nun zehn Autos gestreift oder zehn Menschen umgebracht hat.

Hier möchte ich auf die Paragraphen 63 und 64 hinweisen, wobei man Paragraph 64 in meinem Fall außer Acht lassen kann, da er bei Drogen- und Alkoholsüchtigen Anwendung findet.

Wenn man nach Paragraph 21 nur zu einer kleinen Gefängnisstrafe verurteilt wurde, aber von einem eine Gefahr ausgeht, wird man in die forensische Psychiatrie überwiesen, nachdem man seine Gefängnisstrafe abgesessen hat. Angenommen, diese betrug drei Jahre. Wenn man danach noch etliche Jahre geduldig in F. gesessen und sich auch nicht gegen die verordnete Therapie gewehrt hat, kann man an das Gericht schreiben und darum bitten, dass die Verhältnismäßigkeit überprüft wird. Dann besteht die Chance, in die Freiheit entlassen zu werden.

Wenn man den Paragraphen 20 bekommt, gibt es keine Strafe, folglich auch keine Verhältnismäßigkeit. Das heißt im Klartext: Man kann in Sicherungsverwahrung bleiben, bis man für immer die Augen schließt. Man ist kein Strafgefangener, sondern ein für immer weggesperrter Patient.

So sah meine Zukunft aus. Ich war ein junger Kerl, und draußen, hinter den vergitterten Fenstern, den Panzerglastüren, den Stacheldrahtkäfigen, Videokameras, Infrarotsendern und dem über fünf Meter hohen Sicherheitszaun, der das ganze Gelände umschloss, tobte das Leben. Ich begriff, dass ich in der Falle saß. Und dass es für mich nur einen Weg gab, nämlich mich selbst aus dieser Falle zu befreien.

Nach mehreren Wochen im Aufnahmehaus 3 von F. wurde ich in den Hochsicherheitstrakt, in das Haus 25, Abteilung 2, gebracht. In das Haus für psychisch kranke Rechtsbrecher in Deutschlands größter forensischer Psychiatrie mit knapp 400 Patienten. In den Vorhof der Hölle.

Im Vorhof der Hölle

6

Das Haus 25/2 hat, wie mehrere der alten Gebäude hinter den hohen, von Nato-Drahtrollen gekrönten Mauern, inmitten eines verwunschenen Parks mit uraltem Baumbestand, mit murmelnden Bächlein und zur Rast einladenden Bänken, eine lange Geschichte. Ende des 19. Jahrhunderts wurde in dem ehemaligen Rittergut eine »Irrensiechenanstalt« für evangelische und katholische Kranke eingerichtet. Zu Beginn des 20. Jahrhunderts, nun um mehrere Gebäude erweitert, fasste die Anstalt bereits über tausend Kranke. Zudem wurde ein Haus für »unruhige Frauen« eingerichtet, wie es in der Chronik von F. heißt. In den unseligen Jahren der Naziherrschaft wurden in der »Provinzial Heil- und Pflegeanstalt F.« rund sechshundert Patienten ermordet.

Nach dem Ende des Zweiten Weltkrieges zog sich der Ausbau zu einer somatischen Klinik über mehrere Jahrzehnte hin, bis 1983 das Krankenhaus F. sein hundertjähriges Bestehen feiern konnte und die »Forensische Psychiatrie« als eigenständige Einrichtung gegründet wurde.

Im Jahr 1989 wurde im Haus 25, dem Haus mit der höchsten Sicherheitsstufe, als Neuerung der Wohngruppenvollzug eingeführt, in dessen vermeintlichen Genuss ich als einer der ersten Insassen kam. Das Haus aus Naturstein wirkte fast wie eine herrschaftliche Villa aus der Jahrhundertwende, und sah, bis auf die vergitterten Fenster, eigentlich recht einladend aus.

Um einen hermetisch verschlossenen und mit Sicherheitskameras bewachten Innenhof gruppierten sich auf zwei Etagen die beiden Wohngruppen 25/1 und 25/2. In der Wohngemeinschaft, in die man mich steckte, lebten damals fünfzehn Männer, die in Zweibettzimmern mit jeweils eigener Waschgelegenheit untergebracht waren. Es gab außerdem zwei Einzelzimmer für privilegierte oder auch besonders schwierige Patienten sowie das ungeliebte Dreibettzimmer, in das die Neuen, so wie auch ich, zunächst eingewiesen wurden. Erst wenn man sich mehrere Jahre gut betragen hatte, durfte man in ein Zweibettzimmer oder – wenn man sich besonders hervorgetan hatte – in ein Einzelzimmer umziehen. Ferner gab es eine moderne Einbauküche, in der wir uns selbst versorgen konnten, ein Esszimmer, ein Aquarium, in dem kleine Goldfische herumflitzten, drei Toiletten mit Duschmöglichkeit, ein Bad mit Wanne, einen Trockenraum mit Waschmaschine, zwei Fernsehzimmer, das größere für Raucher, das kleinere für Nichtraucher. So war das jedenfalls zu meiner Zeit. Vermutlich hat sich das Verhältnis inzwischen zugunsten der Nichtraucher umgekehrt, oder es gibt gar keine Raucherlaubnis mehr in geschlossenen Räumen. Vielleicht noch auf dem Balkon mit »Panoramablick« auf Innenhof und Mauern. Zu der Wohngemeinschaft gehörte noch ein Dienstzimmer für die drei Pfleger und – nicht zu vergessen – ein sogenannter Kriseninterventionsraum, den wir »Gummizelle« nannten, weil seine Wände gepolstert waren und es darin kein Fenster, nur einen Lichtschacht, eine »französische Toilette« – also ein Loch im Fußboden – und eine Gummimatratze gab. Während meines Aufenthalts in 25/2 hatte ich zweimal das Vergnügen. Aber der Reihe nach.

Innerhalb dieser Räumlichkeiten konnte man sich, das war der Sinn dieses Wohngruppenvollzugs, völlig frei bewegen.

Nachdem ich in einem vergitterten Bulli die ungefähr zweihundert Meter vom Haus 3 zum Haus 25 transportiert worden war, händigte man mir meine Reisetasche aus, und ich freute mich, mein eigenes Waschzeug und meine Bücher von Kishon und King zurückzubekommen.

Von meinen Mitbewohnern war zunächst nichts zu sehen. Ich hatte ja keine Ahnung, dass hier der Abschaum der Menschheit einsaß, das absolut Böse – die primitivgefährlichen Tiere wie auch die hochintelligenten »Hannibal Lecters« dieser Welt. Ich sollte sie noch kennenlernen.

Im Verlauf meiner kriminellen Karriere hatte ich gelernt, mit dem Rücken zur Wand zu sitzen und zunächst das Szenario, das sich mir bietet, still zu beobachten. So saß ich an meinem ersten Tag im Haus 25/2 allein im Aufenthaltsraum für Nichtraucher. Es war ein unfreundlicher, gar nicht frühlingshafter Tag im April 1990. Der Raum lag im Halbdunkel, was meiner Stimmung entsprach. Da flog die Tür auf. Ein Typ kam auf mich zu, ungefähr in meinem Alter, mit schulterlangen ungepflegten blonden Haaren, mit aufgepumpten Oberarmen, die das Muskel-Shirt genauso zeigte wie seine Tätowierungen bis in die Fingerspitzen. Dass er am ganzen Körper tätowiert war, würde ich auch gleich sehen. Der Typ näherte sich meinem Stuhl, stellte sich breitbeinig hin und fragte: »Bist du der Neue?« Ich nickte. Da ließ er wortlos seine Jogginghose fallen. Er war über und über tätowiert, mit diesen primitiven von Hand gestochenen Tattoos aus dem Jugendknast, und über seinem Penis las ich »Kein Trinkwasser«.

Er sagte: »Hey, schnapp mal an!« Ich schaute verblüfft auf die Tätowierung und dachte, hier bist du im falschen Film. Mir wurde schlagartig klar, dass ich diesem Auftritt etwas entgegensetzen musste, wenn ich nicht untergehen wollte. Ich schraubte mich hoch, entfaltete meine ganze Größe, dehnte mein Kreuz, blickte auf den Kerl runter und sagte: »Sei vorsichtig, du Strolch, ich kann ihn dir auch abreißen!«, dabei machte ich eine drohende Gebärde mit der Faust. Er reichte mir gerade bis zur Brust und wich schnell drei Schritte zurück. Schon an der Tür, murmelte er: »Hey, Alter, bleib mal cool! War nur ein Spaß«, zog die Hose wieder hoch, drehte sich um und ging weg.

Später begriff ich, dass es sich bei dieser seltsamen Begegnung um ein eingespieltes Ritual handelte. Dieser Kerl sah zwar finster aus, aber in der Knast-Hierarchie rangierte er ziemlich weit unten und wurde vermutlich vorgeschickt, um den Neuen zu testen. Nun wussten die anderen, dass der Neuzugang nicht nur groß und kräftig war, sondern auch Widerstand leistete und keine Angst hatte.

Diese Hierarchie sieht ungefähr so aus: Zunächst einmal gelten alle, die in Haus 25 eingeschlossen sind, als psychisch kranke Rechtsbrecher. Aber da gibt es Unterschiede: Ganz oben stehen die Mehrfachmörder, die perversen Sexualmörder, die Totschläger, die Kinderschänder, gefolgt von den »normalen« Vergewaltigern, den Brandstiftern, den Spielsüchtigen, den Geiselnehmern. Ich jedoch war nur Deutschlands dümmster Selbstmörder, wie die *Bild*-Zeitung einmal über mich schrieb, und landete in der Hierarchie zunächst ganz unten. Doch das sollte sich ändern.

Meine »Familienmitglieder« lernte ich erst nach und nach kennen. Wie Vampire wurden sie erst nachts munter, wenn nur noch zwei Pfleger Aufsicht hatten, von denen der eine vielleicht schlief und der andere vor der Glotze im Fernsehraum saß, was häufig vorkam. Da war vieles möglich. Erst viel später schloss ich mich dem allgemeinen Rhythmus an.

Nun möchte ich meine Wohngenossen, von denen etliche dank ihrer Untaten richtig prominent wurden, kurz vorstellen. Später werde ich über den einen oder anderen mehr erzählen:

Fred P. 1,70 Meter, circa 25 Jahre alt, blond, sportlich, charmant, Typ Schwiegermuttertraum. Mehrfache Vergewaltigung und Körperverletzung.

Reinhard B. Etwa 1,85 Meter, Mitte 40, 100 Kilo schwer, lange braune Haare, Rockertyp, tief liegende Augen, stechender Blick, gefährlich. Tötete auf bestialische Weise mehrere alte Frauen und verging sich an ihren Leichen. Übrigens: Diese beiden netten Burschen waren meine Zimmergenossen.

Herbert B. Circa 1,80 Meter, ungefähr 45 Jahre alt, korpulent. Homosexuell, pädophil veranlagt und kokainsüchtig. Überfiel mehrere Banken im belgischen Grenzraum, schoss auf einen Polizisten und eine Frau.

Stefan D. 1,80 Meter, etwa 28 Jahre alt, schlank, blond. Spielsüchtig. Mehrere Überfälle auf Banken und Lotto-Annahmestellen.

Winfried K. Circa 1,90 Meter, ungefähr 35 Jahre alt, sehr kräftig, lange Haare. Mehrfacher Vergewaltiger und Mörder, genannt der »Schlitzer von Duisburg«.

Jörg R. Ungefähr 1,80 Meter, Ende 30, untersetzt, sehr muskulös, pädophil. Vergewaltigung und Körperverletzung, Pornofotos mit Kindern.

Jörg H. Etwa 1,70 Meter, circa 45 Jahre alt, kräftig, lichte schwarze Haare, Alkoholiker. Pfählte seinen Saufkumpan, weil er ihn im Alkoholdelirium für einen Teufel hielt.

Ingo P. Circa 1,80 Meter, 38 Jahre alt, schlank, aschblonde Haare, verklemmt. Versuchte Vergewaltigung, Körperverletzung.

Jan G. Etwa 1,90 Meter, 40 Jahre alt, schlank, graue Haare. Extrem schüchtern. Schwere Brandstiftung aus sexuellen Motiven.

Manfred T. Circa 1,75 Meter, ungefähr 40 Jahre alt und 150 Kilo schwer, Glatze umgeben von braunem, schulterlangem Haarkranz, Typ fette Qualle. Mehrfacher Missbrauch von Kindern.

Matthias K. Ungefähr 1,75 Meter, geschätzte 25 Jahre alt, schulterlange blonde Haare. Knastschwul. Raub und Brandstiftung (der Kerl, der seine Hose runterließ).

Thomas L. Groß, schlank, circa 30 Jahre alt. Gelernter Schlachter. Vergewaltigung und Körperverletzung. Mehrfache Brandstiftung, sexuell motiviert.

Mirko Z. Klein, zierlich, kindlich wirkend, 23 Jahre alt. Zündete Dachböden und Keller an. Prostituierte sich für Pokerschulden.

Fritz F. Ungefähr 1,75 Meter, circa 30 Jahre alt, schlank, sportlich, lichte helle Haare. Knastschwul. Mehrfache Vergewaltigung und Körperverletzung. Zwang Mitgefangene zum Oralsex.

Bertold K. Der prominenteste Patient im Haus 25. Gut aussehend, schlank, mittelgroß, dunkle Haare, intelligent. Fünf Frauenmorde wurden ihm nachgewiesen, weitere vermutet.

Und dann gab es noch mich:

Peter D. 1,98 Meter groß, 23 Jahre alt, kurz geschorenes Haar, Brillenträger, intelligent, todessehnsüchtig. Straßenverkehrsgefährdung nach Tablettenmissbrauch.

In den ersten Monaten zehrte ich von der Hoffnung, doch noch auf einen therapeutischen Bauernhof verlegt zu werden. Obwohl sich das »wahre Leben« eigentlich erst nachts abspielte und die Männer tagsüber meist schliefen, strukturierte ich meinen Tag so, wie ich es von »draußen« gewöhnt war. Dadurch war ich viel allein und froh darüber. Ich suchte keinen Kontakt zu meinen Wohngenossen, machte keinen Hehl daraus, dass Männer, die Gewaltverbrechen, insbesondere Sexualverbrechen an Frauen und Kindern begehen, für mich die schlimmsten Menschen auf Gottes Erde sind. Mit denen wollte ich nichts zu tun haben, nicht mit ihnen an einem Tisch sitzen, nicht mit ihnen pokern, mich nicht mit ihnen unterhalten. Außerdem wunderte ich mich und sprach es auch aus, dass diese Mörder und Vergewaltiger innerhalb der Festung ein so komfortables Leben führen konnten, was mich natürlich auch nicht beliebter machte. Welcher »normale« Straftäter kam schon in den Genuss einer derart großzügigen, hellen Wohnung? Alle zwei Wochen gab es hundertfünfzig Mark Kochgruppen-Geld, davon konnte man sich aus dem Supermarkt bestellen, worauf man Lust hatte, oder später, wenn man Ausgang in Begleitung eines Pflegers bekam, sogar selbst einkaufen. Obendrauf gab's noch Taschengeld, damals exakt hundertsiebenundzwanzig Mark und fünfzig Pfennige. Man konnte fernsehen, sich Bücher aus der Bibliothek ausleihen, Sport treiben, Besuch bekommen. Herz, was begehrst du noch, außer dem bisschen Freiheit? Kein Wunder, dass geschickte Anwälte für ihre straffällig gewordenen Mandanten eine Unterbringung in einem forensisch-psychiatrischen Krankenhaus durchzusetzen versuchen, damit diese nicht für Jahre in eine normale Gefängniszelle eingeschlossen werden. Ich behaupte ja, dass einige dieser Insassen, die es sich hier durchaus gut gehen ließen, lebenslang in eine acht Quadratmeter große Zelle gehört hätten. Andererseits traf ich im Gefängnis Häftlinge, die eher in eine Psychiatrie-Klinik gehört hätten. Und mit dieser Meinung hielt ich nicht hinterm Berg.

Als mir dämmerte, dass ich mich hier in F. auf einen längeren Aufenthalt einstellen musste, begann ich, mich mit meinem feindlichen Umfeld auseinanderzusetzen und mich einigermaßen zu arrangieren, mit den weniger schlimmen Insassen zu kommunizieren, mit ihnen nächtelang zu pokern oder Schach zu spielen. Auch gewöhnte ich mir an, wie sie tagsüber herumzuhängen und nachts aktiv zu werden. Aber auch da versuchte ich, so viel wie möglich allein zu sein. Ich las viel – den Konsalik rauf und runter, dazu Kishon und Simmel, Reiseberichte und Biographien interessanter Persönlichkeiten. Und ich hörte oft Musik. Das »Phantom der Oper« hatte es mir besonders angetan, denn oft fühlte ich mich selbst wie das unglückliche Phantom.

Nicht nur bei meinen Wohngenossen, auch beim Personal, den Pflegern, Ärzten und Erziehern, machte ich mich unbeliebt.

Die therapeutische Arbeit in F. bestand aus einem psychologischen und einem lebenspraktischen Teil. Die Ärzte und Psychologen setzten sich mit den Krankheiten und Störungen der Insassen auseinander, die Erzieher und Pfleger begleiteten sie durch den Alltag, gingen mit ihnen einkaufen, halfen ihnen, ihr Geld richtig zu verwalten, schlichteten bei Streitigkeiten. So jedenfalls wurde das System nach draußen verkauft. Doch in Wirklichkeit verwalteten sie nur das Elend. Wir konnten weitgehend machen, was wir wollten, jeder war die Spielwiese für die Störung des anderen. Es ist typisch für mich als Borderliner, dass ich mich während meiner Zeit in F. weder ritzte noch einen Suizidversuch unternahm. Ich stand ja ständig unter Strom, ich musste mich vor Übergriffen schützen, mich wehren, auf Missstände hinweisen. Ich bewegte mich ständig auf einer Grenzlinie. Als ich mich einmal von meinem Zimmergenossen bedroht fühlte und um Hilfe bat, erklärte mir der Pflegedienstleiter, es bestehe keine Gefahr, es sei ja immer jemand da. Was schlichtweg gelogen war.

Ich schildere eine Situation, wie sie häufig vorkam: Die Schicht ist mit drei Pflegern besetzt. Einer meldet sich krank, dann sind es nur noch zwei. Einer der beiden wird zu einem Notfall in ein anderes Haus geschickt. Jetzt ist nur noch einer da. Der geht dann vielleicht zum Verwaltungsgebäude, um die Post abzuholen, und bleibt zwanzig Minuten weg. Zwanzig Minuten ohne Aufsicht, bei diesem Potenzial an Bösem! Man mag es sich kaum vorstellen. Das entsprach nicht den Dienstvorschriften. Ich wies immer wieder auf solche Missstände hin. Aber meine Beschwerden wurden nicht berücksichtigt, ich machte mich noch unbeliebter, ich war der Querulant der Station.

Anfang der 1990er-Jahre herrschte Pflegenotstand, deshalb wurden Arbeitslose aus der Umgebung in dreimonatigen Crashkursen zu Hilfspflegern ausgebildet. Diese zeichneten sich nicht gerade durch Kompetenz und soziales Engagement aus. Ich erinnere mich noch an einen, der ständig mit einer Schnapsfahne herumlief und entsprechend unberechenbar war. Es gab einen einzigen Pfleger, mit dem ich mich im Lauf der Zeit anfreundete, Harald S., den ich auch später noch privat besuchte. Er war religiös und engagiert, er glaubte fest daran, dass in jedem Menschen etwas Gutes schlummere, man müsse es nur wecken. Ich widersprach ihm: »Harald, du kannst aus schwarzen Böcken keine weißen Lämmer machen.« Ausgerechnet seine siebenjährige Tochter Nicole wurde später, als ich schon nicht mehr in F. war, von einem Freigänger vergewaltigt und ermordet. Danach war er nicht mehr in der Lage, als Pfleger zu arbeiten.

Auf unserer Station waren auch Frauen als Erzieherinnen beschäftigt. Mit ihnen verstand ich mich recht gut, soweit das zwischen einem Patienten und seinen Betreuern möglich ist. Vor allem mit der älteren der beiden führte ich oft lange Gespräche. Sie hatte einen Sohn in meinem Alter und fühlte sich ein wenig verantwortlich für mich.

Ich wunderte mich, dass Frauen in einem solchen Haus arbeiteten, dass sie täglichen Umgang mit Mördern und Vergewaltigern hatten. Gehörte es etwa zum Prinzip des Wohngruppenvollzugs, dass die sexuell gestörten Männer einen normalen Umgang mit dem anderen Geschlecht erlernen sollten? Dabei kam es nicht nur zu Liebschaften und sogar einer Ehe, sondern leider auch zu Geiselnahmen und Vergewaltigungen.

Im Lauf der Zeit erfuhr ich mehr aus dem Leben meiner Mitbewohner. Viele schlimme Geschichten hörte ich, aber auch ein paar komische sind darunter.

Wenn man mit einem anderen das Zimmer teilt, ist das der »Spannmann«. Man lebt mit ihm, man wirtschaftet mit ihm, man deckt und hilft sich gegenseitig. Bei mir, im Dreierzimmer, war das nicht so.

Mit Fred P. kam ich einigermaßen klar, obwohl ich mich anfangs von ihm distanzierte. Er war früher Kaufhausdetektiv gewesen, hatte Frauen heimlich Waren zugesteckt und sie dann mit sexuellen Handlungen erpresst. Später, als ihm das nicht mehr genügte, überfiel er Frauen im Parkhaus, bedrohte sie mit einem Messer und vergewaltigte sie. Fred war der »Schwiegermuttertraum« schlechthin – schlank, sportlich, blond, strahlend weiße Zähne, gutes Benehmen, einer der charmantesten Menschen, denen ich je begegnet bin. Später einmal fragte ich ihn: »Mensch, Fred, ich kriege das nicht in den Kopf, du hast es doch bestimmt nicht nötig, Frauen mit einem Messer zum Sex zu zwingen, du hättest sie doch auch so gekriegt.« – »Das ist schon richtig«, meinte er, »aber den Kick bekomme ich nur durch Gewalt.« Als er nach einigen Jahren Ausgang bekam, lernte er eine Verkäuferin kennen und heiratete sie später. Deswegen kam er auch frei, weil er eine positive Sozialprognose hatte. Nach seiner Entlassung arbeitete er in Hamburg ausgerechnet wieder als Kaufhausdetektiv. Was aus ihm und seiner Ehe geworden ist, weiß ich nicht.

Mein zweiter Zimmergenosse, Reinhard B., war der schlimmste Kracher auf unserer Station. Und der gefährlichste. Er sah auch entsprechend aus: Ein stiernackiger, über hundert Kilo schwerer Kerl mit dick antrainierten Muskelpaketen, tief liegenden Augen und stechendem Blick. Seine Krankenakte lese sich wie ein Horrorroman, sagte der leitende Oberarzt. Reinhard B. hatte mehrere alte Frauen auf bestialische Weise getötet und sich dann an ihnen vergangen.

Einmal, ich war nun schon einige Zeit in F., saß ich im Fernsehzimmer und hatte meine Beine auf einen Hocker gelegt. Da betrat er den Raum und kickte im Vorbeigehen gegen meine Beine. »Lass das mal besser«, sagte ich, worauf er eine drohende Haltung einnahm. Ich reagierte blitzschnell und verpasste ihm mit der Faust einen kurzen Schlag aufs Auge. Verblüfft schüttelte er sich wie ein angeschlagener Boxer im Ring und ging dann erneut auf mich los. Ich schlug wieder zu, bevor er überhaupt einen Ton gesagt hatte. Wir waren nicht allein im Fernsehraum. Die anderen beobachteten völlig verblüfft das Schauspiel. Für ihn war das eine demütigende Situation, und er wusste nicht so recht, was er nun als Nächstes tun sollte, während sein Auge immer mehr anschwoll. Ich fragte ihn: »Was ist los, Hardi? Geht es jetzt so weiter oder kann ich wieder Fernsehen gucken?« Er drehte sich um und zog ab. Das Gelächter der anderen verfolgte ihn. Und ich wusste, dass dies erst der Anfang war.

Die Pfleger hatten den Vorfall mitbekommen und es wurde, wie in solchen Fällen üblich, eine Gruppensitzung einberufen, an der alle Insassen und das gesamte Personal teilnehmen mussten.

Noch während der Sitzung knurrte Hardi: »Detert, dir haue ich heute Abend den Schädel ein, kannst dich schon drauf freuen.« Darauf ich, scheinbar cool: »Wie du schon bemerkt hast, solltest du dich besser in Acht nehmen.« Einige lachten, und ich wandte mich an die Pfleger: »Alle haben es gehört, der will mir heute Abend den Schädel einschlagen, mit dem ist nicht zu spaßen. Also machen Sie etwas.« Was sollten sie tun? Das sei schon die höchste Sicherheitsstufe, meinten sie, der werde schon nichts machen, das sei nur eine leere Drohung. Doch ich ließ nicht locker: »Wie können Sie das verantworten, bei so einem Potenzial an Gewalt?« Man erwiderte mir, wenn ich mich bedroht fühle, könne ich ja im Kriseninterventionszimmer schlafen. Wie, ich sollte isoliert werden, weil mich ein anderer bedrohte? Ich sei derjenige, der Unfrieden stifte, der provoziere, also müsse ich abgesondert werden, nicht er, lautete die Antwort. So kam es zu meiner ersten Nacht in der Gummizelle. Aber was brachte das schon? Es folgten ja noch viele Nächte, und sein Rachedurst war eher größer geworden.

Die folgende Nacht verbrachte ich wieder in unserem Zimmer, natürlich ohne ein Auge zu schließen. Ich lag auf dem Rücken und lauschte auf jeden Ton. Gegen zwei Uhr schlich er durch den Raum. Unser Zimmer war ziemlich groß, jeder hatte seine Ecke, um die herum er sich mit Regalen und Schränken ein bisschen Privatsphäre geschaffen hatte. Ich stellte mich schlafend, als er sich näherte. Er hatte einen Stuhl in der Hand. Ich sprang aus dem Bett und packte seinen Arm: »Wenn du den Stuhl gegen mich benutzt, breche ich dir den Arm.« Er stierte, ließ seinen Arm mit dem Stuhl sinken, sagte keinen Ton und ging wieder zurück in sein Bett.

Reinhard B. wusste, dass ich gern badete und mich so oft wie möglich in die Wanne im Badezimmer legte. Wenn einer von uns das Bad benutzte, konnte er sich zwar einschließen, aber der Riegel ließ sich von außen mit einem Markstück leicht öffnen. Das war auch so gedacht, damit die Pfleger im Notfall schnell eintreten konnten. Man war also nicht wirklich sicher.

Ich lag in der Badewanne, um mich nach ein paar Tagen angespannter Atmosphäre ein wenig zu entspannen. Plötzlich sprang die Tür auf, Reinhard stürzte herein und versuchte, mich unter das Wasser zu drücken. Ich wehrte mich mit aller Kraft. Schließlich sprang ich, nackt wie ich war, aus der Wanne. Wir rangen miteinander, fielen beide hin. Er lag auf mir, ich umklammerte seine Beine mit meinen Beinen und nahm ihn in einen Judo-Würgegriff. Judo hatte ich als Junge ausgerechnet beim Polizeisportverein in Bielefeld gelernt. Ich drückte ihm die Luft ab, bis er nicht mehr zappelte. Dann lockerte ich meinen Griff. Er lag röchelnd auf dem Boden. Ich sagte: »Das ist jetzt meine letzte Warnung, das nächste Mal mache ich dich alle. Du weißt, dass ich ein Eierdieb bin und du ein mehrfacher Mörder. Da wird es noch nicht mal eine Untersuchung geben, dich werden sie einfach hinten auf dem Friedhof verbuddeln, und die Sache ist vergessen. Einem wie dir trauert keiner nach.« Das saß. Keiner von uns beiden erzählte jemals von dem Zwischenfall. Am nächsten Tag saß ich im Fernsehraum. Da kam er auf mich zu und hielt mir einen selbst gebackenen Napfkuchen unter die Nase. Der war noch warm und roch verlockend nach Nüssen und Schokolade. »Da, für dich, Detert. Ich wusste immer, dass du ein Korrekter bist, aber über die Bübchen-Nummer habe ich mich halt geärgert«, sagte Hardi, stellte den Kuchen vor mich hin und verzog sich wieder. Das war sein Versuch, sich mit dem Feind, den er nicht schlagen konnte, zu verbrüdern. Den Kuchen ließ ich einfach stehen, und die anderen machten sich über ihn her. Aber ab da war Ruhe.

Ein Sprichwort sagt, dass man sich immer zwei Mal im Leben begegnet. Auf Herbert B. und mich jedenfalls trifft das zu.

Zwei Jahre lang teilte er mit mir die Wohngemeinschaft in Haus 25/2. Trotz seines langen Sündenregisters – der pädophil veranlagte Mann hatte mehrere Banken überfallen und dabei auf Menschen geschossen – war er eigentlich ein recht angenehmer Zeitgenosse. Er gehörte zu den intelligenten Straftätern in unserer WG, sprach fließend Italienisch und Englisch. Manchmal spielten wir miteinander Schach. Herbert war zu einer Freiheitsstrafe von vierzehn Jahren plus Sicherungsverwahrung verurteilt worden. Sein Standardspruch lautete: »Ich bin freiwillig hier, und wenn ich ausbrechen will, holen mich meine Kumpels mit einem Auto ab, notfalls mit Waffengewalt.« Da er schon mehrere Jahre saß, wurde diese Drohung nicht ernst genommen. Nach knapp drei Jahren – es war gegen Ende meiner Zeit in F. – bekam er Ausgang. Das bedeutete, dass er in Begleitung eines Pflegers im Supermarkt einkaufen durfte. Er hatte eine lange Liste mit Aufträgen von uns anderen mitgenommen. Als sie an der großen Kirche vorbeigingen, stoppte plötzlich ein Auto neben ihnen, ein Gewehrlauf ragte aus dem Fenster. Der Pfleger blieb erschrocken stehen, Herbert B. stieg ein – und war verschwunden.

Monate später, während meiner Fluchtreisen quer durch Deutschland, traf ich meinen ehemaligen Mitbewohner in einer gemeinschaftlichen Transportzelle wieder.

Wenn du als Strafgefangener von einem Gefängnis ins andere gebracht wirst, musst du deine Zelle ja irgendwann räumen. Damit alles schneller geht bei der Abholung, gibt es unten, wo der Gefangenenbus hält, ein paar Zellen, die sogenannten Transportzellen. Dort bleibt der Straftäter ein paar Stunden, manchmal auch über Nacht, und im schlimmsten Fall übers Wochenende. Diese Transportzellen sind sehr einfach und nicht sonderlich sauber. Und sie sind ein rechtsfreier Raum. Diejenigen, die dort zusammen mit dir eingesperrt sind, siehst du meistens nie wieder. Vieles ist möglich. Hinzu kommt die Langeweile. Es gibt weder Fernseher noch Radio. Und so ein Wochenende kann lang sein, da kommen manche leicht auf dumme Ideen. Da wird schnell klar, wen man besser in Ruhe lässt, oder wen man drangsalieren und quälen kann, weil er sich nicht wehrt. Es fängt meist ganz harmlos an, zum Beispiel beim Essen. Jeder bekommt einen Pott mit Eintopf, in dem ein Würstchen schwimmt. Einer nimmt dem ausgeguckten Opfer das Würstchen weg. Wenn dieses sich nicht wehrt, schaukelt sich das hoch. Als Nächstes muss er den Boden putzen oder das Klo wischen. Ich habe mich an solchen »Spielchen« nie beteiligt, weil ich meine Selbstachtung nicht verlieren wollte. Einmal hörte ich aus einer Nachbarzelle ganz fürchterliche Schreie. Ich konnte aber nichts machen. Später erfuhr ich, dass sich das Opfer geweigert hatte, seinen Tabak herzugeben. Darauf verbrannten sie ihm mit einem Tauchsieder den Anus.

Herbert B. und ich verbrachten eine ganze Nacht lang in der Transportzelle. Hier erzählte er mir seine Geschichte: Nachdem er aus F. geflüchtet war, hatte er sich neue Papiere besorgt. Diese hatten seinem Bruder gehört, der in den 1970er-Jahren irgendwo in Afghanistan während einer Drogenreise verschollen war. Mit neuer Identität flüchtete Herbert B. nach Vietnam. Dort lebte er einige Zeit in einem Dschungeldorf zusammen mit einem zwölfjährigen Jungen. Seinen Unterhalt verdiente er, indem er Schweizer Touristen in Opiumdörfer führte. Alle drei Monate verließ er Vietnam und kam am nächsten Tag oder ein paar Tage später wieder zurück, um einen neuen Aufenthalts-Stempel zu bekommen. Einmal fuhr er weiter nach Thailand. Dort wurde er verhaftet beim Versuch, mit einer gestohlenen Kreditkarte einzukaufen. Daraufhin wurde er nach Deutschland ausgeliefert.

Nur ein Einziger aus meiner erzwungenen Wohngemeinschaft in F. bereute seine Tat und litt unter ihr. Damit erfüllte er eigentlich den Sinn dieser Einrichtung. Doch das nutzte ihm wenig. Mit Jörg H. spielte ich manchmal Schach, weil er intelligent war und ein guter Verlierer. Er sah mit seinen dicken Oberarmen ein bisschen aus wie Popeye, der Seemann, und war am ganzen Körper tätowiert, sogar auf den Augenlidern. »Gute« stand da deutlich auf dem linken, und »Nacht« auf dem rechten Augenlid zu lesen. Jörg kam aus der ehemaligen DDR und war schwerer Alkoholiker. Damals wurden dort alkoholkranke Menschen, die häufig die ihnen zugewiesene Arbeit verweigerten, als asozial eingestuft, und das galt als strafbar. Anstatt diesen kranken Menschen zu helfen, wurden sie zu hohen Gefängnisstrafen verurteilt. Jörg saß zehn Jahre, bis er bei einer der sogenannten Freikauf-Aktionen zwischen DDR und BRD in ein Auffanglager nach Westdeutschland kam und hundert Mark Begrüßungsgeld erhielt. Später lebte er von Sozialhilfe. Doch auch hier kümmerte sich keiner um ihn, was zur Folge hatte, dass er nur noch ungehemmter trank. Sein einziger Freund im Lager war ebenfalls ein Trinker. Ausgerechnet diesem stach er während eines Streits mit einem angespitzten Stuhlbein durch die Brust ins Herz, weil er seinen Saufkumpanen im Alkoholdelirium für einen Vampir hielt. So landete er in F. Dort lief er eines Tages Amok. Er sprang durch eine Glastür, nahm sich zwei große Glasscherben und stach auf jeden ein, der ihm in den Weg geriet. Dabei verletzte er auch sich selbst schwer. Wenn er sich nicht längst zu Tode getrunken hat, sitzt er vermutlich in einer anderen forensischen Anstalt ohne Aussicht, jemals wieder in Freiheit zu leben.

Dieses Schicksal hätte auch Fritz F. treffen können, wenn er sein Leben nicht selbst beendet hätte. Auch dieser brutale Vergewaltiger gehörte zu den besonders harten Brocken in meiner WG. Er war gefürchtet, weil er Mitgefangene zum Oralsex zwang.

Eines Tages stand er auf dem Balkon von Haus 25. Unten im Park, jenseits der Mauer, ging eine junge Frau vorbei. Er rief ihr zu: »He, du Schöne, willst du mich nicht besuchen?« Sie kam tatsächlich hoch, was mich sehr verwunderte. Ich muss dazu sagen, dass Besuch offiziell erlaubt und sogar erwünscht war. Das Leben innerhalb der Festung sollte so normal wie möglich sein. Die beiden freundeten sich an, heirateten sogar später und bekamen eine Tochter. Allerdings durfte die Frau nicht in der WG leben.

Als die Tochter geboren wurde, bekam er Ausgang. Das bedeutete, dass er, mit einer Handfessel an einen Pfleger gebunden, Frau und Kind besuchen durfte. War das Verhältnis zwischen beiden vertrauensvoll, verzichtete der Pfleger auf die Handfessel.

Die Ehe zerbrach, was vorauszusehen war, danach war Fritz F. ziemlich gereizt. Alle gingen ihm aus dem Weg. Er wurde dann in das neu gebaute Haus 26 verlegt. Dort nahm er eine Schwester als Geisel und vergewaltigte sie. Daraufhin wurde er in ein anderes forensisch-psychiatrisches Krankenhaus verlegt, weil ein Täter nach einem solchen Gewaltakt nicht länger am Tatort bleiben darf. Auch ihn traf ich später dort wieder. Bei dieser Gelegenheit fragte ich ihn einmal: »Du bist doch nicht schwul, das sagst du zumindest, aber du vergehst dich an deinen Mitgefangenen, das verstehe ich nicht.« Er lachte und meinte: »Du bist vielleicht naiv. Wenn ich die Augen zumache und mir vorstelle, dass es mir eine Frau besorgt, dann ist es doch dasselbe Gefühl. Versuch's doch einfach auch mal.«

Später erfuhr ich, dass er bei einem Ausgang eine Frau belästigt hatte. Weil diese laut um Hilfe rief, versuchte er seinen Verfolgern zu entkommen und sprang vor einen Zug.

Karola hieß die große Liebe von Thomas L., den wir nur »Thomas, der Schlachter« nannten. Das hatte aber nichts mit seinen Delikten – Vergewaltigung und Körperverletzung – zu tun, sondern mit seinem früheren Beruf. Er freundete sich mit einer Patientin aus dem Frauenhaus an und verlobte sich mit ihr. Solche Kontakte waren möglich. Die junge Frau, Karola, hatte ihre beiden kleinen Kinder in der Badewanne ertränkt. Sie wurde schließlich nach ein paar Jahren entlassen mit der Begründung, sie habe ja nun keine Kinder mehr, deswegen bestehe auch keine Wiederholungsgefahr. Damit war die Beziehung zu Ende, und Thomas schob den Blues, weil seine Karola weg war.

Damals war Sinéad O'Connor mit ihrem Hit »Nothing Compares 2 U« sehr populär. Der drang dann Tag und Nacht in voller Lautstärke aus seinem Zimmer. Thomas teilte sich das Zimmer mit Mirko Z., der wegen Brandstiftung saß. Mirko wirkte trotz seiner dreiundzwanzig Jahre wie ein Fünfzehnjähriger. Mirko war das geborene Opfer. In einer dieser langen Pokernächte machte er Schulden und sollte diese nun durch Oralsex abarbeiten. Für fünf Mark musste er im Treppenhaus von Station 1 seinen Schuldner befriedigen. Das tat er auch unter dem Gejohle der Zuschauer. Anschließend beschwerte er sich bei der Pflegeaufsicht, dass er dazu gezwungen worden sei. Daraufhin wurde eine Sondersitzung mit einem Arzt, den Pflegern, einer Psychologin und den anderen Insassen einberaumt. Dabei ging es um Wert oder Unwert von Sexualität und Menschenwürde. Dann wurde darüber diskutiert, was mit den fünf Mark geschehen sollte. Auch ich musste an dieser Sondersitzung teilnehmen. Ich erinnere mich an diese völlig bescheuerte, aber sehr hitzige Diskussion, in der es darum ging, ob Oralsex für fünf Mark okay sei, ob er das Geld zurückgeben solle, dann hätte er es umsonst gemacht, oder ob er es behalten dürfe. Meine Bemerkung, ob das nicht eher ein Fall für den Staatsanwalt sei, weil ich den Strafbestand sexueller Nötigung in der Affäre sah, fand kein Gehör. Die Angelegenheit wurde schließlich auf der Station intern geregelt. Man kam überein, diese fünf Mark der Kuchenkasse zu spenden. Freitagnachmittag um drei gab es immer Kaffeetrinken mit dem Personal, bevor es ins Wochenende ging. Dazu wurde von den Patienten Kuchen gebacken, deren Zutaten sie aus der Kuchenkasse kauften. Ich nahm nie teil an diesen Kaffee-und-Kuchen-Stündchen. Nach wie vor wollte ich mich nicht mit Leuten gemütlich an einen Tisch setzen, die Kinder gequält oder Frauen geschändet hatten. Am Freitag nach der Sitzung war ich gerade auf dem Weg zu meinem Zimmer, dabei kam ich am Gemeinschaftsraum vorbei. Drinnen saß auch der Arzt und hatte ein Stück Erdbeerkuchen vor sich stehen. Als er mich sah, rief er: »Herr Detert, kommen Sie rein.« Ich wusste nicht, was er von mir wollte, und betrat widerwillig den Raum. »Nun setzen Sie sich doch, es gibt auch ein lecker Stück Kuchen«, forderte er mich auf. »Nein, danke, ich mag keinen Samen-Kuchen«, sagte ich und verließ den Raum.

Der prominenteste Patient zu meiner Zeit war Bertold K., über den in den Medien viel berichtet wurde. Ein intelligenter junger Mann, der mehrere Sprachen beherrschte und an der Fern-Universität BWL studierte. Nur dumm, dass er Frauen so sehr hasste, dass er eine nach der anderen ermorden musste. Fünf Morde hatte man ihm nachgewiesen, man vermutete aber, dass er noch sehr viel mehr Frauen umgebracht hatte. Strafverschärfend war seine hohe Intelligenz, und dass es schwierig war, ihm die Tötungen überhaupt nachzuweisen, weil er auch hier mit großem Geschick vorging, die Leichen verschwinden zu lassen.

Er war überhaupt nicht aggressiv, sondern immer höflich und nett. Er fing dann mit einer Krankenschwester eine Liebesbeziehung an, was immer das bei ihm bedeutete. Aus Sicherheitsgründen wurde die Frau in ein anderes Haus versetzt. Einmal nahm ich ihn zur Seite: »Bertold, du bist das sicher schon häufig gefragt worden, aber wenn ich dich so sehe, kann ich mir überhaupt nicht vorstellen, wozu du fähig bist. Warum machst du so schreckliche

Dinge?« Er schaute mich an und sagte ganz cool: »Ich kann Frauen nicht leiden.«

Ich vermute, dass Bertold K. heute noch in F. sitzt, an einem ruhigen, sicheren Ort, während mich meine krummen Wege über Autobahnen und Schienen, durch Städte, Dörfer und Wälder führten, immer auf der Flucht vor meinen Häschern und auf der Suche nach einem normalen Leben.

Abschied von Christina 7

Die einzigen Lichtblicke in diesem ersten Jahr in F. waren die Besuche von Christina. Trotz ihrer Angststörung und gegen den heftigen Widerstand ihrer Eltern kam sie regelmäßig am Samstag mit dem Auto aus Minden, die Strecke betrug ungefähr hundert Kilometer. Das war schon eine großartige Leistung, und es zeigte mir, dass sie mich wirklich liebte, weil sie bei langen Strecken allein hinterm Steuer immer noch Herzrasen bekam. Sie kam nie ohne ihren Weidenkorb, der gefüllt war mit Süßigkeiten und Lebensmitteln, die man in F. nicht kaufen konnte, zum Beispiel verschiedene Früchtetees oder eine bestimmte Sorte Schokolade. Wir durften ohne Aufsicht zusammen sein. Allerdings trug ich allein die Verantwortung für sie, das hatte mir der leitende Pfleger ans Herz gelegt. Deswegen ließ ich Christina keine Sekunde aus den Augen. Selbst zur Toilette begleitete ich sie und schaute vorher nach, ob sich nicht einer darin versteckt hatte. Das vergiftete natürlich die Atmosphäre noch mehr. Zumal es außer Thomas und Karola und uns beiden kein Liebespaar auf der Station gab.

Natürlich wurde Christina begafft, sie war jung und hübsch, und natürlich konnte sich jeder vorstellen, was wir auf dem Zimmer machten, wenn wir uns zurückzogen. Obwohl die Situation für Christina recht demütigend war, ging sie souverän mit ihr um. Nach außen hin machte sie trotz ihrer Ängste einen selbstbewussten Eindruck. Sie war intelligent und schlagfertig und hatte eine nette Art, mit Leuten umzugehen. Meist blieb sie den ganzen Tag bei mir. Dabei kam es gelegentlich zu Gesprächen mit dem einen oder anderen Patienten. Doch keiner wurde je ausfallend. Ich glaube, keiner hätte sich getraut, meine Christina anzubaggern, denn ich war in der Hierarchie inzwischen weiter nach »oben« gestiegen. Die anderen brachten mir zumindest so etwas wie Achtung entgegen, seit ich mich erfolgreich gegen den allseits gefürchteten Reinhard zur Wehr gesetzt hatte und dieser mich in Ruhe ließ. Einer fragte Christina mal, ob sie nicht eine Schwester oder Freundin habe, die sie mitbringen könne. Da lachte Christina und erklärte, sie wolle darüber nachdenken.

Ich meine ja, dass man nicht jede Untat mit einer schlechten Kindheit oder einer angeborenen Krankheit entschuldigen kann. Ich sehe auch das Böse. Warum sollten kranke Menschen nicht schlechte Charaktereigenschaften haben? Doch Christina verurteilte die Männer in F. nicht. »Das sind kranke Menschen, die sind nur anders krank als du«, meinte sie.

Wenn Christina wieder weggefahren war und ich sie nicht begleiten durfte, fiel ich in ein tiefes Loch. Wenn ich dann im Essraum saß und meine Suppe löffelte, wurde mir besonders bewusst, wo ich mich befand. Während der Woche telefonierten wir jeden Abend miteinander. Danach war ich immer sehr traurig. Wir hatten uns abgesprochen: Wenn ich mich an zwei Tagen hintereinander nicht melde, solle sie sich mit einem Anwalt in Verbindung setzen, um in Erfahrung zu bringen, ob mit mir irgendetwas nicht in Ordnung sei. Dazu ist es aber nie gekommen.

Der Sommer war besonders schlimm. Diese lauen Nächte voller Verlockungen, und ich war jung und eingeschlossen. Nachts saß ich oft viele Stunden auf der Fensterbank, klammerte mich an das Gitter und saugte sehnsüchtig die Luft ein, die nach Blumen und Blättern roch und mich an Christinas Duft erinnerte.

Mein Bruder Martin besuchte mich ebenfalls. Er meldete sich nie vorher an, kam ganz spontan, blieb eine Stunde oder zwei und ging wieder. Er fand das alles sehr spannend. Einmal saßen wir im Essraum, da kam der blonde Typ, der mich am ersten Abend provoziert hatte, setzte sich neben Martin und flüsterte ihm zu: »Hey, Alter, kannste mir beim nächsten Mal 'ne Säge mitbringen? Du bekommst auch fünf Mark dafür ...«

Im Gegensatz zu Martin schienen sich meine beiden Schwestern für diesen Bruder zu schämen. Elke, die ältere, hat mich nie besucht, Sabine kam immerhin zwei Mal, zusammen mit ihrer Freundin Astrid. Allein hätte sie wohl keinen Mut gehabt. Sie fand das alles recht aufregend auf der Station und gar nicht so schrecklich, wie ich es erlebte. Einmal unterhielt sie sich etwas länger mit Fred P., einem meiner beiden Zimmergenossen. Anschließend sagte sie zu mir: »Das ist aber ein netter, charmanter Mann.« – »Ja, er hat auch nur mehrere Frauen überfallen, mit dem Messer bedroht und brutal vergewaltigt«, antwortete ich. Daraufhin kam sie nicht mehr. Vater hat mich kein einziges Mal besucht.

Nach einem halben Jahr, im September 1990, wurden meine Auflagen gelockert, ich durfte in Begleitung eines Pflegers im Dorf einkaufen. Ich war überglücklich, endlich wieder ganz normale Menschen zu sehen, die nichts mit der Festung zu tun hatten, keine arroganten Ärzte, keine Psychomörder, keine merkwürdigen Krankenpfleger, die diese Subkultur verinnerlicht hatten.

Im Oktober 1990 geschah der Mord an einer dreizehnjährigen Hauptschülerin aus dem Nachbarort. Ihre Leiche wurde in einem Wäldchen nahe der psychiatrischen Klinik entdeckt. Die Mordkommission vermutete, dass ein Freigänger das Mädchen vergewaltigt und getötet hatte. Ungefähr vierzig bis fünfzig Männer, die dafür in Frage kamen, wurden intensiv verhört und überprüft. Auch ich gehörte zu ihnen. Freiwillig unterzog ich mich einem Gen-Test. In der Bevölkerung herrschte Pogromstimmung. Bei meinem ersten Ausgang nach der Tat sah ich die Schilder, die verängstigte Bürger an Bäumen und Laternenpfählen angebracht hatten: »Kinder in Angst« oder »Wir haben Angst. Wie lange bleibt der Mörder frei?«.

In dieser Zeit war jeder Patient in F. ein potenzieller Mörder und Sexualtäter. Ich spürte die Blicke, als ich wenige Tage nach dem Mord zum Supermarkt ging. Sie drangen wie Pfeile in mich ein und verletzten mich. Wieder einmal wurde mir erschreckend klar, dass ich nicht hierher gehörte.

Im Dezember wurde der Mörder gefasst. Es handle sich um einen zweiunddreißigjährigen Mann, der seit dreizehn Jahren im Maßregelvollzug therapiert werde, erklärte der Leiter der Dortmunder Mordkommission in einem Bericht in der Lippstädter Zeitung *Der Patriot*. Der Mann habe einige Freiheiten in der Klinik genossen. So konnte er sich tagsüber frei bewegen und habe seine Abwesenheit lediglich in einem von ihm selbst geführten »Kontrollbuch« protokollieren müssen. Über Manipulationen in den Einträgen sei man ihm auf die Spur gekommen.

Ich steckte doppelt in der Klemme: Drinnen fühlte ich mich fehl am Platz, und rausgehen wollte ich auch nicht mehr. Als endlich das erste Jahr um war, das mir wie eine halbe Ewigkeit erschien, und ich die Hoffnung auf eine normale psychiatrische Behandlung aufgegeben hatte, bekam ich im März 1991 die heiß ersehnte Post von der zuständigen Strafvollstreckungskammer. Wenn man den Paragraphen 63 bekommen hat und wegen Gefährdung weggeschlossen ist, wird jedes Jahr überprüft, ob das alles noch seine Richtigkeit hat. Gewöhnlich sind es drei Richter, die nach dieser schriftlichen Ankündigung zu einem Anhörungs-Termin nach F. kommen. Hier wird ihnen im Verwaltungsgebäude ein Raum zur Verfügung gestellt, in dem sie dann über mehrere Fälle entscheiden. Einer der Fälle war ich, Peter Detert. Ich hatte mich gut auf die Anhörung vorbereitet. Unter Anhörung verstand ich, dass ich etwas ausführen kann, dass sie mich anhören und dann darüber verhandeln. Und ich hatte so viel zu sagen nach einem Jahr. Nachdem ich aufgerufen worden war, betrat ich den Raum und sagte höflich »Guten Tag«. Ich wollte nicht gleich mit der Tür ins Haus fallen und wartete, bis sie mich zum Reden aufforderten. Die Richter saßen an einem langen Tisch, zwei studierten die Akten, der dritte schaute hoch und fragte mich: »Sie kennen die Stellungnahme?« Ich wusste nicht, was er meinte, und stotterte: »Wie? Welche Stellungnahme?« Darauf meinte der Richter: »Die Anstalt hat eine Stellungnahme geschrieben, aus ihr geht hervor, dass es nicht verantwortet werden kann, Sie zu entlassen. Die Unterbringung dauert fort.« Ich begriff nicht so schnell und dachte, dass nun die Anhörung beginne. Doch er sagte: »Sie können jetzt gehen.« Die ganze »Anhörung« hatte keine Minute gedauert. Völlig sprachlos, was mir selten passiert, ließ ich mich in das Haus 25 zurückbringen. Später erfuhr ich, dass das behandelnde Team eine Stellungnahme für das Gericht geschrieben hatte. Normalerweise hätte auch ich über den Inhalt informiert werden müssen. Dann wäre ich besser vorbereitet gewesen, dann hätte mir Christina einen Anwalt besorgt, dann hätte, dann wäre ... Als ich später, nachdem alles schon beschlossen war, die Stellungnahme zu lesen bekam, die keine Dreiviertelseite umfasste, packte mich der Zorn. Da stand, dass ich zurzeit unauffällig und stabil sei. Dies sei auf meine Unterbringung in F. zurückzuführen, und von daher könne nicht verantwortet werden, mich zu entlassen. Christina hatte mich immer wieder ermahnt: »Peter, mach keinen Quatsch, arrangiere dich mit dem Personal und deinen Wohngenossen, leg dich mit keinem an, sieh zu, dass wir das Jahr rumkriegen.« Daran hielt ich mich auch im Großen und Ganzen. Und nun wurde ich für mein gutes Benehmen mit einem weiteren Jahr bestraft. Das wollte mir nicht in den Kopf. Ich beschloss, mit allen Mitteln um meine Freiheit zu kämpfen. Und ich ging auf Konfrontationskurs, legte mich nicht nur mit den Häftlingen, sondern auch mit dem Personal an. Ich ließ mir nichts mehr gefallen und hielt auch meinen Mund nicht mehr. Christina war verzweifelt.

Dann beschritt ich den offiziellen Beschwerdeweg. Zunächst legte ich beim Pflegedienstleiter P. eine Dienstaufsichtsbeschwerde gegen einzelne Pfleger ein. Darin schrieb ich, es sei ein Unding, dass Leute, die betrunken zum Dienst erscheinen oder die nicht bis fünf zählen können, über mein Schicksal entscheiden und den Schlüssel umdrehen, wenn es ihnen passt. Nichts geschah. Daraufhin schrieb ich an die Klinikleitung. Wieder tat sich nichts. Schließlich wandte ich mich an den Petitionsausschuss des Landtags. P. meinte nur süffisant, ich könne so viel schreiben, wie ich wolle, das interessiere draußen sowieso keinen. Mit anderen Worten: Wenn du hier drinnen sitzt, bist du für die draußen so gut wie gestorben. Immerhin, nach ein paar Monaten kamen vier Leute, die Vertreter der wichtigen Parteien im Landtag, nach F.

Im Dienstzimmer gab es eine kleine Anhörung, bei der ich sogar auch etwas sagen durfte. Außer den Vertretern des Petitionsausschusses waren der Pflegedienstleiter P., der Oberpfleger W. und der Stationsarzt, an dessen Name ich mich nicht erinnere, zugegen. Ich schilderte, dass auf der Station häufig keine Pfleger präsent seien, dass betrunkenes Personal Berichte schreibe, dass Straftaten vertuscht würden, dass das Recht mit Füßen getreten werde. Ich hoffte, wenn ich mich bei den Verantwortlichen so richtig unbeliebt mache mit meinen Anschuldigungen, wären sie froh, mich loszuwerden. Doch diese Strategie ging leider nicht auf. Die vier hörten sich alles an, was ich bei dieser für sie, wie mir schien, lästigen Pflichtveranstaltung zu sagen hatte, doch P. erklärte, das stimme alles nicht, ich sei ein Querulant, der sich gern wichtig mache, das gehöre eben zu meinem Krankheitsbild.

Nachdem die Sitzung beendet war, klopfte mir der Mann von der SPD gönnerhaft auf die Schulter und sagte: »Kopf hoch, Herr Detert, das wird schon ...« Ich fühlte mich verarscht. In diesem Moment wusste ich: Du musst entweichen!

Aber dann schien sich mein Schicksal doch noch zum Guten zu wenden. Mitte Juni 1991 eröffnete mir Oberpfleger W.: »Herr Detert, wir haben uns zusammengesetzt, wir sind zu dem Schluss gekommen, dass Sie hier doch am falschen Ort sind, wir haben beim Gericht beantragt, dass Sie entlassen werden. Es wird ungefähr vier Wochen dauern, bis die Papiere durch sind. Dann können Sie gehen.«

»Christina«, jubelte ich ins Telefon, »in vier Wochen bin ich frei.« Sie weinte vor Glück. Wir waren inzwischen bereits seit anderthalb Jahren getrennt. Nun würden wir endlich wieder Tag und Nacht zusammen sein, und keiner könnte uns daran hindern. Ich würde jede Nacht die Fenster weit öffnen, ich würde eine ambulante Therapie machen, einen Job suchen, ich würde alles für meine Christina tun.

Nach ungefähr einer Woche wurde ich erneut ins Dienstzimmer gerufen. Man habe sich doch nochmals gründlich mit meinem Fall auseinandergesetzt, und im Team seien Bedenken aufgekommen, mich freizulassen. Deswegen habe das Team beschlossen, den Antrag auf Entlassung zurückzuziehen, weil es für mich besser sei, hierzubleiben.

Es gelang mir in den folgenden Tagen nicht, herauszufinden, wer hinter der Entscheidung des »Teams« steckte, obwohl ich die ganze Station verrückt machte.

»Was hast du wieder angestellt?«, schrie Christina ins Telefon. Sie wollte meinen Beteuerungen nicht glauben: »Du musst etwas angestellt haben, die verhalten sich so doch nicht ohne Grund!« »Nein, nein, nein«, schrie ich zurück. »Jemand, der draußen lebt, kann nicht nachvollziehen, was hier drinnen so alles passiert. Da gelten andere Regeln als im normalen Leben.«

Ich versuchte ihr zu erklären, dass einer, der junge Mädchen vergewaltigt und getötet hat, unter Umständen schneller hinausgelassen wird als einer, der eine Mülltonne in Brand gesetzt hat. Christina kenne doch das Prinzip von F.: Alle, die hierher kommen, sind psychisch krank.

Deswegen werden ihre Taten auch nicht gewertet. Deswegen gelten für alle die gleichen Regeln. Und wenn einer Fortschritte in seiner Gesundung macht, dann bekommt er eben Ausgang, egal, was er angestellt hat. Wenn man sich diese Spielregeln zu eigen machte und sich entsprechend verhielt, um andere zu manipulieren – und das taten einige der Insassen – dann wurden die Auflagen schneller gelockert, was draußen häufig zu neuen Gewaltverbrechen führte. Dann schrie die Öffentlichkeit auf: Wie konnte so etwas passieren?

Christina konnte oder wollte mir nicht mehr folgen. Danach herrschte eine Woche lang Funkstille zwischen uns. Christina war schrecklich enttäuscht. Sie sah für unsere Beziehung keine Perspektive mehr. Sie sitze seit anderthalb Jahren allein zu Hause, sie könne einfach nicht mehr länger auf mich warten, schrieb sie mir. Es zerriss mir das Herz, aber ich konnte sie auch verstehen. Das erste Mal nach langer Zeit dachte ich wieder darüber nach, mich zu töten. Aber nicht hier in der Festung. Ich hätte es als totale Niederlage empfunden, wenn die mich kleingekriegt hätten. Diesen Triumph wollte ich ihnen nicht gönnen. Also blieb nur die Option abzuhauen. Plötzlich spürte ich völlig neue Kräfte in mir. Kräfte, die aus meiner Verzweiflung wuchsen.

Dann setzte ich meinen Plan in die Tat um. Ich wartete den Tag ab, an dem uns das Kochgruppen-Geld und das Taschengeld ausgezahlt wurden. Zusammen mit meinem Ersparten hatte ich fünfhundert Mark in der Tasche und würde damit schon ein Stück weit kommen.

An einem Tag Ende August 1991 durfte ich zusammen mit drei anderen Patienten in Begleitung eines Pflegers ins nahe gelegene Schwimmbad. Ich nutzte die Zeit, in der wir uns duschen konnten, packte schnell meine Sachen zusammen und lief zur Bushaltestelle. Vorher hatte ich mich nach dem Fahrplan erkundigt, sodass ich an der Haltestelle nicht lange warten musste. Der Bus brachte mich zum Bahnhof, dort setzte ich mich in einen abfahrenden Zug. In Bad Pyrmont stieg ich um nach Hannover, von dort fuhr ich in einem Intercity nach München.

Meine Flucht quer durch Deutschland dauerte ungefähr drei Monate und machte aus mir einen Kriminellen. Einen entsprungenen psychisch Kranken mit einem immer größer werdenden Strafregister. In dieser Zeit nahm ich zu keinem Menschen Kontakt auf, auch nicht zu meinem Bruder. Und mit Christina war ja Schluss. Sie hatte mir noch ein paar Briefe geschrieben, in denen sie beteuerte, dass sie mich immer lieben und dass ich immer ihr Freund bleiben werde. Und sie hatte mir eine rührende »Referenz« geschrieben, die ich bis heute aufbewahre.

BESCHEINIGUNG

(zur Vorlage bei der interessierten Damenwelt)

Herr PETER DETERT war zu seiner Herzallerliebsten stets liebe-, rücksichts-, verständnis- und humorvoll.

Alle ihm aufgetragenen Arbeiten hat er (zwar widerspruchsreich, aber nicht ungern) zügig erledigt.

Im täglichen Leben ist er ein umgänglicher Knabe, mit dem es sich gut auskommen lässt.

Er ist treu und nicht anfällig für Verlockungen aus der restlichen weiblichen Welt.

Besonders sind hier noch sein bescheidenes Wesen und seine zurückhaltende Art zu erwähnen.

Peter Detert eignet sich als Lebensgefährte, jedoch ist zu beachten, dass die Gefahr einer gewissen Gewöhnung und Abhängigkeit besteht.

Er ist etwas Besonderes und Seltenes, und sollte auch so behandelt werden.

Für eine kurze Affäre ist er nicht geeignet, wer jedoch einen wahren Freund sucht und auch selbst einer sein will, ist bei ihm an der richtigen Adresse.

Zu Risiken und Nebenwirkungen fragen Sie bitte seinen Arzt und ...

Man könnte meinen, dass ich aufgrund meiner Vorgeschichte ein gestörtes Verhältnis zu Frauen und zur Sexualität haben müsste, was bei Borderlinern sehr häufig der Fall ist. Dass ich schwul wäre, Frauen hasste bis hin zu Mordfantasien, sexsüchtig wäre, perversen Sex praktizierte – nichts von allem ist der Fall. Ich stehe auf ganz normalen »Blümchen-Sex«, und es gab und gibt drei Frauen in meinem Leben, denen ich viel zu verdanken habe, weil sie mir ihre Liebe schenkten, weil ich ihnen vertrauen konnte, weil sie zu mir standen auch in schwierigen Zeiten. Selbst Stacheldraht und Gefängnismauern konnten sie davon nicht abhalten.

Auf der Flucht

8

Eine Woche lang fuhr ich mit dem Zug kreuz und quer durch Deutschland. Wenn ich an einer Endstation ausstieg, besorgte ich mir etwas zu essen und zu lesen, dann setzte ich mich in den nächsten Zug. Fliegender Wechsel von Ort zu Ort, es interessierte mich nicht weiter, wie die Orte hießen und wo sie lagen. Wichtig war mir nur, dass ich ein ruhiges Abteil fand, in dem ich schlafen konnte. Mitreisenden signalisierte ich, mich in Ruhe zu lassen. Ich mochte mit keinem reden. Stattdessen flüchtete ich mich in eine Fantasiewelt. Die fand ich vor allem in den Büchern von Terry Brooks, die vom Zauberreich Shannara handeln, in dem trotz vieler dunkler Gestalten das Gute immer siegt. In den Bahnhofsbuchhandlungen versorgte ich mich mit Büchern. Als mein Geld zur Neige ging, klaute ich sie. Es war so einfach. Ich musste das Buch nicht verstecken, wenn ich das Geschäft verließ. Niemand hielt mich auf. In Bahnhofsbuchhandlungen herrscht immer ein eiliges Kommen und Gehen. Offensichtlich waren die Bücher nicht mit einem Sicherungsetikett versehen, das Alarm ausgelöst hätte. Und auch kein Detektiv hatte mich im Visier. Noch machte ich mir keine Sorgen, von der Polizei verhaftet zu werden. Ich war zwar als aus F. entwichener Patient zur Fahndung ausgeschrieben. Aber da ich keine Sexualdelikte begangen und niemals Gewalt angewendet hatte, wurde nicht mit Hochdruck nach mir gesucht – so wie später.

Irgendwann konnte ich mir auch kein Zugticket mehr leisten und musste zusehen, wie ich zu Bargeld kam. So begann ich, meine Kenntnisse, die ich während meiner Untersuchungshaft in Brackwede von den Mithäftlingen gelernt hatte, in die Tat umzusetzen. Zum Beispiel, mich in Hotels einzumieten, dort zwei, drei Tage zu bleiben und die Zeche nicht zu bezahlen. Oft gehörte zum Hotel ein Restaurant, dort knackte ich nachts, wenn keine Gäste mehr da waren, den Zigarettenautomaten. Das ging damals noch ganz einfach mithilfe eines Schraubenziehers. Damit erfüllte ich gleich zwei Strafbestände: Einmietbetrug und Diebstahl. Ich checkte mich nur in Hotels ein, in denen es keine Nacht-Rezeption gab, sodass ich nachts verschwinden konnte, ohne meine Rechnung bezahlt zu haben. Aber ich brauchte mehr Geld, um meine Flucht weiter zu finanzieren, und begann, in ebenerdige Büros einzusteigen, um dort, so vorhanden, die Portokasse auszurauben. Dafür brauchte ich lediglich einen Schraubenzieher und eine Taschenlampe. Ich suchte mir solche Büros aus, deren Fensterscheiben in Kunststoffrahmen eingelassen waren. Das hatte ich von einem Profi-Einbrecher während meiner U-Haft gelernt. Im Gegensatz zu Metall oder Holz gibt der Kunststoff leicht nach. Wenn man mit dem Schraubenzieher in die Dichtung dringt und ein wenig Druck ausübt, springt das Fenster auf. Wenn ich Glück hatte, fand ich eine Portokasse – in Anwaltskanzleien und Arztpraxen am ehesten –, und wenn ich noch mehr Glück hatte, enthielt sie eine größere Summe. Aber manchmal fand ich auch gar nichts. Dann wusste ich nicht, wie ich die nächsten Tage überstehen sollte, denn dann gab es auch nichts zu essen.

Bei meinen Gaunereien – ja, ich war inzwischen ein Gauner – vermied ich Großstädte. Sie sind mit ihrer hohen Kriminalität, den vielen Routinekontrollen und dem dichten Polizeiaufkommen kein gutes Pflaster für einen wie mich. Dörfer kamen erst recht nicht in Frage, denn dort würde ein Fremder sofort auffallen. So konzentrierte ich mich auf Kleinstädte mit zwischen zwanzig- und fünfzigtausend Einwohnern, und bevorzugt auf Kurstädte. Dort gab es viele Hotels und viele Fremde. Dort fiel ich überhaupt nicht auf.

Zu meiner Entschuldigung muss ich betonen, dass ich nie in Privaträume eingedrungen bin und auch nie einer Frau die Handtasche entrissen habe. Dass ich in meiner kriminellen Karriere niemals einen Menschen bedroht habe. Und dass ich immer ein schlechtes Gewissen hatte. Keine Freude über einen gelungenen Coup, keinen Spaß, keine Befriedigung, keinen Adrenalin-Kick. Ich befand mich in einer Endzeitstimmung. Ich wollte mich nicht stellen und um nichts in der Welt nach F. zurück. Ich hatte keine Zukunft mehr. Ich war einsam. Ich wollte mich umbringen, irgendwann in der nächsten Zeit. Aber noch konnte ich mich nicht dazu durchringen, denn dieses Mal durfte es nicht schiefgehen, ich wollte nicht, wie so oft, in der Psychiatrie wieder aufwachen und von einem weißen Kittel mitleidig betrachtet werden.

Wie ein Hamster drehte ich mich immer schneller in meinem kriminellen Rad.

Dann klaute ich mein erstes Auto. Wieder einmal war ich eines Nachts in ein Büro eingestiegen. Im Hinterhof parkten drei Autos, und die Schlüssel dazu entdeckte ich an einem Haken in dem Büro. Ich entschied mich nicht für den feinen neuen Mercedes und auch nicht für den bulligen Van mit den dicken Reifen, sondern für den VW-Passat, ein dunkelgrünes älteres Modell. Und dies aus Gründen des Verstands und des Anstands: Als junger Mann hätte ich in einem teuren Mercedes die Blicke der Polizei eher auf mich gezogen als in einem angejahrten VW. Außerdem bemühte ich mich stets, den Schaden, den ich anrichtete, so klein wie möglich zu halten.

Nun setzte ich meine Fluchtreisen in einem gestohlenen Auto und ohne Führerschein fort, den hatten sie mir nach der »Amokfahrt« weggenommen. Ich fuhr und fuhr, manchmal fünfhundert bis siebenhundert Kilometer am Tag, ohne Ziel, ohne Landkarte. Bis zur totalen Erschöpfung. Meine Betrügereien setzte ich fort, mein Sündenregister wurde immer größer. Die täglichen Überlebenskämpfe bewahrten mich davor, tiefer in eine Borderline-Krise zu rutschen. Das ruhelose Umherreisen lenkte mich von meiner inneren Leere ab.

Manchmal wurde es richtig aufregend. An eine Episode erinnere ich mich besonders. Ich stand in Regensburg als Linksabbieger an einer roten Ampel. Plötzlich ein Ruckeln und das kreischende Geräusch von Metall, das aufeinandertrifft. Das sind so Momente, in denen ich ganz cool und völlig ohne Panik reagiere, was mich oft vor Schlimmerem bewahrte, mir allerdings auch später vor Gericht zu meinen Ungunsten ausgelegt wurde. Ich galt als der eiskalte, hochintelligente Verbrecher, der nichts ohne Hintergedanken tat. Ein älteres Ehepaar stieg hinter mir aus seinem Auto aus, die Frau beschimpfte lautstark ihren Mann, der den Aufprall verursacht hatte. Der Scheinwerfer seines Autos war zersplittert, die Stoßstange eingedrückt, »mein« Passat hatte nur einen kleinen Knick in der Stoßstange abbekommen. Der Mann sagte zerknirscht: »Ja, es ist meine Schuld, ich habe einen Moment lang nicht aufgepasst. Wollen Sie die Polizei rufen?« – »Ach wissen Sie«, antwortete ich lässig, »wenn Sie Ihren Schaden selber tragen, ist das in Ordnung. Das hier ist ein altes Auto, da kommt es auf eine Schramme mehr oder weniger nicht an. Wegen mir können wir die Sache vergessen.« Der Mann war tief beeindruckt: »Dass es so etwas noch gibt, so einen netten, höflichen jungen Mann! Jeder andere hätte die Polizei gerufen, neue Stoßstange, Schleudertrauma, Schmerzensgeld. Und Sie sagen einfach: ›Wir können die Sache vergessen.‹« Er verstand die Welt nicht mehr. Wir schüttelten uns die Hand, die Frau lächelte mir erleichtert zu, und jeder fuhr seiner Wege. Einen Moment lang kam ich mir richtig großartig vor.

Manchmal übernachtete ich im Auto, wenn ich zu müde war, um nach einem passenden Hotel zu suchen. In einer meiner Herbergen hatte ich das Bettzeug mitgehen lassen, denn der Sommer ging allmählich in den Herbst über, und es wurde empfindlich kalt in der Nacht. Auf einem Autobahn-Rastplatz in der Gegend um Kassel hatte ich mich auf dem Rücksitz in die Bettdecke gewickelt und war in einen unruhigen Schlaf gefallen. Den Motor hatte ich ausgeschaltet, denn der Tank war fast leer, und Geld hatte ich auch keines mehr. Am frühen Morgen wurden plötzlich beide Autotüren aufgerissen, und ich blickte, wohin ich meinen Kopf auch drehte, in die Mündung einer Pistole. Ich fühlte so etwas wie Erleichterung, dass das alles nun ein Ende hatte. Die beiden Polizisten brachten mich auf die nächste Wache, dort beaufsichtigten sie mich in einem Raum, bis ich von zwei Pflegern aus F. abgeholt wurde. Ich fragte die Polizisten, wie sie auf mich aufmerksam geworden seien. Sie erklärten mir bereitwillig, dass sie regelmäßig die Rastplätze kontrollierten. Es war eine kalte Nacht und in den anderen parkenden Autos lief der Motor. Bei mir waren die Fensterscheiben beschlagen. Daraus schlossen sie, dass sich im Wageninneren Menschen befinden mussten, auch wenn der Motor ausgeschaltet war. Über Funk gaben sie die Autonummer durch und wurden schnell informiert, dass es sich um ein gestohlenes Auto handelte. Da erst rissen sie die Türen auf und überrumpelten mich.

Die Pfleger, die mich natürlich wiedererkannten, machten sich einen Spaß daraus, mich in Angst zu versetzen. »Jetzt hast du dir selbst dein Grab geschaufelt«, sagte der eine während der Fahrt nach F. »Du kommst jetzt erst wieder in das Aufnahmehaus 3 und da wirst du lange schmoren, bevor du eine Therapie bekommst«, sekundierte der andere.

Schlimme Aussichten, denn im Gegensatz zu Haus 3 erschien mir Haus 25 trotz seiner Insassen als das kleinere Übel.

Doch dann wurde ich wieder auf meine alte Station gebracht, die beiden hatten nur geblufft. Meine Wohngenossen begrüßten mich mit Häme und Schadenfreude. Nun war ich einer der Ihren mit einer langen Latte von Straftaten, ich, der ja immer betont hatte, dass ich im Gegensatz zu ihnen kein Krimineller war. Wenigstens musste ich nicht mehr zu Hardi, dem Mörder, und Fred, dem Vergewaltiger, aufs Dreierzimmer zurück, sondern wurde bei dem schüchternen Ingo einquartiert. Man wollte Ruhe auf der Station haben, und ich musste mir keine Sorgen mehr machen, nachts angegriffen zu werden. Natürlich hatte ich mir meine Vergünstigungen verscherzt. Hardi, der inzwischen in Begleitung eines Pflegers einkaufen durfte, fragte mit breitem Grinsen, jedes Wort betonend: »Ich gehe jetzt einkaufen, brauchst du was?«

Weihnachten 1991 stand vor der Tür. Für mich sollte ein neues Jahr in F. beginnen. Nun war ich »angekommen«, war ein psychisch kranker Rechtsbrecher, so wie die anderen auch.

Ich passte mich der Subkultur an, verschlief die Tage und wurde nachts aktiv, wurde selbst ein Stück weit zum Vampir. Es machte mir nichts mehr aus, mich mit ihnen zu unterhalten, mit ihnen zu pokern, sogar am gemeinsamen Kochen nahm ich teil, und ich setzte mich mit ihnen an einen Tisch. Meine Eintöpfe waren sehr beliebt. Nur die Kaffee-und-Kuchen-Kränzchen mied ich nach wie vor. Ich wurde auch nicht knastschwul.

Dann passierte etwas Irres: Als ich endlich resigniert und mich damit abgefunden hatte, ein psychisch kranker Rechtsbrecher und deswegen in F. genau richtig untergebracht zu sein, befand ein neues Gutachten, dass ich keineswegs hierher gehöre und trotz meiner Straftaten kein böser Mensch sei.

In Deutschland gilt das Tatort-Prinzip, das heißt, man wird dort vor Gericht gestellt, wo man straffällig geworden ist. Da ich in verschiedenen Bundesländern Straftaten begangen hatte, wurden zwei Sammelverfahren angeordnet, das erste sollte in Rheinland-Pfalz, vor dem Amtsgericht Heilbronn stattfinden, das zweite im Saarland, vor dem Amtsgericht Saarbrücken.

Inzwischen waren in F. meine Auflagen wieder gelockert worden, ich durfte in Begleitung eines Pflegers die Anstalt verlassen. Als nun der Gerichtstermin in Heilbronn anberaumt wurde, holte mich mein Bruder Martin ab und fuhr mich dorthin. Martin, der mir nie Vorwürfe wegen meines unsteten Lebens und meiner kriminellen Aktivitäten machte und bis zu seinem plötzlichen Unfalltod im Jahr 2006 mein treuer Gefährte und einziger Freund blieb, übernahm für mich die Verantwortung und verpflichtete sich, mich wieder zurückzubringen. Die Verteidigerin, die man mir gestellt hatte, traf ich eine Stunde vor der Verhandlung. Sie machte mir Mut und ging im Gegensatz zu mir voller Optimismus in die Verhandlung.

Zunächst wurden meine Personalien verlesen, dann teilte der Richter den Anwesenden mit, dass ich in F. in einer 63er Unterbringung einsitze – wegen fahrlässiger Straßenverkehrsgefährdung. Der Staatsanwalt unterbrach ihn. »Moment, Herr Kollege, das kann nicht sein.« – »Aber das steht hier so«, erwiderte der Richter. Sie schauten sich an, schüttelten die Köpfe, und schließlich wandte sich der Richter an mich: »Herr Detert, so ein Urteil ist für uns nicht nachvollziehbar, für unser Bundesland können wir uns das nicht vorstellen. Wir würden Ihnen dringend anraten, dieses Urteil überprüfen zu lassen.« Dann meinte er noch zum Staatsanwalt: »Vergleichen wir doch einmal diesen sogenannten Amokfahrer mit einem betrunkenen Autofahrer, der einen Unfall mit Personenschaden verursacht. Können Sie sich vorstellen, dass dieser nach Paragraph 63 untergebracht wird?«

Schließlich wurde ich wegen wiederholten Einmietbetrugs, Einbruchs, Diebstahls und Fahrens ohne Führerschein zu einem Jahr und drei Monaten Freiheitsstrafe verurteilt. Dieses Urteil würde aber erst nach dem zweiten Gerichtstermin in Saarbrücken rechtskräftig. Dann würden beide Urteile zu einer Gesamtstrafe zusammengefasst. Der Richter riet mir noch, einen Wiederaufnahmeantrag des Verfahrens vor dem Landgericht Paderborn einzureichen, dort wo meine Unterbringung in die Forensik der psychiatrischen Klinik F. angeordnet worden war. Meine Anwältin half mir, den Antrag zu stellen. Mein Bruder fuhr mich wieder zurück nach F., und ich schöpfte ein wenig Hoffnung, dass der Albtraum bald zu Ende sein würde.

Das Amtsgericht Saarbrücken hatte ein Gutachten angefordert, das bei dem anstehenden Termin berücksichtigt werden sollte, denn man wollte aus berufenem Mund erfahren, ob ich für meine Taten verantwortlich war oder nicht.

So lernte ich den bekannten Professor für forensische Psychologie und Psychiatrie, Dr. Dr. Rainer Luthe von der Universität des Saarlands in Homburg, kennen. Wieder war es mein Bruder, der mich zu dem Gutachtertermin nach Homburg brachte. Wir redeten einen ganzen Tag lang, und am Ende unseres Gesprächs sagte der Professor, dass er froh sei, sich ein persönliches Bild von mir gemacht zu haben, denn ursprünglich wollte er das Gutachten nach Aktenlage erstellen. »Sie und Ihre Akte – das sind zwei völlig verschiedene Dinge.«

Auch der Gerichtstermin begann hoffnungsvoll. Mein Bruder und ich reisten einen Tag früher an, denn der Termin war auf acht Uhr morgens angesetzt, und ich wollte unbedingt noch meinen Pflichtverteidiger kennenlernen, den ich nie zuvor gesehen hatte. »Machen Sie sich keine Sorgen wegen morgen«, sagte er zu mir, »das ist schon geritzt. Den Richter kenne ich gut. Wir hier regeln das auf unsere Weise.« Eigentlich wollte er mich zum Abendessen einladen, aber es war ihm etwas dazwischengekommen, wofür er sich entschuldigte und mir hundert Mark in die Hand drückte. Dann empfahl er mir noch ein Restaurant und wünschte uns guten Appetit. Ich konnte mein Glück nicht fassen. Statt von mir Honorar zu fordern, schenkte er mir auch noch Geld.

Am nächsten Morgen setzten sich Staatsanwalt, Richter und Anwalt nach den üblichen Formalitäten zusammen – mittlerweile lief auch das Wiederaufnahmeverfahren gegen das Paderborner Urteil. Sie rechneten hin und her, zählten die verschiedenen Straftaten zusammen, berücksichtigten das Urteil von Heilbronn und kamen bei allem guten Willen doch auf zwei Jahre und drei Monate Freiheitsstrafe. Damit konnten sie die Strafe nicht zur Bewährung aussetzen, das wäre nur bis zu einer Strafe von zwei Jahren möglich gewesen. Für mich war das Urteil okay, denn ich fühlte mich ja wirklich schuldig und wollte für meine Straftaten büßen. Da machte mir der Staatsanwalt ein überraschendes Angebot: »Herr Detert, Sie brauchen diese zwei Jahre und drei Monate nicht abzusitzen. Wir können Sie begnadigen, allerdings unter einer Bedingung – Sie müssten dann das Wiederaufnahmeverfahren zurückziehen.«

Mein Anwalt riet ab. Er versicherte mir, dass dem Antrag auf Wiederaufnahme stattgegeben und das Urteil aufgehoben werde, »dann können wir auf Schadenersatz klagen«. Der Staatsanwalt war zwar auch dieser Meinung, nur, schränkte er ein, habe das Verfahren keine aufschiebende Wirkung. Das bedeute, dass ich erst wieder zurück nach F. müsse, bis der Sachverhalt vollständig geklärt sei, und das könne gut ein Jahr oder auch länger dauern. Sein Gegenangebot: »Sie kommen sofort auf freien Fuß, Sie brauchen keinen Tag ins Gefängnis, Sie werden begnadigt trotz der zwei Jahre und drei Monate. Und wir geben Ihnen Wiedereingliederungshilfe.«

Mein Anwalt riet mir erneut dringend ab, das Angebot anzunehmen. »Wenn wir jetzt den Antrag zurückziehen, ist das eine verlorene Karte, die wir nicht nochmals spielen können.« Das passierte dann auch so. Aber für mich stand im Vordergrund, aus F. wegzukommen, sofort auf freien Fuß gesetzt zu werden. Für diese Freiheit hätte ich wahrscheinlich alles unterschrieben.

Ich unterschrieb.

In F. musste ich zunächst ein paar Tage warten, bis ich aus dem geschlossenen Sicherheitsvollzug in eine offene Wohngruppe verlegt wurde, in ein ehemaliges Schwesternwohnheim auf dem Gelände, ohne Gitter vor den Fenstern. Mir wurde erklärt, dass ich realistisch gesehen nicht von heute auf morgen freigelassen werden könne, das Urteil müsse erst rechtskräftig werden. Da ich auf eine Wiederaufnahme des Paderborner Verfahrens verzichtet hatte, wurde ich nicht rehabilitiert, sondern quasi wie ein genesener Patient aus F. behandelt.

Dieser Unterschied sollte mich schon bald in neue Abgründe stürzen.

»Man sieht sich ja doch wieder«, war noch der freundlichste Abschiedsgruß meiner bisherigen Mitbewohner, als ich in das Schwesternwohnheim umzog. Dort musste ich allerdings noch ein paar Monate Zeit totschlagen. Das Versprechen des Staatsanwalts, »Sie kommen sofort auf freien Fuß«, funktionierte in der Praxis nicht. Aber ich fühlte mich schon viel besser. Ich hatte einen eigenen Schlüssel, konnte ohne lästigen Begleiter kommen und gehen, wann ich wollte.

Ich nahm Kontakt zum Arbeitsamt auf, dort wurde mir im Rahmen der Wiedereingliederung eine Ausbildung genehmigt. Beim BFW (Berufsförderungswerk) Bielefeld, wo die Umschulungen stattfanden, wurde ich in verschiedenen Berufen auf Eignung getestet. Schließlich entschied ich mich für eine Ausbildung zum Augenoptiker.

Zunächst gab es allerdings Bedenken von der Leitung des BFW, als ich mich für diese Berufsausbildung bewarb, hier würden auch Frauen arbeiten, und ich käme schließlich aus F.; dieser Begriff war und ist bis heute unauslöschlich mit gefährlichen Sexualtätern verbunden. Eine Psychologin, die mich zu meinem Bewerbungsgespräch begleitete, schilderte meinen besonderen Fall und versicherte, dass sie keine diesbezüglichen Probleme und Risiken zu befürchten hätten. Daraufhin wurde ich angenommen.

9 Alles wird gut …

… oder vielleicht doch nicht?

In den Lehrwerkstätten des BFW begann ich im Mai 1993 meine Ausbildung zum Augenoptiker. Ich war froh über meine Entscheidung und freute mich schon darauf, eines nicht mehr fernen Tages mit Kunden ins Gespräch zu kommen und sie zu beraten. In dem angeschlossenen Internat, das in zwei mehrstöckigen Häusern untergebracht war, in denen ungefähr die Hälfte der rund tausend Umschüler wohnte, bekam ich ein Zimmer. Es war zwar nicht viel größer als eine Gefängniszelle, aber es war mein eigenes Reich. Ich konnte die Tür hinter mir abschließen. Ich konnte das Fenster weit öffnen. Ich konnte Besuch empfangen. Kostenloses Essen aus der Großküche gab es in der Kantine, außerdem hatten wir die Möglichkeit, in einem Restaurant, das zum Förderwerk gehörte, zu günstigen Preisen à la carte zu speisen. Es war Bielefelds bestbesuchte Kneipe.

Mir schien es, als sei ich in einer anderen Welt gelandet. Plötzlich hatte ich mit normalen jungen Leuten Umgang, die keinen Rucksack voller Straftaten mit sich herumschleppten, die nicht krank waren, vor denen ich mich nicht in Acht nehmen musste. Nahezu jeden Abend wurde im Partyraum gefeiert, und ich ließ kaum einen Tanz aus.

Über meine Trennung von Christina tröstete mich Anita hinweg, die hier ebenfalls umschulte. Wir waren uns auf dem Flur zum psychologischen Dienst begegnet und ins Gespräch gekommen. Sie war mir schon aufgefallen, weil sie ab und zu an dem Flügel in der Aula klassische Musikstücke spielte. Ich hatte bisher noch keinen Menschen kennengelernt, der Klavier spielen konnte. Ich war fasziniert und fragte sie, halb im Spaß, ob sie mir das Klavierspiel beibringen könne. Zu meinem Erstaunen willigte sie ein. So kam ich in den Genuss einiger kostenloser Klavierstunden – und einer leidenschaftlichen Affäre. Allerdings warnte ich Anita, die einige Jahre älter war, dass ich keine feste Beziehung aufbauen wolle, was sie scheinbar akzeptierte. Obwohl wir verhüteten, wurde sie nach einiger Zeit schwanger und wollte das Kind bekommen – und mich dazu. Wieder erklärte ich ihr, dass ich für eine Familie nicht in Frage komme, zu schmerzlich waren die Wunden, die das Leben mir bisher zugefügt hatte, zu groß war meine Angst vor einer solchen Verantwortung. Aber ich versprach ihr, mich in jeder Weise um sie und das Kind zu kümmern. Das lehnte sie ab, sie wollte keine halben Sachen – entweder ganz oder gar nicht.

Ich staunte über ihre Konsequenz, als sie ihre Ausbildung und jeden Kontakt zu mir abbrach und zurück zu ihren Eltern zog. Am 9. Februar 1995 kam unsere Tochter Pia zur Welt. Ich sollte sie jedoch erst im Alter von elf Jahren kennenlernen, von dem Babyfoto abgesehen, das Anita mir mit einem knappen Brief kurz nach Pias Geburt geschickt hatte. Doch sie wünschte keinen weiteren Kontakt. Und als unehelicher Vater musste ich das akzeptieren.

Beim BFW begann ein neuer Kurs, und ich lernte Marianne kennen, die ebenfalls zur Augenoptikerin umschulte. Aber auch mit ihr wollte ich keine gemeinsame Zukunft planen, sondern einfach eine schöne Zeit verbringen. Der Reiz der Partys hatte sich inzwischen abgenutzt, mein Hunger nach wildem, ungezügeltem Leben war gestillt, die Enge meines Zimmers bedrückte mich. Da schlug Marianne vor, die ebenfalls in so einem »Kaninchenstall« hauste, wir könnten doch gemeinsam eine Wohnung mieten. Obwohl es für beide nicht die große Liebe war, fühlten wir uns wohl miteinander.

Nach zwei Jahren und drei Monaten meiner Ausbildung bestand ich die Gesellenprüfung zum Augenoptiker und fand sofort eine Stelle bei einem Optiker in Hamm.

F. war Vergangenheit, ich hatte alle Schwierigkeiten überwunden, ich konnte in eine rosige Zukunft blicken, hatte eine nette Freundin, eine schöne Wohnung, einen guten Job mit Aufstiegsmöglichkeiten – doch genau diese heile Welt konnte ich als Borderliner nicht ertragen. Diese Situation, so komisch das für einen gesunden Menschen klingen mag, setzte mich unter Druck, denn es gab nichts mehr zu überwinden oder niederzukämpfen. Marianne spürte schon, wie ich mich veränderte, wie ich mich immer mehr verschloss, aber sie war hilflos. Sie wusste zwar, dass ich eine unrechtmäßige Unterbringung in F. hinter mir hatte, dass ich als therapierter Patient entlassen worden war und dass ich unter Führungsaufsicht stand. Das war auch ein Punkt, vor dem mich mein Anwalt damals gewarnt hatte, als ich auf das Wiederaufnahmeverfahren verzichtete. Es bedeutete, dass ich nicht wirklich rehabilitiert, sondern als behandelter Patient, wenn auch im Schnellverfahren, entlassen worden war. Doch wenn jemand den Paragraphen 63 bekommen hat, tritt automatisch eine Führungsaufsicht in Kraft. Das ist so ähnlich wie eine Bewährung, nur mit strengeren

Auflagen und mit größeren Möglichkeiten der Aufsichtsperson, in das Leben des Betroffenen einzugreifen. Es geht sogar so weit, dass diese Aufsicht einen Sicherungshaftbefehl beantragen kann, wenn die Gefahr besteht, dass man rückfällig wird. Dann könnte erneut F. oder eine andere geschlossene Psychiatrie bis zu einem Jahr drohen.

Mit meinem Führungsaufsichtshelfer, einem ungefähr fünfzigjährigen, sehr sympathischen Mann, kam ich wunderbar zurecht. Er wusste um die ganzen Besonderheiten meines Falles, er vertraute mir, ließ mir alle Freiheiten. Zu seinen Pflichten gehörte es auch, bei der Arbeitsstelle zu kontrollieren, ob alles gut läuft. Doch anstatt sich dort als mein Führungsaufsichtshelfer vorzustellen, kam er als Kunde in das Geschäft und ließ sich von mir eine neue Brille anpassen. Dabei beobachtete er diskret die Atmosphäre. So erfüllte er seine Pflicht, ohne mich bloßzustellen.

Wie ich schon sagte, machten mir zu diesem Zeitpunkt die Borderline-Symptome wieder zu schaffen. Und genau da zog mein Führungsaufsichtshelfer aus persönlichen Gründen in eine andere Stadt, und ich musste mich mit einem neuen arrangieren. Dieser nahm seine Pflichten als Aufsichtsorgan penibel wahr, und ich stieg voll auf das neue Feindbild ein. Eines Tages stand er unangemeldet vor unserer Wohnung und wollte mein Zuhause kontrollieren. Ich knallte ihm die Tür vor der Nase zu und weigerte mich, ihn hereinzulassen. Nun wollte er mir seine ganze Machtfülle zeigen und drohte durch die geschlossene Tür, wenn ich nicht bereit sei, mit ihm zusammenzuarbeiten, müsse ich eben wieder zurück nach F. Darauf hatte der kleine Borderline-Teufel nur gewartet. Zurück nach F.

wollte ich um keinen Preis der Welt. Ich sah nur einen Ausweg – abzutauchen, bevor der Sicherungshaftbefehl, den er nach diesem Vorfall tatsächlich beantragt hatte, vollzogen werden konnte.

Am Abend nach Geschäftsschluss ging ich im Schutz der Dunkelheit zurück zu meinem Arbeitsplatz. Ich besaß einen Türschlüssel zum Geschäft und auch den Schlüssel zum Tresor. Ich galt als vertrauenswürdig. In der Kasse befanden sich die Tageseinnahmen von ungefähr zweitausend Mark, das entsprach in etwa meinem noch ausstehenden Gehalt. Deswegen hatte ich kein schlechtes Gewissen, als ich das Geld einsteckte.

So brach ich gegen jede Vernunft erneut alle Brücken hinter mir ab und wurde wieder kriminell.

Als ich damals F. verlassen durfte, um in Bielefeld meine Berufsausbildung zu beginnen, war mir beim Hinausgehen zufällig jener Arzt begegnet, der mir eine Therapie auf dem Bauernhof verweigert und mich stattdessen zu den Psychomördern in Haus 25 geschickt hatte. Seine Abschiedsworte werde ich nie vergessen: »Herr Detert, das war für Sie sicher keine gute Zeit. Denn rückblickend betrachtet, hätten Sie nicht hierher gehört. Aber sehen Sie es doch positiv: Sie sind hier auch hart fürs Leben geworden.« Und dann fügte er noch hinzu: »Man sieht sich ja vielleicht wieder.« Worauf ich antwortete: »Wünschen Sie sich das nicht, dass wir uns nochmals treffen, denn dann wird in der Tagesschau darüber berichtet.«

Nachdem ich also wieder spurlos verschwunden war – auch mein Bruder Martin und meine Freundin Marianne, die ich nicht eingeweiht hatte, konnten den Ermittlern nicht weiterhelfen –, musste er meinen lockeren Spruch von damals als Drohung empfinden. Nun wurde befürchtet, dass ich Racheakte plane. Damit bekam mein Verschwinden eine andere Dimension, und ich wurde mit mehr Druck gesucht.

Ich war verzweifelt, aber auch sehr zornig. Zornig darüber, dass F. mich letztlich doch wieder eingeholt hatte. Die ganzen inneren Verletzungen, die Kränkungen, die mir dort zugefügt worden waren, mit denen ich nie wirklich aufgeräumt hatte, kamen hoch. Ich lebte nach dem alten Muster weiter. Einmietbetrug, Diebstahl, Fluchtreisen, Einsamkeit, Suizidgedanken. Meine Krankheit Borderline hielt mich wieder gefangen.

Nach meinen vielen fehlgeschlagenen Versuchen, aus dem Leben zu scheiden, wollte ich dieses Mal sichergehen. Da kam nur noch Erschießen in Frage. Der Gedanke, eine Schusswaffe zu besitzen, erschien mir als finale Möglichkeit und beflügelte meine Fantasie.

Im November 1995 brach ich in einem kleinen Ort zwischen Oldenburg und Emden nachts in das nicht besetzte Polizeirevier ein, indem ich in bewährter Manier ein Fenster aushebelte. Dass hier keine Waffen herumliegen würden, war mir schon klar. Wenn überhaupt, würden sie sich in einem Safe befinden, überlegte ich. Also suchte ich nach dem passenden Schlüssel. Innerhalb von zehn Minuten fand ich gleich zwei Tresorschlüssel. Unterhalb des Waschbeckens zwischen den Rohren hing der Schlüssel des diensthabenden Polizisten an einem Nagel. Und im Zimmer des Dienststellenleiters rückte ich ein paar Akten zur Seite und fand dahinter den anderen Schlüssel. Er passte, und ich öffnete den Stahlschrank, entnahm ihm eine Neun-Millimeter-Pistole und eine Maschinenpistole von Heckler & Koch, dazu zweihundert Schuss Munition. Der Gedanke, ausgerechnet der Polizei Waffen zu entwenden, löste in mir so etwas wie Schadenfreude aus. Sie hatten meinen Bruder mehrmals angerufen, um auf meine Spur zu kommen. Dabei hatten sie gedroht, dass sie dieses Mal nicht zögern würden, auf mich zu schießen. Sie hatten meine Freundin Marianne belästigt. Damals dachte ich, es sei wirklich eine gute Idee, die Polizei zu ärgern und ihnen zu zeigen, wozu ich in der Lage war. Wie dumm von mir. Denn nun war ich ein entsprungener, schwer bewaffneter Rechtsbrecher aus F. und hatte angeblich einen Rachefeldzug vor.

In Deutschland eine Maschinenpistole – eine vollautomatische Waffe also – zu besitzen oder in seinen Besitz zu bringen ist strafbar, weil sie unter das Kriegswaffenkontrollgesetz fällt. Nur Staatsbeamte dürfen eine Maschinenpistole mit sich führen. Ein Verstoß gegen das Kriegswaffenkontrollgesetz war also ein ziemlich schweres Vergehen. Damit wurde ich zum Verbrecher, von dem ein großes Gefahrenpotenzial ausging, der später sogar von SEK-Kommandos gejagt, des Terrorismus verdächtigt und mit einem internationalen Haftbefehl gesucht wurde.

Ich wusste, dass sie mich früher oder später fassen würden. Mein Leben war keinen Heller mehr wert. Wovor also sollte ich noch Angst haben, was sollte ich befürchten? Mich beruhigte allein schon der Gedanke, dass ich nun ein Mittel in der Hand hatte, das mich garantiert töten würde, wenn ich es anwendete.

Ich muss gestehen, dass mich, nun im Besitz von Waffen und scharfer Munition, gewisse Rachefantasien beflügelten: Ich malte mir aus, wie ich nach F. fuhr, die geladene Waffe in der Hand, und jeden über den Haufen schoss, der mir entgegenkam. Ich würde immer den Richtigen treffen. In Wirklichkeit gab ich in der ganzen Zeit, in der ich mit den Waffen auf der Flucht war, keinen einzigen Schuss ab. Ich beließ es bei den Fantasien.

Im Emsland an der Ortsausgangstraße von Meppen entging ich zum ersten Mal knapp einer Verhaftung. Es war mitten in der Nacht. In einem gestohlenen Opel Corsa fuhr ich mit Tempo 60 über die regennasse Straße, als ich plötzlich von einer schweren Limousine mit hoher Geschwindigkeit überholt wurde. Beim Versuch, vor mir einzuscheren und mich mit einer Vollbremsung zu stoppen, geriet das Auto auf der glatten Straße ins Rutschen. Ich nutzte die Situation, sprang aus dem Auto und rannte los, die Pistole in der Jackentasche. Die Maschinenpistole und die Munition hatte ich auf dem Rücksitz, in eine Decke gewickelt, liegen lassen. Ich wusste sofort, dass es sich um eine Zivilstreife handelte. Vermutlich war die Kripo durch meine letzte, nicht bezahlte Übernachtung in einem nahe gelegenen Hotel auf meine Spur gekommen. Ich rannte weiter, eine Böschung hinunter, die in einem kleinen Waldstück mündete. Hinter mir hörte ich Geräusche sich nähernder Stiefel, während ich mich immer weiter durch das Unterholz kämpfte. Die blutigen Kratzer an Gesicht und Händen spürte ich nicht. Schließlich verharrte ich und lauschte. Ich hörte, wie meine Verfolger zu ihrem Auto zurückgingen, sie würden jetzt wohl Verstärkung anfordern. So schnell es mir möglich war, durchquerte ich das Wäldchen und geriet in eine Wohnsiedlung. Plötzlich sah ich die Scheinwerfer eines Bulli auf mich zukommen. Ich rollte mich unter eins der am Straßenrand parkenden Autos. Der Bulli hielt keine zehn Meter von mir entfernt, und zwei Polizisten stiegen aus. Ich sah nur ihre Schuhe und Hosenbeine, erkannte aber, dass es sich um uniformierte Polizisten handelte. Die beiden verharrten einen Moment, und ich befürchtete schon, dass sie mich gesehen hätten. Doch dann stiegen sie in ihren Wagen und fuhren weiter. Inzwischen machte ich in der Dunkelheit mehrere Streifenwagen aus, die einen Ring um die Wohnsiedlung bildeten. Ich rettete mich in eine Gartenlaube, in der ich mich für den Rest der Nacht verstecken konnte, ohne entdeckt zu werden. Am Morgen waren meine Verfolger verschwunden. Die ganze Zeit über funktionierte ich wie ein Computer. Ich war völlig gefühllos.

In einem angrenzenden Industriegebiet entdeckte ich eine Marktkauf-Filiale. Dort kaufte ich neue Jeans und einen Pullover, da meine Klamotten durch die nächtliche Flucht völlig verdreckt waren. Auf der Toilette zog ich mich um, wusch und kämmte mich notdürftig und stopfte die schmutzigen Sachen zusammen mit der Pistole in eine Sporttasche, die ich ebenfalls gekauft hatte. Auf dem Parkplatz fragte ich einen Autofahrer, ob er mich in die nächste, ungefähr dreißig Kilometer entfernte Stadt Nordheim mitnehmen könne, mir sei leider das Geld ausgegangen, und ich müsse deswegen nach Hause trampen. Er sah in mir wohl eher einen Studenten als einen Verbrecher auf der Flucht. Normalerweise würde er keine Anhalter mitnehmen, erzählte er mir während der kurzen Fahrt, aber er habe zwei Söhne in meinem Alter, die einmal bis nach Südfrankreich getrampt seien, deswegen habe er Verständnis für meine Notlage. Am Ortseingang von Nordheim stieg ich aus.

In der nächsten Nacht stahl ich einen Audi und beschloss, Deutschland zu verlassen, das Pflaster war für mich zu heiß geworden.

Auf meiner Fahrt Richtung Süden – ohne Führerschein in einem gestohlenen Auto, mit einer gestohlenen 9-mm-

Pistole auf dem Rücksitz – kam ich an eine Baustelle, an der Tempo 60 vorgeschrieben war. Ich drosselte meine Geschwindigkeit auf circa 70 km/h, als plötzlich ein Schatten an mir vorbeihuschte. Erschrocken zog ich das Lenkrad etwas nach rechts. Es war ein Streifenwagen der Polizei, ich sah die Kelle und wusste, dass es ernst würde. Der Streifenwagen fuhr auf einen Parkplatz, ich wurde aufgefordert, ihm zu folgen. Einer der beiden Polizisten fragte mich: »Warum sind Sie Schlangenlinie gefahren? Haben Sie getrunken?« Ich versicherte ihm, dass ich keinen Alkohol getrunken habe und keine Schlangenlinie gefahren sei, sondern dass ich mich erschrocken habe, als ich in einer Tempo-60-Zone plötzlich überholt wurde. Da meinte der Polizist: »Wir dürfen das.« – »Aber Sie haben mich erschreckt«, beschwerte ich mich. Schließlich entschuldigte er sich und wünschte mir eine gute Fahrt.

Auch hier blieb ich absolut cool. Als ich meine Fahrt fortsetzte, empfand ich weder Genugtuung noch Schadenfreude, sondern nur Erleichterung. Für mich als Borderliner war das ein ähnliches Gefühl wie früher, als ich mir mit einer Rasierklinge den Arm aufritzte und sich mit dem hervorquellenden Blut der Druck in meiner Brust löste.

Am Bodensee fuhr ich über die Grenze in die Schweiz und weiter nach Italien. Bei Tarvisio im italienisch-österreichisch-slowenischen Dreiländereck erreichte ich, nach mehr als einem halben Jahr auf der Flucht, schließlich Österreich. Während dieser ganzen Zeit hatte ich so gut wie keinen Kontakt zu anderen Menschen. Ich dachte nur von einem Tag zum nächsten. Sobald mich wieder diese Einsamkeits- und Verzweiflungsgefühle übermannten, rang ich sie mit langen Fahrten bis zur körperlichen Erschöpfung nieder.

Auf meiner Suche nach einem idyllischen Ort zum Sterben erreichte ich schließlich den Faaker See in Kärnten. Dort mietete ich im Juni 1996 eine Ferienwohnung, die direkt am See lag und zu der ein kleines Ruderboot gehörte.

Es war einer dieser langen, hellen Frühsommerabende, die verheißungsvoll nach Abenteuer und Liebe riechen. Ich holte die Pistole aus meiner Sporttasche und ruderte hinaus auf den glasklaren, türkisblauen See. Kleine weiße Wolkenfetzen hingen am Himmel, und im Hintergrund leuchtete die Bergkette der Karawanken in der untergehenden Sonne. Ein Ort zum Sterben schön.

Ich setzte mich auf den Rand des Bootes und hielt die geladene Pistole an meine Schläfe. Ich musste nur noch den Abzug durchziehen. Auch wenn ich durch den Schuss nicht sofort sterben sollte, fiele ich zumindest ins Wasser und würde ertrinken. Eine todsichere Sache.

Nicht sterben – leben will ich!

10

Meine Hand zitterte nicht, als ich die Pistole an meine Schläfe hielt. Es musste so sein. In Sekundenschnelle raste mein bisheriges Leben an mir vorbei. Plötzlich blieb es stehen. Es blieb einfach stehen. Hier, auf diesem See, in diesem Boot. Mein erhobener Arm sank auf mein Knie, die Mündung der Waffe zielte aufs Wasser. Die letzten, rötlich angehauchten Sonnenstrahlen fielen auf mein Gesicht. Ich schaute mich um und sah, wie schön und friedlich es hier war.

»Was willst du eigentlich – sterben oder leben? Sterben – und alles wäre vorbei? So vieles nicht gesagt und nicht getan. Leben – aber wie soll dieses Leben weitergehen? Was hält es noch für mich bereit?«

Ich entschied mich für das Leben. Und damit für die Konsequenz, mich den deutschen Behörden zu stellen, um diesem Balancieren auf der Kippe endlich ein Ende zu machen.

Ich ruderte zurück zu meiner Ferienwohnung, legte die Pistole an ihren Platz in die Kommode und kochte Spaghetti bolognese, die ich mit Genuss verspeiste. Das hatte ich lange nicht mehr gehabt. Immer irgendwo auf der Flucht, im Schnellimbiss, in einer Kneipe, an einem Kiosk, einer Tankstelle, hastig etwas gefuttert und schnell wieder weg. Nur ja nicht auf mich aufmerksam machen.

Dieser Sommer 1996 bescherte den Menschen viele schöne Tage, und ich wollte sie genießen. Zum Herbst hin, wenn es kühler und ungemütlicher würde, könnte ich mich noch immer stellen und mich zu meinen Straftaten bekennen. So plante ich.

Hier in Österreich fühlte ich mich absolut sicher. Deutschland war so fern. Ich wusste nicht, dass ich inzwischen mit einem internationalen Haftbefehl gesucht wurde. In der Nähe von Salzburg nahm ich mir erneut eine kleine Ferienwohnung. Ich befand mich in einem fremden Land, ich war allein, ich konnte keinen anrufen, niemanden treffen. Aber nachdem ich mich für das Leben entschieden hatte, begann ich wieder vorsichtig, die schönen Dinge, die es mir trotz allem bot, zu sehen und zu genießen. Ich »ließ es mir gut gehen«, wie der Vorsitzende Richter bei meinem großen Strafprozess später sagte. Bei meinem letzten Einbruch in das Büro einer Holzhandlung am Bodensee hatte ich Glück gehabt und so viel Bares gefunden, dass es für einige Wochen reichen sollte.

Ich begann, mich in der Gegend umzuschauen. Eines Tages beschloss ich, das Schloss Kleßheim zu besichtigen, das ganz in der Nähe meiner Ferienwohnung und nur vier Kilometer von Salzburg entfernt liegt. An der Kasse kaufte ich eine Tageskarte und zeigte, nachdem mich die Kassiererin dazu aufgefordert hatte, ohne Hintergedanken meinen Personalausweis. Als ich gerade durch den Innenhof der Schlossanlage schlenderte, umringten mich plötzlich mehrere Polizisten. Sie schrien aufgeregt durcheinander: »Wo ist sie?« – »Keine Bewegung!« – »Hände hoch!« – »Rück sie raus!«

Sie meinten die Pistole, die friedlich in meiner Ferienwohnung schlummerte. Schließlich, nachdem sie keine

Waffe bei mir gefunden hatten, drehten sie meine Arme auf den Rücken und legten mir Handschellen an. Dann führten sie mich ab. Später gaben die Polizisten zu Protokoll, ich sei bei der ganzen Aktion völlig ruhig geblieben, habe keinerlei Widerstand geleistet.

Ich wurde einem Ermittlungsrichter vorgeführt. Er erklärte mir, dass in Österreich im Prinzip nichts gegen mich vorliege. Sie hätten die Pistole in meiner Ferienwohnung gefunden, das sei in Österreich kein so schweres Delikt und kein Grund, mich festzuhalten. Aber die deutschen Behörden hätten ein starkes Interesse, meiner habhaft zu werden. Und man tue dem großen Bruder gern mal einen Gefallen, fügte er noch hinzu.

Meine nächste Station war ein Gerichtsgefängnis. Das entspricht in etwa unserer Untersuchungshaft, in der vom Ladendieb bis zum Mörder jeder festgehalten wird, bevor er seinen Prozess bekommt. Zunächst wurde ich zu einer Anhörung gebracht, einem Zugangsrapport, wie es in Österreich heißt. Ich kam in einen Raum, und vor mir an einem langen Tisch saßen mehrere Funktionsträger des Gefängnisses und stellten mir Fragen; die Szene erinnerte mich ein wenig an das letzte Abendmahl. Sie nannten mich scherzhaft »der Polizist«, weil ich Polizeiwaffen gestohlen hatte. »Gefährlicher Straftäter aus Deutschland wurde von unserer Polizei heldenhaft gestellt«, stand sinngemäß in der Zeitung, die sie herumreichten. Sic lasen, schauten mich an – und lachten über diesen harmlos aussehenden jungen Mann. »Was, Sie sind das? Und Sie sind so schwer zu greifen? Ach, die Deutschen!« Sie sonnten sich in ihrem Erfolg. Dann wurde ich in eine Gemeinschaftszelle abgeführt.

Das mittelalterliche Gefängnis mit seinen dicken Mauern, direkt neben dem Gericht, ist kein schöner Ort. Es gibt dort einen kleinen betonierten Freihof, denn auch in Österreich hat der Gefangene pro Tag eine Stunde Anspruch auf frische Luft und Bewegung. Die Rückseite des Gerichtsgebäudes ist eine der vier Mauern, die den Freihof umschließen. Aus dem Toilettenfenster des Gerichts wurden, so beobachtete ich, auch schon mal kleine Gegenstände mit einer Zwille in den Innenhof geschleudert, wenn die Bewacher für einen Moment wegschauten. Geradezu mittelalterlich war auch die Versorgung, Brot und Wasser, Wasser und Brot. Jedenfalls beinahe. In deutschen Gefängnissen bekommt man morgens zum Brot wenigstens ein Margarinesternchen, einen Löffel Marmelade, eine Scheibe Käse oder Wurst. Hier gab es für jeden ein halbes, hart gebackenes Brot und dünnen Tee zum Frühstück. Sonst nichts.

Mindestens dreimal in der Woche wurde zum Mittagessen Suppe ausgeteilt, eine dünne Brühe, in der ein paar Nudeln schwammen. Nach Fleischstückchen suchte ich vergebens. Als Untersuchungshäftling konnte man sich allerdings etwas von draußen bringen lassen, doch ich hatte niemanden, der sich um mich kümmerte. Und auch meine drei Mitgefangenen in der Gemeinschaftszelle waren arme Schweine, denen keiner etwas besorgte. So war Hunger unser ständiger Begleiter.

Und wenn ich schon das Mittelalter erwähne – auch der Umgang mit uns Häftlingen ließ mich an vergangene, finstere Zeiten denken.

Mit mir in der Zelle saß der sogenannte Billa-Einbrecher, ein ungefähr zwanzigjähriger Mann aus Kärnten. Billa ist eine österreichische Lebensmittel-Kette, so ähnlich wie bei uns Aldi oder Lidl. Dieser mir zutiefst unsympathische Mensch galt als Wiederholungstäter. Dann war da ein junger Rauschgiftsüchtiger, der eine Tankstelle überfallen hatte. Seine ungepflegten Haare reichten ihm bis auf die Schultern. Morgens mussten wir auf der Stelle von unseren Liegen hochspringen, wenn die Wärter die Zelle betraten. Der Junge wollte aber nicht aufstehen. Da rissen sie ihn aus dem Bett und zogen ihn an seinen langen Haaren über den Fußboden. Der dritte Zellengenosse war ein Jugoslawe aus den ehemaligen Kriegsgebieten. Er hatte zusammen mit seiner hochschwangeren Frau in Kaufhäusern geklaut. Dabei hatte einer von beiden die Verkäuferin abgelenkt, während der andere blitzschnell die Kasse ausräumte. Dieser Mann sprach kein Wort Deutsch. Weil er offensichtlich Schmerzen hatte, bat er in gebrochenem Englisch um ein Medikament. Die Wärter sagten ihm, er habe gefälligst Deutsch zu sprechen, wenn er etwas wolle. Da mischte ich mich ein. »Der Mann hat Schmerzen, das sehen Sie doch. Geben Sie ihm ein Medikament oder holen Sie einen Arzt.« – »Halten Sie sich da raus«, brüllten sie mich an.

Wenn wir zum Duschen geführt wurden, durfte draußen nicht gesprochen werden, weil es keine Tätertrennung wie in Deutschland gab. Versuchte einer trotzdem, seinem möglichen Komplizen aus der Nachbarzelle etwas zuzuflüstern, bekam er den Gummiknüppel zu spüren.

Das Klima war um ein Vielfaches rauer als in einem deutschen Gefängnis. Trotzdem wollte ich lieber hierbleiben, als wieder in die forensische Psychiatrie gebracht zu werden.

Nach ungefähr einer Woche in diesem Gerichtsgefängnis wurde ich erneut dem Ermittlungsrichter vorgeführt. Neben ihm saß ein Schreiber, der alles protokollierte, hinter mir stand ein Wachbeamter. Der Richter erklärte mir, dass aus Deutschland die Bitte gekommen sei, man möge mich in einen Hochsicherheitstrakt verlegen, weil ich ein gefährlicher, psychisch kranker Straftäter sei. Er habe sich zwar ein anderes Bild von mir gemacht, aber man wolle eben den deutschen Behörden einen Gefallen tun.

Ich argumentierte verzweifelt: »Wir sind nicht weit weg von der Grenze, hier in Österreich liegt gegen mich im Prinzip nichts vor. Setzen Sie mich doch einfach in ein Auto und übergeben Sie mich den deutschen Grenzbehörden. Dann ist die Sache für Sie vom Tisch.« – »Nein, das geht nicht«, antwortete er. »Wir sind ein Rechtsstaat. Sie haben zwar die Möglichkeit, hier in Österreich politisches Asyl zu beantragen. Sie können erklären, dass Sie von den deutschen Behörden politisch verfolgt werden. Aber die Aussichten sehen nicht besonders rosig aus, dass dem stattgegeben wird. Aber Sie können es ja mal versuchen. Die deutschen Behörden müssen einen Auslieferungsantrag stellen, dann werden Sie aufgefordert, dazu Stellung zu nehmen. Entweder werden Sie dann ausgeliefert oder in Österreich auf freien Fuß gesetzt.«

Ich fragte: »Wie lange kann das dauern?« Er antwortete: »Wenn die schnell sind, vielleicht ein halbes Jahr. Aber zunächst überführen wir Sie in einen Hochsicherheitstrakt.«

Meine erneute Bitte, mich doch einfach den deutschen Behörden zu übergeben, damit ich dort meine Straftaten verbüßen könne, oder mich wenigstens hier in diesem Gefängnis zu lassen, bis das offizielle Auslieferungsbegehren aus Deutschland komme, wischte er vom Tisch.

»In einem Hochsicherheitsgefängnis bleibe ich nicht. Hier endet meine Kooperation«, rebellierte ich. Er lachte:

»Da, wo Sie hinkommen, glauben Sie mir, Mann, da bleiben Sie auch.«

So wurde ich gegen meinen vehementen Protest in Handschellen auf die Sonderstation für Forensische Psychiatrie, die österreichische Version von F., gebracht. Diese Klinik wurde 1898 als »Heilanstalt für Gemüts- und Nervenkranke« gegründet und heißt im Volksmund »das Irrenhaus«.

Ich wurde zunächst einem Arzt vorgeführt, der meine Bewacher tadelte, weil ich immer noch Handschellen trug. Sie erklärten, dass ich als fluchtgefährlich gelte und sie die Anweisung hätten, mich zu fesseln. »Hier nicht«, bestimmte der Arzt, worauf sie mir widerwillig die Fesseln abnahmen. Ich rieb meine schmerzenden Handgelenke und war erst einmal erleichtert. Offensichtlich ging es hier menschlicher zu. Doch da hatte ich mich gewaltig getäuscht.

Es gab hier keinen Wohngruppen-Vollzug wie in F.

Jede Hafteinheit, in der drei Insassen untergebracht waren, bestand aus drei Räumen. Das Esszimmer, in dem man sich nur während der Mahlzeiten aufhalten durfte, erinnerte an ein Aquarium. Die Wände ringsum bestanden aus Panzerglas. Dahinter saßen Krankenpfleger und Wärter rund um die Uhr. Ihre Monitore konnte man vom Esszimmer aus sehen. Vom Esszimmer führte eine Tür in den Aufenthaltsraum. Die Wände waren sehr hoch in diesem Altbau. Oben unter der Decke waren mehrere Kameras befestigt, eine davon dicht am Fenster. Ich sah die Kameras sofort. »Wie kann ich sie alle überlisten, um da wieder rauszukommen?«, durchfuhr es mich. Vor dem Fenster hing ein Vorhang. Ich wedelte ihn so lange und so unauffällig wie möglich mit der Hand hin und her, bis er sich vor das Objektiv der Kamera legte. Es dauerte wirklich keine Minute, da standen schon drei Bewacher im Raum und schnauzten mich an, ich solle den Vorhang in Ruhe lassen. Da wusste ich, dass die hier sehr genau aufpassten. Von diesem Zimmer führte ein Durchgang in den Schlafraum, in dem drei Betten standen. Hier gab es auch eine abgeteilte Nasszelle. Bei den Männern, die mit mir die »Wohnung« teilten, handelte es sich um zwei Psychomörder; der eine hatte seine Frau aus Eifersucht totgeschlagen, der andere hatte ein Mädchen sexuell missbraucht und erstochen. Ich lernte die beiden glücklicherweise nicht näher kennen, weil mein Aufenthalt in dieser Klinik nur von kurzer Dauer war. Außerdem stand der eine unter Medikamenten und schlief viel, während der andere ein starkes Redebedürfnis hatte und mir alles über seine Tat erzählen wollte.

Mein erster Tag hier neigte sich seinem Ende zu. Die Dämmerung setzte ein. Plötzlich hörte ich ein seltsames Summgeräusch und schaute mich suchend um. Da sah ich, wie eine Stahljalousie die Fensterfront hinunterglitt, eine weitere verschloss hermetisch das Schlafzimmerfenster.

Ich erkannte, dass wir hier rund um die Uhr bewacht wurden und ein Entweichen eine größere Herausforderung darstellte.

Dann gab es Abendbrot. Die Tür wurde aufgeschlossen, wir wechselten in das Esszimmer, in den Glaskäfig. Dort stand ein Tisch mit vier Stühlen. Auf dem Tisch lag normales Essbesteck – Löffel, Gabel, Messer – mit schweren Griffen. Ich wunderte mich. Das Essen – normales Krankenhausessen, besser als in der Festungshaft – wurde uns serviert wie im Restaurant. Die »Kellner« waren allerdings nicht sehr zuvorkommend, verwechselten auch schon mal rechts mit links und waren alles andere als diskret. Sie blieben die ganze Zeit über stehen und beobachteten uns. Nach dem Essen räumten sie Geschirr und Besteck ab und nahmen es mit. Wir wurden wieder eingeschlossen. Nach einigen Tagen, in denen ich mich ganz bewusst unauffällig und ordentlich benommen hatte, ließ ihre Aufmerksamkeit schnell nach. Der Neue schien ihnen keine Probleme zu bereiten ...

Am zweiten Tag besuchte mich eine Sozialarbeiterin. Sie holte mich aus der Dreierzelle und ging mit mir in ihr Büro. Sie fragte, ob sie etwas für mich tun könne, Briefe schreiben, Leute benachrichtigen und so weiter. Sie war sehr freundlich. Ich schaute mich unauffällig um. Das Fenster in ihrem Büro war nicht vergittert. So reifte allmählich mein Plan. Aus diesem Büro, das erkannte ich sofort, konnte ich leicht in den Innenhof gelangen, dann müsste ich noch eine Mauer überwinden, dahinter führten die Eisenbahnschienen entlang. Ich wusste das, weil mich die Pfleger gern damit neckten: »Guck mal Detert, gleich hinter der Mauer geht der Zug in deine Heimat, nach Deutschland ...« Den genauen Fluchtweg kannte ich also auch schon.

Weil ich in keinem Fall die nette Sozialarbeiterin überfallen oder gar überwältigen wollte, blieb mir nur die Nacht für meinen Plan, wenn ihr Büro leer sein würde. Aber dorthin musste ich erst einmal gelangen.

Die verschlossene Tür unseres »Appartements« war keine gewöhnliche Tür, sie war alt und hatte deswegen auch ein altmodisches Schloss mit einem langen Riegel, der erst nach mehrmaliger Umdrehung des schweren Schlüssels fest in der Verankerung saß. Dieses System musste ich blockieren.

Wir Insassen bekamen Taschengeld, mit dem wir uns etwas kaufen konnten, was nicht auf dem normalen Speiseplan stand. Also kaufte ich Schokolade, immer wieder Schokolade, nicht, weil ich unbedingt Lust darauf hatte, sondern weil ich das Stanniolpapier horten wollte. Zusammengepresst wird es immer härter, es ist ja auch nichts anderes als hauchdünnes Metall. Beim Essen beeilte ich mich, um schnell fertig zu sein, ein Stück Stanniolpapier hatte ich immer vorbereitet. Während die anderen noch aßen, stellte ich mich wie zufällig mit dem Rücken an die Tür und stopfte den Stanniolschnipsel in die Öffnung, in die der Riegel hineingeschoben wird. Im Lauf der Zeit füllte das Stanniol den Hohlraum immer mehr aus und wurde immer härter. Anfangs mussten die Wärter den Schlüssel vielleicht vier- oder fünfmal drehen, dann wurden es durch den Widerstand immer weniger Umdrehungen. Das hätte denen eigentlich auffallen müssen. Tat es aber nicht.

Im Esszimmer, das auf den Flur führte, war die hohe Decke abgehängt. Darunter vermutete ich einen Hohlraum, einen Versorgungsschacht für die Stromleitungen. Einmal, als ich mich unbeobachtet fühlte, reckte ich mich, wobei mir meine 1,98 Meter zugute kamen, und stieß gegen die Decke, die unter dem Druck meiner Finger nachgab. Ich hatte mich nicht getäuscht.

Es dauerte ungefähr zehn Tage, bis der Hohlraum des Türschlosses ausreichend verstopft war. In einem günstigen Moment hatte ich ein Messer von unserem Essensbesteck auf die Seite geschafft, damit wollte ich die Tür aufhebeln. Auch das fehlende Messer hätte eigentlich auffallen müssen. Ich hatte wirklich ganz viel Glück, was die Staatsanwältin mir später nicht glauben wollte.

Die Gefängniswärter und Pfleger waren tagsüber immer sehr wachsam, auch liefen gelegentlich Ärzte herum. Zum Abend hin wurden unsere Bewacher deutlich nachlässiger. Am Samstagabend brachten sie gewöhnlich einen Fernseher mit. Das hatte ich beim Abendessen beobachtet. Sie saßen dann, wenn sie sich eine Sendung anschauten, mit dem Rücken zum Esszimmer.

Ich begann nun auch, mich tagsüber oft in mein Bett zu legen und die Decke über den Kopf zu ziehen, damit sie und die Kameras sich an diesen Anblick gewöhnen würden.

An einem Samstagabend schritt ich zur Tat. Meine beiden Wohngenossen schliefen. Ich hatte die Bettdecke mit Wäsche und Handtüchern so ausgestopft, dass man darunter einen menschlichen Körper vermuten konnte. Vom Besteckmesser hatte ich die Klinge abgebrochen, sodass nur noch ein Stück von der Klinge übrig blieb und die Hebelwirkung dadurch besser war. Damit hakte ich in den Türspalt. Die Tür sprang augenblicklich auf, der Riegel steckte durch die Stanniolbarriere nur noch ein kleines Stück in der Öffnung. Im Vorraum war es dunkel, das half mir zusätzlich. Hätte sich allerdings einer der Aufseher umgedreht, hätte er mich natürlich gesehen. Aber die vier Männer waren so in ihre Sportsendung vertieft, dass sie nicht bemerkten, wie ich im Essraum auf den Tisch stieg, die lose befestigte Decke eindrückte und mich hochhangelte. Ich kroch in den Hohlraum, der sich, wie ich herausgefunden hatte, durch den ganzen Flur zog. Am Ende des Flurs ging es rechts um die Ecke – da lag das Büro der Sozialarbeiterin. Hier kletterte ich aus dem Hohlraum und brach die abgeschlossene Bürotür auf. Um den Bauch hatte ich mir ein Bettlaken gebunden, mit dem ich mich aus dem Fenster, das ungefähr fünf Meter über der Erde lag, abseilen konnte. Es reichte nicht ganz, das letzte Stück musste ich springen. Dann stand ich im Innenhof.

Später hieß es, dass ich das alles nicht ohne Hilfe von außen geschafft habe. Noch nie habe sich jemand aus diesem rund um die Uhr mit Kameras überwachten und mit Stahltüren verschlossenen Hochsicherheitstrakt aus eigener Kraft befreien können. Ich sei also mithilfe eines bestochenen Mitarbeiters befreit worden, dem ich viel Geld gegeben habe. Die Österreicher hätten meine Spuren – die aufgebrochene Tür, den offenen Hohlraum, das Bettlaken – nachverfolgen können, wenn es für sie nicht so peinlich gewesen wäre, ihre Nachlässigkeit zuzugeben.

Ich befand mich also im Innenhof und musste noch eine Mauer überwinden, um zu den Bahnschienen zu gelangen. Diese Mauer war bestimmt über fünf Meter hoch. Ich kletterte an einer Konifere hoch, zog mich über die Brüstung und ließ mich an der Außenseite hinunterfallen. Es regnete bereits seit Tagen, und alles war voller Schlamm. Was zumindest den Vorteil hatte, dass mein Sprung etwas abgemildert wurde. Trotzdem brach ich mir dabei den Mittelfuß. Als ich mich unter höllischen Schmerzen aufrichtete, sah ich einen Mann, der mir mit seinem Schäferhund entgegenkam. Ich hätte nicht wegrennen können. Das war so ein Moment, in dem ich sehr cool, fast wie ein Computer reagierte. Ich ging ihm auf dem schmalen Weg ganz ruhig entgegen, mich bemühend, so wenig wie möglich zu humpeln. Als ich vielleicht drei Meter vor ihm war, schaute er plötzlich hoch und nahm mich zum ersten Mal wahr. Ich sagte »Guten Abend« und ging an ihm vorbei. Er sagte ebenfalls »Guten Abend« und schaute mir im Weitergehen noch kurz hinterher. Sein Hund hatte nicht angeschlagen.

Ich musste befürchten, dass in jedem Moment die Sirenen losgehen und die Scheinwerfer die Umgebung hell ausleuchten würden. Dann wäre der Film zu Ende. Ich fühlte mich wie ein gehetztes Wild, ich kannte mich nicht aus, es war dunkel, es regnete, mein Fuß schmerzte. Ich wusste nur, dass ich entlang der Bahnschienen gehen musste, dann würde ich irgendwann zur Grenze nach Freilassing in Bayern kommen. Da es tagelang geregnet hatte, führte der Fluss Saalach, über den die Eisenbahnbrücke führte, schweres Hochwasser.

Es gab zwar noch eine normale Brücke für Autos und Fußgänger, die ebenfalls zum Grenzübergang führte. Aber das war mir zu riskant, denn sicher wurde bereits nach mir gefahndet. Durch den Fluss konnte ich nicht schwimmen, die Strömung war zu stark. Also blieb nur die Eisenbahnbrücke, was auch nicht ungefährlich war. Sie wurde mit Nachtsichtgeräten vom Bundesgrenzschutz überwacht. Diese fixierten mich beim Versuch, die Brücke zu überqueren. Doch dann erreichte ich die deutsche Seite, ohne dass mich eine Streife eingefangen hatte.

Ich atmete auf: »Du bist in Deutschland, wenn sie dich jetzt fassen, liefern sie dich nicht mehr nach Österreich aus. Du kommst vor ein deutsches Gericht.« Aber so ganz wollte ich das noch nicht. Der Sommer, den ich so gern in Freiheit verbringen wollte, bevor ich mich stellte, war noch nicht vorbei. Ich verdrückte mich ins dichte Unterholz. Der Regen strömte weiter – ich war nass wie eine Katze, voller Lehm, und mein Fuß tat weh. Und alles, was ich bei mir hatte, war dieses abgebrochene Messer. Keine Jacke, kein Geld, keine Ausweispapiere, noch nicht einmal feste Schuhe. Daran hatte ich bei meiner Flucht nicht gedacht.

Schließlich robbte ich zu einer befestigten Straße. Mein Gesicht und meine Hände waren von blutenden Kratzern übersät, mein Fuß schwoll immer mehr an. Plötzlich überholte mich ein Auto, fuhr vor mir auf den Bürgersteig, zwei Beamten in Zivil sprangen heraus, Bundesgrenzschutz. Sie schauten mich etwas misstrauisch an und erklärten, dass sie eine Person suchten, die über die Eisenbahnbrücke illegal in die Bundesrepublik Deutschland eingereist sei. Ich sagte: »Wieso illegal? Das war ich.« Sie durchsuchten mich, fanden das abgebrochene Messer und fragten: »Was wollen Sie denn damit? Und warum haben Sie keine Papiere bei sich?«

Ich erzählte ihnen ein Märchen, das ich mir blitzschnell ausdachte: Ich hätte den Ausweis in meiner Ferienwohnung gelassen, weil doch an der Grenze eigentlich nicht mehr kontrolliert würde nach dem Schengen-Abkommen, erklärte ich zerknirscht. Unterwegs hatte ich auf einem Ortsschild den Namen Mitterfelden gelesen. Ich nannte ihn und sagte, dass ich dort Urlaub mache. Ich sei Mountainbiker. Am Nachmittag habe ich eine Radtour gemacht und sei im Regen ausgerutscht, gestürzt und in dem Schlamm den Hang hinuntergerutscht, dabei sei mein Fahrrad kaputtgegangen und mein Fuß gebrochen. Ich hätte noch versucht, das Rad mit dem Messer zu reparieren, das ich aus einem Restaurant mitgenommen habe, dabei sei es mir abgebrochen.

Sie hörten sich alles an, dann fragten sie mich nach meinen persönlichen Daten. Ich gab die meines Bruders an: »Ich heiße Martin Detert, wohne in Bielefeld ...« und so weiter. Sie gaben die Daten über Funk durch und bekamen die Bestätigung, dass es diesen Detert tatsächlich gibt. So ganz koscher war ich ihnen aber nicht, die ganze Situation war ja auch irgendwie ziemlich schräg. Da bluffte ich: »Wissen Sie was, fahren Sie mich doch eben zu meiner Ferienwohnung, dann zeige ich Ihnen meinen Ausweis, ich brauche nicht mehr zu laufen bei dem Sauwetter, dann sind Sie zufrieden und ich auch, und uns ist allen geholfen.« Da sagte der eine zu mir: »Irgendwas an Ihrer Geschichte stimmt doch nicht«, und zu seinem Kollegen: »Deutscher scheint er ja wohl zu sein. Der Rest ist uns egal.« Mit den Worten »Wir sind schließlich kein Taxiunternehmen« stiegen sie in ihr Auto und fuhren ab.

Ich schleppte mich weiter, kam allmählich in die Nähe eines Orts und tat das, was ich von früher kannte: Ich drückte an parkenden Autos den Griff, um ein offenes zu finden und dann im Handschuhfach nach Kleingeld zu suchen. Schließlich wurde ich fündig und hatte wieder einmal Glück, denn da lag ein Portemonnaie im Handschuhfach, darin waren circa fünfzig Mark sowie ein alter grauer Führerschein mit einem Foto. Dieser Langhaarige auf dem Foto hätte jeder in seiner Jugend sein können, Hauptsache, er war männlichen Geschlechts.

Ich benutzte ihn übrigens noch zwei Monate als Ausweispapier, ohne dass jemand Anstoß genommen hätte.

Am nächsten Bahnhof stieg ich in einen Zug und fuhr nach Bad Reichenhall, wo ich im »Hotel zur Post«, gehobene Mittelklasse, direkt gegenüber dem Bahnhof eincheckte. Sie hätten mich natürlich abweisen können, so verdreckt und verkommen, wie ich aussah. Aber da fiel mir ein Trick ein.

Ich hatte schon immer eine Schwäche für Armbanduhren. Bei Männern sind Uhren ein Statussymbol, und ich trug eine recht gute und bekannte Marke, die ich mir von dem erbeuteten Geld in Österreich gekauft hatte. Ich humpelte also durch die prächtige Rezeption und legte wie zufällig meinen Arm auf die Theke, damit sie dem Rezeptionisten ins Auge fiel. So nach dem Motto: Ich sehe zwar aus wie ein Penner, bin aber keiner. Und ich kann reden. Ich erzählte ihm das Märchen von der Mountainbike-Tour und sagte ihm, ich müsste mich dringend ein paar Tage erholen und meinen Fuß ruhigstellen. Der Mann hatte Mitleid mit mir, und ich bekam ein Zimmer, ohne dass ich meine Papiere zeigen musste. Vorsorglich gab er mir noch die Adresse einer Arztpraxis in der Nähe. Aber mich dort behandeln zu lassen, verbot sich mir aus einleuchtenden Gründen.

Das ist auch eine der Erfahrungen, die ich bei meinen Fluchtreisen sammeln konnte: In billigen Hotels oder Pensionen genauso wie in teuren Luxushotels ist man eher misstrauisch und verlangt die Papiere. Aber in der gehobenen Mittelklasse geht man offensichtlich davon aus, dass jemand, der sich so ein Haus aussucht, das auch bezahlen kann.

Zwei Tage ernährte ich mich vom Zimmerservice und schonte meinen Fuß. Doch ich musste wieder Geld beschaffen.

Ich erzähle das alles so lässig, und es mag den Eindruck erwecken, dass ich diese Abenteuer genoss. Tatsächlich gab es gelegentlich lustige oder komische Momente. Aber in meinem Inneren war ich sehr verzweifelt. Ich konnte mit keinem mir vertrauten Menschen, vor allem nicht mit meinem Bruder, Kontakt aufnehmen. Aber das ist wohl auch ein Teil meiner Krankheit und Entwicklungsgeschichte, dass ich mir so etwas nicht anmerken lasse.

In der zweiten Nacht stand ich auf, ich hatte schlimmen Muskelkater, und mein Fuß schmerzte heftig. Ich humpelte durch den Ort und dachte darüber nach, wie ich an Geld kommen könnte. Da sah ich ein auf Kippe stehendes Fenster, das zu einem anderen Hotel gehörte. Ich entriegelte es, stieg ein und stand in einem Büro, direkt vor dem Hoteltresor. Unglaublich, aber wahr – der Schlüssel steckte. Und drinnen lagen viele Scheine. Ich raffte sie zusammen, schleppte mich in mein Hotelzimmer zurück und zählte das Geld: Es waren rund zwanzigtausend Mark. Am nächsten Morgen kaufte ich mir neue Klamotten, bezahlte meine Hotelrechnung, fuhr mit dem Taxi zum Bahnhof und von dort mit dem Zug nach Augsburg. Dort mietete ich mich für eine Woche in einem Hotel in der Innenstadt ein, weil der Fuß mir noch immer große Probleme bereitete.

Weil ich Langeweile hatte und ziemlich viel Geld, humpelte ich in ein Elektronikgeschäft, das direkt neben dem Hotel lag. Dort kaufte ich einen Laptop. Damals waren die kleinen Computer noch relativ teuer und nicht so leistungsstark wie heute. Außerdem wurden sie nur als Arbeitsgeräte genutzt. Ich ließ mir von dem Verkäufer eine spezielle Konfiguration einrichten, damit ich mit dem PC spielen konnte. Wenn man den Computer einschaltete, erschienen auf dem Bildschirm die Ziffern eins bis vier. Mit jedem Klick auf eine der Ziffern öffnete sich ein Spiel. Ein Spiel gegen die Langeweile. Später, bei meiner Verhaftung, gab es um diesen Laptop große Aufregung.

Als es mir etwas besser ging, setzte ich mich in einen Zug und fuhr Richtung Norden. An der Ostsee mietete ich mich für drei Wochen in einer Ferienwohnung ein. Ich hatte noch genügend Geld und mit Ferienwohnungen gute Erfahrungen gemacht: Wenn man außerhalb der Saison mietet und im Voraus bar bezahlt, fragt kein Mensch nach einem Ausweis. Und wenn man auf eine Quittung verzichtet, freuen sich die Vermieter, weil sie das Geld am Finanzamt vorbeischleusen können. Das bedeutete für mich, dass ich meine Ruhe hatte und nichts befürchten musste.

Ich stelle mich 11

So neigte sich der Sommer seinem Ende zu. Es wurde langsam Herbst und ungemütlicher. Mit den fallenden Blättern sank auch meine Stimmung. Von der Küste wechselte ich an die Plöner Seenplatte. In einem Hotel packte mich plötzlich ein ungutes Gefühl, erkannt worden zu sein. In der folgenden Nacht stahl ich mich davon und nahm wieder ein Auto mit. Es war ein älteres, weißes Modell eines japanischen Herstellers. Als ich ohne Ziel in Richtung Süden weiterfuhr, geriet ich in eine Polizeikontrolle, die aber nicht mir galt. Die Polizei hatte eine Kreuzung dichtgemacht, und ich fuhr genau in diese Kreuzung. Einer der Polizisten wollte routinemäßig meine Fahrzeugpapiere sehen. Ich zeigte den alten Führerschein. Der Fahrzeugschein lag im Handschuhfach. Aber das Auto gehörte einer Frau. Meine Ausrede, es handle sich um meine Tante, ließ der Polizist nicht gelten, zumal er auf dem Beifahrersitz einen Schraubenzieher entdeckt hatte. So ein harmloser Schraubenzieher könnte für einen Verbrecher zur Waffe werden. Für die Polizisten war er Anlass, mich vorläufig festzunehmen. Später wurde ich vor Gericht gefragt, warum ich, nachdem ich so spektakulär ausgebrochen war, nicht versucht hätte, mit meinem Auto zu flüchten. Aber ich war wirklich am Ende, physisch und psychisch. Außerdem hatte ich ja seit Längerem den Gedanken, mich freiwillig zu stellen, wenn der Sommer vorbei sei. Ich war an einem Punkt angelangt, an dem ich dachte: Dann soll es so sein.

Ohne jeden Widerstand ließ ich mich von den Polizisten abführen. Auf der Polizeiwache angekommen, führten sie mich in die Kellerräume, wo sich die Utensilien zur Personenfeststellung befanden. Die zwei Beamten, die mich begleiteten, schlossen den Kellerraum auf und ließen den Schlüssel außen an der Tür stecken. Die Tür stand sperrangelweit offen. Die beiden gingen an mir vorbei, um alles vorzubereiten. Und ich stand allein in der offenen Tür. Es wäre für mich ein Leichtes gewesen, die Tür abzuschließen und wegzulaufen. Es gab einen Hinterausgang, der auf den Parkplatz führte, ich hätte also noch nicht einmal vorne an der Wache vorbeigehen müssen. Ich erwog das einen kurzen Moment lang, und obwohl ich in solchen Augenblicken früher reflexartig reagiert hatte, blieb ich stehen. Ich war wirklich am Ende. Die Staatsanwältin wollte mir auch dies, wie so vieles, später nicht glauben.

Als die Polizisten mich in den Raum holten, um meine Fingerabdrücke zu nehmen, sagte ich: »Ich heiße Peter Detert.« Da gingen alle Lichter an, plötzlich war die Hölle los. Sie legten mir sofort Handschellen an. Weitere Polizisten kamen hinzu, und ich wurde in eine Verwahrzelle geschlossen.

Mit der Freundlichkeit war es schlagartig vorbei. Für mich begann eine schlimme Zeit: Ich stand unter Terrorismusverdacht, ich hatte Polizeiwaffen gestohlen, ich hatte einen Laptop dabei, den sie nicht entschlüsseln konnten, in »meinem« Auto fanden sie Schweizer Franken, Österreichische Schilling, Italienische Lire und Deutsche Mark. Dazu noch reichlich Bargeld. Es sah alles so aus, als sei ihnen ein ganz großer Fisch ins Netz gegangen.

Anderthalb Tage wurde ich in einem kleinen Kaff im Arrest festgehalten, ohne etwas zu essen oder zu trinken zu bekommen. Stundenweise holten sie mich aus der Verwahrzelle im Keller nach oben und verhörten mich. Diese Dorfpolizisten waren wirklich heiß und wollten von mir das ganz große Geständnis. Das ging dann hin und her. Sie stellten mir die unmöglichsten Fragen, ich sagte nichts. Dann brachten sie mich wieder hinunter. Die Handschellen nahmen sie nie ab. Am Treppenabsatz gaben sie mir immer einen Schubs und sagten: »Pass auf, dass du nicht fällst.« Sie hätten gern als die großen Helden dagestanden, aber diesen Gefallen tat ich ihnen nicht.

Schließlich wurde ich in ein Gefängnis in die nächstgrößere Stadt gebracht. Dort kam ich in Terrorismus-Haft. Das bedeutete, dass ich komplett isoliert wurde von allen anderen Häftlingen. Sie sperrten mich in eine Zelle, in der vierundzwanzig Stunden das Licht brannte. Es gab dort nur eine Matratze, aber kein Bettzeug. Das Essen stellten sie mir auf einem Plastikteller hin, mit einem Plastiklöffel hatten sie es zu einem undefinierbaren Brei zermatscht. Und während ich aß, standen zwei bis drei Bewacher an der Tür und beobachteten mich.

Obwohl in deutschen Gefängnissen eine Stunde Freigang am Tag Pflicht ist, kam ich zehn Tage lang nicht an die frische Luft, ein klarer Rechtsbruch. Erst nach zehn Tagen wurde ich, mit den Händen auf dem Rücken gefesselt, links und rechts von einem Wärter untergehakt, in den Hof gebracht. Auf dem Flachdach standen Polizisten mit Maschinenpistolen im Anschlag. Aus einem vergitterten Fenster hörte ich den Ruf: »Bist du von der RAF?«

Meine Verzweiflung versuchte ich mit Galgenhumor wegzudrücken. Als ich ganz allein auf diesen beschissenen

Gefängnishof geführt wurde, sagte ich zu den beiden Wächtern, die mich untergehakt hielten: »Passt gut auf, sonst laufe ich weg.« Darauf meinte der eine: »Wenn du dich ein einziges Mal bückst, ist die Freistunde zu Ende.« Auf dem Boden lagen nämlich gelegentlich Glassplitter oder Einwegrasierer, die aus den Fenstern geworfen worden waren. Und jeder noch so kleine Gegenstand hätte zur Waffe werden können, wenn man genug kriminelle Energie freisetzte.

Ich wurde geduzt und auch beschimpft, von Saubär bis Dreckskerl und Terroristenschwein war alles drin.

Dann fing meine Reise durch die Gefängnisse an. Ich wurde verschubt, und niemand sagte mir wohin. Den Begriff »verschuben« wird man vergeblich im Duden suchen, aber in der Knastsprache ist er üblich. Während des Transports wurde ich nochmals zusätzlich isoliert. Erst nachdem ich in dem Gefangenenbus in eine Zelle eingeschlossen war, konnten die anderen Häftlinge einsteigen.

Die erste Station war Hamburg, die riesige Justizvollzugsanstalt Fuhlsbüttel, allgemein bekannt als »Santa Fu«. Nach circa zwei Tagen ging es weiter nach Hannover. Und dort, oh Wunder, kam ich in eine Gemeinschaftszelle und traf auf Herbert B., den pädophilen Bankräuber, mit dem ich in F. zwei Jahre im Wohngruppenvollzug zusammengehaust hatte. Ich durchschaute sofort den Trick. Da ich alle Vorwürfe, die mir gemacht worden waren, abgestritten hatte und nach drei Wochen Isolationshaft froh sein würde, mich endlich wieder unterhalten zu können, hofften sie wohl, dass ich ihm alles erzählen würde. Stattdessen erzählte er mir die ganze Nacht über seine Geschichte. Das Experiment ging gründlich in die Hose.

Die nächste Station war Köln. Als ich abends in meiner Einzelzelle saß, drehte sich plötzlich der Schlüssel im Schloss, und eine junge Frau trat ein. Sie stellte sich als Abteilungsleiterin vor, und sie wolle mir helfen. »Ich darf Sie leider nicht am Alltagsleben teilnehmen lassen, aber ich biete Ihnen an, dass Sie sich beim Gemeinschaftsduschen jemanden aussuchen, mit dem sie wenigstens tagsüber die Zelle teilen können.« Das war eine Nettigkeit ohne Hintergedanken. Später einmal ging meine Brille kaputt, und ich bat sie um einen kleinen Schraubenzieher. Sie gab ihn mir, und ich konnte meine Brille reparieren.

Ich schaute mir also beim Duschen meine Mithäftlinge an, ein etwas älterer Mann machte auf mich einen guten Eindruck. Er drängelte nicht, war höflich, schien intelligent zu sein. Ich fragte ihn, ob er Lust habe, mit mir Schach zu spielen. Ja gern, antwortete er, aber er sei nicht allein in seiner Zelle, da sei noch ein Zweiter. »Wunderbar, dann können wir Skat spielen«, sagte ich. Die beiden hatten nicht nur Karten, sondern auch einen Fernseher und jede Menge zu essen und zu trinken. Das waren zwei recht prominente Häftlinge, über die in den Medien viel berichtet wurde. Der eine, Armin S., den ich angesprochen hatte, war ein Umweltsünder großen Stils, er hatte Giftmüll in Containern nach Afrika transportiert. Die Geschichte des anderen, Richard A., erfuhren wir durchs Fernsehen. Wir saßen eines frühen Abends in der Zelle und spielten Karten. Im Fernsehen lief eine lokale Nachrichtensendung. Wir horchten auf, als sie von einem Mann berichteten, der am Düsseldorfer Flughafen mit zwanzig Kilo Kokain erwischt worden war, das in Hantelscheiben versteckt war. Die Zöllner waren misstrauisch geworden, dass jemand aus Südamerika schwere Hantelscheiben mitbrachte. Das erschien ihnen höchst merkwürdig. Auch ich wunderte mich. Noch bevor jemand von uns einen Ton sagte, platzte ich heraus: »Wie doof kann einer sein, Kokain ausgerechnet in Hantelscheiben zu verstecken?« Da meinte Richard A.: »Das darfst du so hart nicht sagen, das war nämlich ich. Es passierte schon vor zwei Wochen, aber sie haben es jetzt erst für die Presse freigegeben.« Ob es stimmt, was er uns dann erzählte – er habe die Hanteln geschenkt bekommen und nichts über ihren Inhalt gewusst –, kann ich nicht beurteilen. Aber ich fühlte so etwas wie Solidarität mit ihm, auch mir glaubten sie ja meine Geschichten nicht.

Nach zweieinhalb Wochen brachten mich Justizvollzugsbeamte auf das Kölner Polizeipräsidium, in einem Autokonvoi, wie einen Staatsgast. Aber ich war nur ein gefährlicher Verbrecher, dem sie die Hände auf dem Rücken gefesselt und die Fesseln viel zu eng gezogen hatten. Zusätzlich wurde ich rechts und links von meinen Bewachern untergehakt. Da sagte ich in einem Anfall von Galgenhumor: »Passt bloß auf, ich kann zumindest noch beißen.«

In dem Büroraum, in den sie mich schoben, saßen eine Frau und ein Mann in Zivilkleidung. Die Frau stand auf und sagte: »Über meinem Schreibtisch hängt ein Foto von Ihnen, Herr Detert, Sie glauben ja gar nicht, wie gespannt ich war, Sie persönlich kennenzulernen. Sie haben uns die ganze Zeit über fast wahnsinnig gemacht, tun Sie mir einen Gefallen und verraten uns Ihre Fluchtstrategie, denn Sie passen in kein gängiges Schema.« Ich antwortete schnippisch: »Wenn man mich hier wie einen Staatsfeind behandelt, dann muss ich leider auch wie ein Staatsfeind reagieren, und die unterhalten sich leider nicht mit Polizisten.« Ihr Kollege wandte sich an den Streifenbeamten, der hinter mir stand: »Machen Sie dem Mann mal die Handschellen los.« Der tat es widerwillig. Ich hielt ihnen meine Handgelenke hin und zeigte auf die tiefblauen Striemen. »Ist das vielleicht korrekte Polizeiarbeit?«, beschwerte ich mich.

Wir setzten uns alle hin. Die beiden siezten mich übrigens, waren sehr freundlich und höflich. Als es auf die Mittagszeit zuging, fragte mich der Mann: »Haben Sie schon etwas gegessen?« Ich sagte: »Das kenne ich schon von Plön, wo ich anderthalb Tage nichts zu essen und zu trinken bekam, und am Ende sollte ich ein Protokoll unterschreiben, dass ich korrekt behandelt wurde. Das verweigerte ich.«

Er sagte zu dem Streifenbeamten: »Besorgen Sie dem Mann etwas zu essen und zu trinken. Der hat Hunger.« Der Streifenbeamte kam mit belegten Brötchen und wurde prompt zurückgeschickt: »Besorgen Sie ihm etwas Vernünftiges.«

Schließlich bekam ich eine Pizza und Cola.

Die beiden stellten sich vor. Sie seien nach dem Diebstahl der Polizeiwaffen damit beauftragt worden, nach mir zu fahnden. Das sei ihnen aber leider nicht gelungen. Vor allem dieser Coup in Österreich habe sie fast verrückt gemacht. Die Kollegen dort, die übrigens erst am Montagmorgen, wie ich jetzt erfuhr, meine Abwesenheit bemerkt hatten, nahmen an, dass ich keinesfalls zurück nach Bayern, sondern eher Richtung Italien geflüchtet sei. Deswegen hatten sie alle Wege Richtung Süden abgeriegelt. Doch da war ich bereits wieder in Deutschland.

Ich wollte hier und jetzt reinen Tisch machen und versuchte, den beiden Kommissaren die ganze Verkettung der

Zufälle zu schildern, und dass ich weder ein Terrorist noch ein Gewaltverbrecher sei. Sie hörten mir geduldig zu, stellten viele Fragen, ließen alles protokollieren und begannen anschließend mit ihren Recherchen, die sich über einen längeren Zeitraum hinzogen.

Nach ungefähr einem Jahr – ich mache jetzt einen kleinen Sprung – kam der Kommissar, der mit seiner Kollegin immer noch auf mich angesetzt war, zu mir an meinen neuen Aufenthaltsort, über den ich später berichten werde, und sagte: »Wir haben alle Unstimmigkeiten überprüft und es stellte sich immer so heraus, wie Sie es uns erzählt hatten. Wir glauben Ihnen, dass es eine Verkettung vieler unglücklicher Umstände war, die Sie in diese Situation gebracht haben. Mich und meine Kollegin haben Sie überzeugt. Sie sind kein Terrorist und kein Gewaltverbrecher, sondern im Prinzip ein ganz armer Kerl. Leider teilt die ermittelnde Staatsanwältin nicht unsere Meinung.« Er gab mir seine Visitenkarte und sagte: »Für alle Fälle. Wenn ich Ihnen mal behilflich sein kann ...«

Nun erfuhr ich, unter welchem Druck sie gestanden hatten bei der Fahndung nach mir, vor allem, weil es diesen terroristischen Verdacht gab. Mein Verhalten, das teilweise borderline-geprägt war, ergab für sie keinen Sinn. Da blieb nur die Vermutung, dass mir in Österreich bei meinem Ausbruch geholfen worden war. Und dann war da dieser Laptop, den sie bei meiner Festnahme sichergestellt hatten. Sie waren überzeugt, dass er verschlüsselt war, und wollten von mir das Passwort. Aber es gab kein Passwort. Nur die vier Spiele. Schließlich ließen sie ihn von einer Prüfstelle für Computer beim Bundeskriminalamt untersuchen, wo dann festgestellt wurde, dass von dem Computer keine Gefahr ausging. Sie brachten ihn mir zurück.

Doch ich durfte ihn nicht behalten und gab ihn meinem Bruder.

Dann hieß es, ich hätte die Dortmunder Spielbank mit einer Maschinenpistole überfallen. Sie wurde in dieser Zeit tatsächlich von mehreren maskierten und bewaffneten Tätern ausgeraubt. Und ich stand im Verdacht, einer von ihnen gewesen zu sein, möglicherweise sogar ihr Anführer.

Außerdem war da noch die Sache mit den beiden Plastikkarten von der Sparkasse. Ich hatte sie bei einem meiner Versuche, Bargeld aufzutreiben, mitgenommen, ohne zu wissen, was ich mit ihnen anfangen sollte, und sie, wie auch die verschiedenen Schlüssel der Hotels, in denen ich »kostenlos« übernachtet hatte, ins Handschuhfach meines Fluchtautos gelegt, in dem ich schließlich gestellt wurde. Sie sahen wie damals übliche, ganz normale Euroscheckkarten aus mit dem Unterschied, dass kein Name darauf stand. Meine beiden Ermittler wussten mit den Karten genauso wenig anzufangen wie ich. Schließlich zeigten sie die Karten in einer Sparkassen-Filiale und lösten dort helle Aufregung aus. Es handelte sich um Sicherheitskarten, mit denen Kontrolleure der Sparkasse Zugriff auf das gesamte Computersystem haben, mit allen sich daraus ergebenden Möglichkeiten.

Während des Verhörs sagte der Kommissar, die Sparkasse sei dringend daran interessiert zu erfahren, woher ich die Karten habe, die nicht als vermisst gemeldet worden waren. Sie würden sich für mich einsetzen, mir beispielsweise einen guten Verteidiger stellen, wenn ich mich kooperativ zeige. Ich konnte nur erklären, dass ich mich wirklich nicht mehr erinnern konnte, wo ich die Karten mitgenommen hatte.

Dann war da noch der alte graue Führerscheinlappen, der mir bis zu meiner Festnahme gute Dienste geleistet hatte. Der Mann, dem er gehört hatte, blieb bei seiner Aussage, dass ihm bei einem Volksfest in Wien die Geldbörse mit dem Führerschein gestohlen worden sei, zu einem Zeitpunkt, als ich in Salzburg in Haft saß. Ich konnte es also nicht gewesen sein, war die Argumentation. Da ich den Führerschein in einem geparkten Auto gefunden hatte, vermutete ich, dass ich womöglich einen Dieb bestohlen hatte. Aber auf solche Spitzfindigkeiten wollten sie sich nicht einlassen.

Aber wieder zurück nach Köln. Nachdem die beiden Zivilfahnder ihre Befragungen beendet hatten, wurde ich zurück in meine Zelle gebracht und durfte mich tagsüber wieder in der Gemeinschaftszelle aufhalten. Eines Morgens hieß es: »Detert, fertigmachen zum Transport.« Niemand sagte mir, wohin ich verlegt würde. Ich packte meine paar Sachen zusammen und wurde in den Keller gebracht, in einen Raum mit ungefähr zwanzig Männern jeden Alters, die alle zu anderen Gefängnissen oder zu ihren Gerichtsverhandlungen transportiert werden sollten. Ich saß den ganzen Tag über in der Zelle, die sich immer mehr leerte. Am Ende des Tages war ich der einzige übrig Gebliebene. Nach Stunden ging endlich die Tür auf und der Schließer sagte: »Wir haben ein Problem. Sie sollten heute eigentlich auf Transport gehen, der Verantwortliche des Transports hat sich aber geweigert, Sie mitzunehmen, weil er nicht genügend Personal zu Ihrer Bewachung zur Verfügung stellen konnte.« Nun wurde ich wieder in eine Transportzelle gesperrt. Die Beamtin, die so nett zu mir gewesen war, kam und brachte mir eine Tüte mit Lebensmitteln und

Süßigkeiten und sagte, die hätten ihr meine Kollegen für mich mitgegeben. Ich war gerührt von so viel Solidarität unter Kriminellen. Denn es gibt ja, wie ich schon erzählte, nichts Schlimmeres als diese kargen Transportzellen.

Am nächsten Tag ging es schließlich in einem Bulli – zurück nach F. Dies hatte die Staatsanwältin, meine erbitterte Gegnerin, so angeordnet. Sie wollte den alten Paragraphen 63 wieder aufleben lassen, der mich für immer aus der menschlichen Gesellschaft ausschließen würde. Mein schlimmster Albtraum erfüllte sich.

Hier musst du wieder raus! 12

Meine Bewacher eskortierten mich in die Sicherheits-Aufnahmeabteilung von Haus 3 in F. Nichts hatte sich geändert, seit ich vor sechs Jahren zum ersten Mal dieses Haus betreten hatte. Und wie immer, wenn sich hinter mir ein Gitter oder eine Stahltür schloss, war mein erster Gedanke: »Hier musst du wieder raus!« Und der zweite: »Wie stellst du das an?« Der mir bis dahin unbekannte Arzt empfing mich mit den Worten: »Ah, Sie also haben die Dortmunder Spielbank ausgeraubt?« Ich versuchte ihm klarzumachen, dass er mich wohl verwechsle. »Nein, nein, wir meinen schon Sie«, antwortete er mir in diesem sanften Ton, den Psychiater im Umgang mit uns armen Irren anschlagen. Dann eröffnete er mir, dass die Staatsanwaltschaft den alten Paragraphen 63 wieder aktivieren wolle, der mich als psychisch kranken Rechtsbrecher in den Maßregelvollzug, also in eine forensische geschlossene Abteilung bringen würde. Dazu sei eine neue Anhörung vor der Strafvollstreckungskammer nötig.

Mir schwante Böses. Vermutlich würden wieder diese drei Richter aus Paderborn erscheinen und mich im 30-Sekunden-Takt abfertigen.

Mir blieben nur zwei Möglichkeiten: Entweder konnte ich versuchen, erneut auszubrechen und die alten Fluchtwege wieder aufzunehmen. Aber das wollte ich nicht mehr.

Oder ich musste meine ganze Kraft und Kreativität aktivieren und um Gerechtigkeit kämpfen. Ich entschied mich für die zweite Alternative. Doch ich wusste, dass ich das nicht allein schaffen würde, dass ich einen Anwalt zur Unterstützung brauchte. Da ich kein Geld hatte, wurde mir ein Pflichtverteidiger zu dieser Anhörung zugestanden. Ich bekam eine Liste von Anwälten aus der Umgebung und sollte mir einen aussuchen, der dann vom Gericht bestellt würde. Ich rief die Kanzlei Wolf in Lippstadt an. Dieser bekannte Strafverteidiger hatte damals einen Bankräuber vor Gericht verteidigt, ein spektakulärer Fall, der durch die Presse gegangen war. Deswegen war mir der Name Wolf ein Begriff.

So lernte ich Rechtsanwalt Thorsten Wolf kennen, einen jungen Mann, ungefähr in meinem Alter, der gerade seine Ausbildung abgeschlossen hatte. Er war der Sohn des Strafverteidigers und beruhigte mich, dass sein Vater im Hintergrund sein Wissen zur Verfügung stellen und uns mit seinen Ratschlägen unterstützen wolle. Dieser junge Anwalt, der heute in einer Heilbronner Kanzlei praktiziert, war mir auf Anhieb sympathisch. Er argumentierte dann sehr geschickt bei dieser Anhörung, indem er den Richtern eine Tür öffnete: Da ja noch ein Verfahren in Osnabrück anstünde, wäre es sinnvoll, abzuwarten, was dabei herauskäme, und dann könnten sie immer noch ihre Entscheidung für oder gegen den Paragraphen 63 treffen. Doppelte Kosten und doppelter Zeitaufwand seien schließlich nicht nötig. Sie erklärten sich einverstanden, und so wurde aus mir ein ganz normaler Untersuchungshäftling. Als solcher hat man mehr Rechte, weil bis zum Prozess und Richterspruch eine Unschuldsvermutung gilt. Ich war erleichtert. Doch bevor ich in eine Justizvollzugsanstalt umziehen konnte, legte die Staatsanwältin, die mich keinesfalls als normalen Straftäter sehen wollte, ihr Veto ein. Sie wolle eine Begutachtung, und die solle in der Maßregelvollzugsanstalt in P. stattfinden.

Da ja noch das Verfahren vor der Großen Strafkammer des Landgerichts Osnabrück anstand, schlug mir mein Anwalt vor, mich auch dort zu verteidigen. Über seine Kosten solle ich mir den Kopf nicht zerbrechen.

So wurde ich unter den üblichen Sicherheitsvorkehrungen, an die ich mich schon fast gewöhnt hatte, nach P. in Niedersachsen gebracht. Es war kurz vor Weihnachten 1996.

P. ist ein Ort, der ähnlich wie F. von den psychiatrischen Anstalten hinter meterhohen Mauern dominiert wird. Auch hier sind unter den Weggeschlossenen solche mit schwersten Sexualdelikten in der Überzahl. Wenn es überhaupt eine Steigerung zu F. gibt, dann ist das O.

Meine Bewacher brachten mich zur Aufnahmestation. Hier wimmelte es nur so von Psychotikern. Die Nächte verbrachte ich zusammen mit drei anderen Männern in einem Viererzimmer. Ruhigen Schlaf fand ich nicht, denn ein massiger Mann mit Vornamen Wulf, ein besonders unangenehmer Typ mit der Intelligenz eines Sechsjährigen, startete regelmäßig seine sexuellen Attacken, wenn er glaubte, dass wir anderen schliefen. Dabei hatte er es besonders auf mich, den Neuzugang, abgesehen. Er himmelte mich geradezu an und beobachtete jede meiner Gesten. Tagsüber wurden alle Insassen der Aufnahmestation, ungefähr fünfzehn Mann, in einem Raum verwahrt, der nicht größer als ein normales Wohnzimmer war und in dem wir auch die Mahlzeiten einnahmen. Hier standen wir unter ständiger Beobachtung, konnten nichts weiter tun, als an den Tischen zu sitzen und Löcher in die Wand zu starren. Den Schlafbereich durften wir tagsüber nicht betreten. Und den Gemeinschaftsfernseher durften wir nur wenige Stunden am Abend benutzen. Hier waren Exemplare sämtlicher Störungsbilder versammelt. Wenn ich einen etwas kühnen Vergleich wagen darf, dann sind mir die intelligenten Mehrfachmörder von Haus 25 in F., mit denen man zumindest reden konnte, lieber als diese Psychotiker, die sich für Teufel oder Engel halten und in ihrem Wahn Babys ertränkt oder Frauen aufgeschlitzt haben. Und lieber als die Drogensüchtigen auf Entzug, die in ihrem hochgradig gereizten Zustand kaum zu ertragen waren. Der Angenehmste in dieser Runde war ein gewisser Ralf S., ein hochintelligenter junger Mann, der im Alter von neunzehn in den 1990er-Jahren bei einem Schützenfest in Hannover einen Bombenanschlag verübt hatte, bei dem es glücklicherweise keine Todesopfer gab. Den Sprengstoff für seinen Anschlag hatte er aus einfachsten Mitteln selbst hergestellt. Ralf war stark übergewichtig. Das machte ihn zu einem Außenseiter, den die Gesellschaft verspottete und ausgrenzte. Er hatte keinen einzigen Freund. Aufgrund seiner Intelligenz war ihm das aber völlig klar – und so hatte er einen gefährlichen Hass auf die Gesellschaft entwickelt. In einem Frustanfall hatte er einmal gedroht, dass er aus der ganzen Station ein Cabrio machen werde, womit er sagen wollte, dass er durchaus in der Lage sei, neuen Sprengstoff zu basteln und damit das Dach der Anstalt wegzusprengen. Sobald Ralf das Thema Sprengstoff auch nur antippte, was er häufig tat, zuckten alle zusammen.

Bei einer Freistunde im Innenhof traf ich einen alten Bekannten wieder. Er saß in einer Gemeinschaftszelle in der Etage über mir. Fritz F., mit dem ich lange in Haus 25 in F. zusammen war, und der dann später in Haus 26 eine Geiselnahme mit Vergewaltigung begangen hatte, war ebenfalls nach P. verlegt worden. Es war sicherlich kein freudiges Wiedersehen. Doch wenn man in einer so feindlich gesinnten Umgebung jemanden trifft, den man kennt, dann kommt ein eigentümliches Gefühl von Zusammengehörigkeit auf. Es ist, wie in einem fremden Land, dessen Sprache man überhaupt nicht spricht, einen anderen Deutschen zu treffen: dann freut man sich, auch wenn das der größte Seppel aller Zeiten ist. So ähnlich war das mit Fritz F. und mir. Er saß hier schon länger ein und konnte mich über verschiedene Interna informieren, das war für mich ganz hilfreich.

In P. war ich ein neuer Patient, der viel negatives Gepäck mitgebracht hatte. Besonders wegen meiner Flucht in Österreich galt ich als extrem fluchtgefährlich und gerissen, es hieß, ich mache nichts ohne Hintergedanken. Wenn mein treuer Bruder, der mich regelmäßig besuchte, mir ein Buch oder Musikkassetten mitbrachte, wurden die Gegenstände penibel untersucht. Eines Tages kam ein Pfleger zu mir, setzte sich neben mich und flüsterte: »Für 'ne Million lass ich dich hier raus.« Ich antwortete in normaler Lautstärke, sodass es jeder hören konnte, der sich in der Nähe befand: »Wenn ich 'ne Million hätte, wäre ich gar nicht mehr hier.« Ich denke, dass der Pfleger nicht nur einen Scherz machen wollte, sondern wirklich glaubte, wie alle anderen, dass ich irgendwo viel Geld versteckt hätte.

In dieser Situation stellte sich mir eine Ärztin der Psychiatrie vor. Sie sei beauftragt worden, das Gutachten über mich zu erstellen. Sie lächelte mich freundlich an, und als sie meine Akte durchblätterte und darin auf meinen Intelligenzquotienten stieß, sagte sie: »Oh, Sie sind ja intelligenter als ich.« – »Und, was nutzt mir das?«, antwortete ich frustriert. Es war schon klar, dass sie mir schmeicheln wollte, um ein gutes Verhältnis zwischen uns aufzubauen.

Psychiatrie ist schlimm. Aber Maßregelpsychiatrie ist der Horror. Wenn man tagein, tagaus mit Psychotikern eingesperrt ist, die dem Klischee des Verrückten entsprechen, dann hält man sich irgendwann selbst für irre, das nagt ungeheuer am Selbstwertgefühl. Wenn dann eine junge Frau kommt und einem ein Kompliment macht, dann blüht man auf wie eine Blume in der warmen Frühlingssonne. Aber nach einem Flirt stand mir nicht der Sinn. Ich wollte hier raus. Und das so schnell wie möglich. Doch sie gehörte wohl auch zu der Liga, die mich für immer einsperren wollte, was sich nicht lange verbergen ließ.

Ich stellte zwei Bedingungen für meine Bereitschaft, mit ihr zu reden. Die erste lautete, dass ich das fertige Gutachten als Erster lesen dürfe. Sie stimmte zu.

Die zweite, dass ich darauf bestand, in eine Sicherheitszelle verlegt zu werden.

Es gab auf dieser Station zwei solcher Zellen, die für nicht gemeinschaftsfähige Häftlinge bestimmt waren. Hier ist man rund um die Uhr eingeschlossen und von den anderen isoliert. Man bekommt seine Mahlzeiten in die Zelle, man hat sogar einen eigenen Fernsehapparat. Und vor allem – man wird nicht rund um die Uhr bewacht, weil man, so jedenfalls glauben die Bewacher, absolut sicher eingeschlossen ist. Während diese Isolierhaft für die meisten eine herbe Strafe bedeutet, sehnte ich mich nach Alleinsein. Ich brauchte Ruhe, um mich auf meinen Prozess vorzubereiten.

Auch diesem Wunsch stimmte die Ärztin zu.

Ich wurde also verlegt, das war für mich wie eine Offenbarung. Endlich Ruhe, endlich keine Verrückten mehr um mich herum.

Mein Bruder brachte mir juristische Fachliteratur – darunter die Strafprozessordnung und das Strafgesetzbuch –, die ich eifrig studierte.

Auf dem Außengrundstück von P. liefen zwei Rottweiler herum, die zu einem Drittel aus Kopf und Gebiss bestanden. Sie hießen Ben und Tom. Ben, ein wirklich niedlicher Killer, wurde mein Freund. Und Tom arrangierte sich mit mir.

Ich hoffte zwar auf einen gerechten Richter, der mich in dem Prozess von jeder Zwangsbehandlung freisprechen würde. Wenn ich aber dennoch in O. stranden sollte, müsste ich versuchen, schnell wieder herauszukommen. Und dabei könnten mir Ben und Tom helfen.

Von der Einzelzelle aus wäre ein Ausstieg sicherlich leichter zu schaffen als von der Gemeinschaftsabteilung, überlegte ich. Doch die Hunde mit ihren imposanten Beißwerkzeugen waren ein großes Hindernis. In dem Sicherheitsappartement konnte man das Fenster auf Kippe stellen, um frische Luft hereinzulassen. Mit Rufen lockte ich die beiden Hunde an. Sie stellten sich unter mein Fenster und zeigten mir laut knurrend ihr Gebiss. Ich legte alle Freundlichkeit und allen Schmelz in meine Stimme, wenn ich mit ihnen sprach. Allmählich wurden sie zutraulicher. Das ging so weit, dass ich meine Hand durch das Gitter steckte und ihnen ein Margarineschnittchen hinhielt, das sie begeistert auffraßen. Ben ließ sich sogar an der Nase kraulen, so weit reichte meine Hand. Und eines Tages versuchte er, seinen dicken Kopf durch das Gitter zu zwängen, um sich seine Streicheleinheiten zu holen. Er fühlte sich wohl sehr einsam. Sein »Kollege« war etwas zurückhaltender. Aber auch er knurrte und bellte nicht mehr, wenn ich mich am Fenster zeigte. Wenn ich es schaffte, in den Hof zu gelangen, würden sie mich vielleicht nicht angreifen. Dieses Risiko müsste ich eingehen.

Die Gutachterin besuchte mich nun täglich. Bereitwillig beantwortete ich ihre Fragen nach meiner Kindheit, meiner Jugend, meinen Fluchten, meinen Straftaten, meiner Borderline-Persönlichkeitsstörung, soweit ich damals über sie Bescheid wusste. Ihr ging es aber weniger um meine Krankheit, mit der sie wenig anfangen konnte, sondern vor allem darum, ob ich zur Zeit meiner Straftaten »schuldfähig« oder »nicht schuldfähig« war, und ob in Zukunft von mir eine Gefahr ausgehe oder nicht. So lautete ihr Auftrag.

Mir dämmerte schnell, dass sie, wie andere Ärzte und Pfleger, fest davon überzeugt war, dass Maßregelvollzug für mich in jedem Fall besser sei als Gefängnis, und dass sie mir letztlich etwas Gutes tue, wenn sie mir erneut zum Paragraphen 63 verhelfe. Eines Tages sagte sie zu mir: »Ich mache Ihnen ein Angebot. Wenn Sie mit einer Therapie einverstanden sind, kann ich Ihnen zusagen, dass Sie zu uns kommen, dann könnten wir jetzt schon damit anfangen, das würde vor Gericht einen positiven Eindruck machen.« Damit hatte sie die Katze aus dem Sack gelassen. Ich lehnte das Angebot ab und erklärte, dass ich in keinem Fall den Paragraphen 63 bekommen werde. Die Pfleger lachten mich aus: »Mensch Detert, du hattest in F. den 63er, den bekommst du hier natürlich wieder, das ist so sicher wie das Amen in der Kirche. Du machst dir das Leben nur schwer, wenn du dich dagegen wehrst.«

Ich wehrte mich. Aber ich kam dem Wunsch der Gutachterin nach, die einen klinischen Psychologen hinzuziehen wollte. Dieser besuchte mich dann ebenfalls und stellte mir in einem sonderbaren Fachchinesisch Fragen. Wie man mit Menschen umgeht, hatte er wohl während seines Studiums nicht gelernt. Nach einer Dreiviertelstunde ging er wieder. Ich war enttäuscht, denn ich hatte gehofft, dass er mich unterstützen würde. Was er dann über mich schrieb, verstand er vermutlich selbst nicht.

Nachdem die Sitzungen mit der Ärztin und dem Psychologen beendet waren, wurde ich umgehend in den Gemeinschaftsraum zurückverlegt. Die Ärztin meldete sich nicht mehr bei mir. Nach ungefähr zwei Wochen passte ich sie während eines Nachtdienstes ab. Ich fragte nach dem Gutachten. Sie reagierte kühl und ohne eine Spur ihres früheren Charmes, sie habe das Gutachten bereits an die Staatsanwaltschaft geschickt, die sie schließlich beauftragt habe. Ich wandte ein, dass sie mir etwas anderes versprochen und ihr Wort gebrochen habe, dann fügte ich noch hinzu: »Glauben Sie mir, das wird Ihnen noch leid tun!« Ein Satz mit Folgen ...

Mein Anwalt beruhigte mich. »Ich werde Akteneinsicht beantragen und das Gutachten für Sie kopieren.« Ich war entsetzt, als ich es las. Ich hatte den Eindruck, dass die Gute ihr Metier nicht völlig beherrschte und nicht gerade eine Expertin hinsichtlich meiner Krankheit war. Teilweise hatte sie ganze Passagen aus Vorgutachten übernommen, und dabei meiner Ansicht nach nicht immer die Zusammenhänge beachtet. In mehr als 40 Fällen war ich mit ihren Ausführungen nicht einverstanden. Ich sei das zweite von drei Kindern, stand da gleich zu Beginn. Aber ich bin das dritte von vier Kindern. Dann hieß es: »Detert wuchs bei der Stiefmutter auf.« Die Wechsel zwischen dem Zuhause meines Vaters mit verschiedenen Partnerinnen und Heimaufenthalten hatte sie einfach unter den Tisch gekehrt.

Dann stand da, dass ich mich zu meinen Taten nicht bekenne. Doch das genaue Gegenteil war der Fall, was mir hinterher vor Gericht auch strafmildernd angerechnet wurde.

Mein Anwalt tappte übrigens auch in die 63er-Falle. »Jetzt mal unter uns«, fragte er mich eines Tages, »warum wollen Sie denn um nichts in der Welt in die Therapie? Bei Ihrem Strafregister müssen Sie mit mindestens fünf Jahren Haft rechnen.« Er wies mich noch darauf hin, dass es auch offenen Maßregelvollzug gebe. Und da ich kein Sexualstraftäter sei, könne ich dort bereits nach einem Jahr sein und eine ganze Reihe von Annehmlichkeiten genießen.

Ich antwortete ihm: »Das mag ja alles sein. Aber wenn ich eine Strafe bekomme, ist sie mit einem festen Datum verbunden. Dann weiß ich, dass am soundsovielten das Tor in die Freiheit für mich aufgeht. Aber im Maßregelvollzug ist nichts vorhersehbar, da ist man völlig ausgeliefert. Ich widersetze mich jeder weiteren Zwangsbehandlung. Hier, wo ich mich jetzt befinde, in der Aufnahmestation, kann ich noch in fünfzehn Jahren sitzen. Hier gibt es keine Therapie, nur Verwahrung. Fünf Jahre Haft wäre zwar eine lange Zeit, aber damit könnte ich leben.«

Ich bat ihn, mit der Staatsanwältin zu reden, Sie möge doch auf das Gutachten verzichten, dann könnten wir uns auf fünf Jahre einigen. Doch sie ließ ausrichten, ich solle erst mal gestehen, die Namen meiner Komplizen nennen, das Geld zurückgeben, das ich geraubt habe. Dann erst könnten wir uns über ein Strafmaß unterhalten, und das liege in jedem Fall deutlich jenseits der fünf Jahre. Sie ignorierte einfach die Recherchen der beiden Fahnder.

Dieser Staatsanwältin würde ich erst am Tag des Prozesses vor der Großen Strafkammer des Landgerichts Osnabrück begegnen. Neugier und Angst hielten sich die Waage. Fast kam sie mir manchmal wie eine Scharfrichterin vor, die mich mit ihrem Schwert hinrichten wollte.

Der Prozess 13

Für die Verhandlung in Osnabrück waren zwei Tage vorgesehen, der 8. und 9. Juli 1997.

Die Große Strafkammer ist der höchste Spruchkörper. Hier gibt es keine Möglichkeit, gegen ein Urteil in Berufung zu gehen und damit ein neues Verfahren zu erwirken. Es gibt nur das Mittel einer Revision, wenn das Verfahren nachweislich fehlerhaft war. Doch es ist schwer, so ein Urteil zu kippen, in der Regel werden die meisten Revisionen verworfen.

Rechtsanwalt Wolf versprach mir, eine Möglichkeit zu finden, das Urteil anzufechten, falls es ungünstig für mich ausfallen sollte.

Fast zweihundertfünfzig Kilometer liegen zwischen P. und Osnabrück. Um fünf Uhr in der Früh wurde ich, begleitet von drei Bewachern, im schon bekannten »Hochsicherheits-Bulli« über Autobahn und Landstraßen transportiert. Wir kamen eine Stunde zu früh an. Das kleine Gefängnis, das mit dem monumentalen alten Gerichtsgebäude durch einen Gang verbunden ist, verfügte über keine Verwahrzellen im Keller. Es hatte keine sehr hohe Sicherheitsstufe, die Mauer war nicht besonders hoch, und ich hätte sicher einen Weg gefunden, zu entweichen. So sah es vermutlich die Staatsanwältin, meine Anklägerin. Deswegen verbrachte ich die Zeit bis zum Beginn der Verhandlung, an den Händen gefesselt und umgeben von meinen Bewachern, auf einer Bank vor dem Gerichtssaal. Da tauchte plötzlich mein Bruder auf und kam auf mich zu. Sofort sprangen meine Bewacher auf, umringten ihn und verlangten seine Papiere. Er sah ja auch mit seinem Dreitagebart, seinen zerzausten Haaren und seinen ausgebeulten Jeans nicht gerade vertrauenserweckend aus. Aber er gab mir moralischen Halt. Und er drückte mir heimlich einen Geldschein in die Hand. Die Verhandlung durfte er nicht mitverfolgen, sie fand unter Ausschluss der Öffentlichkeit statt – vielleicht wollte man nicht öffentlich machen, wie leicht einer an Polizeiwaffen kommen und aus einem Hochsicherheitstrakt ausbrechen kann. Auch mein Anwalt kam etwas früher und besprach mit mir seine Strategie: »An den Straftaten selbst können wir nicht wackeln, die haben Sie ja nun einmal begangen und geben sie auch zu. Aber das Gericht muss einen persönlichen Eindruck von Ihnen gewinnen. Wir müssen den Richtern vermitteln, dass Sie und Ihre Akte zwei völlig unterschiedliche Dinge sind. Also reden Sie so viel wie möglich, wann immer sich die Gelegenheit dafür bietet.« Was ich mir nicht zweimal sagen ließ ...

Um neun Uhr betraten wir den Schwurgerichtssaal, der mit seinen hohen Fenstern und den riesigen Leuchtern auf mich fast sakral wirkte. Das überlebensgroße Wandbild über der Richterbank, das Justitia, die Göttin der Gerechtigkeit, mit Schwert und Waage darstellte, hätte auch in einer Kirche hinter dem Altar hängen können. In diesem Moment fiel mir allerdings nicht auf, dass die Osnabrücker Justitia keine Augenbinde trug. Das habe ich erst später über Recherchen im Internet erfahren: Die Augenbinde der Justitia soll eigentlich symbolisieren, dass Recht ohne Ansehen der Person und der Stellung gesprochen wird. Die Osnabrücker Justitia will jedoch zeigen, dass das Recht nicht blind vor der Wirklichkeit ist, sondern sich den Problemen und Hintergründen des Verfahrens zuwendet. Auf meinen Fall, rückblickend betrachtet, traf das haargenau zu.

Hier, im Gerichtssaal, sah ich die Staatsanwältin zum ersten Mal. Ich schätzte sie auf Mitte vierzig, ich kann mich nicht erinnern, ob sie schön oder hässlich war, ob sie blonde oder braune, kurze oder lange Haare hatte. Ich sah nur die strenge Linie ihres Mundes.

Dann betrat der Vorsitzende Richter Klaus Wiesehahn die Szene, in seinem Gefolge zwei weitere Berufs- und zwei Laienrichter. Fünf Richter, die Staatsanwältin rechts neben ihnen, meine drei Bewacher in der ersten Zuschauerreihe, ich und neben mir mein Anwalt auf der Anklagebank – das war die ganze Besetzung, die sich in dem großen Saal ohne Publikum fast verlor. Nachdem die Strafsache gegen Peter Detert eröffnet und meine persönlichen Daten verlesen worden waren, wollte die Staatsanwältin loslegen. Da meldete sich mein Anwalt zu Wort: »Herr Vorsitzender, ganz kleinen Moment, muss das denn sein, dass mein Mandant hier in Handschellen sitzt?«

Der Richter schaute mich an und fragte: »Wenn ich Sie von den Fesseln befreien lasse, hauen Sie uns dann ab?« Ich spürte einen Hauch von Humor und beeilte mich zu versichern, dass ich fast ein Jahr auf diesen Prozess gewartet habe und froh sei, dass er nun endlich stattfinde. Ich schaute verstohlen zu meiner Anklägerin und las aus ihrer Miene, dass sie das überhaupt nicht gut fand. Dann begann sie, jede einzelne noch so kleine Straftat, die ich in den vergangenen Jahren begangen hatte, zu verlesen. Das ging über zwei Stunden. Die Richter hörten mehr oder weniger geduldig zu, stellten mir zwischendurch Fragen, schienen meine Antworten zu akzeptieren. Plötzlich sprang die Staatsanwältin auf und empörte sich, sie merke ja nun, in welche Richtung das alles laufe, man gehe viel zu nachsichtig mit mir um. Sie wolle nochmals darauf hinweisen, was für ein gefährlicher Verbrecher ich sei. Darauf meinte Richter Wiesehahn: »Frau Kollegin, wie wir das Verfahren leiten, das überlassen Sie bitte schön uns.«

Dann trat die Ärztin auf und erläuterte ihr Gutachten. Dabei fiel auch das Wort »Borderline«. Der Vorsitzende Richter fragte: »Wie soll ich mir so eine Borderline-Störung vorstellen?« Sie antwortete, das könne sie ihm nicht erklären, denn ein medizinischer Laie würde es sowieso nicht verstehen. »Wir wollen und müssen es aber verstehen, Sie müssen es uns schon erklären, Sie sind schließlich die medizinische Sachverständige.«

Ich bat den irritierten Richter, selbst erklären zu dürfen, was ich nach dem Stand der Forschung im Jahr 1997 über die Borderline-Persönlichkeitsstörung (BPS) wusste, und sagte sinngemäß:

»Der Begriff Borderline (Grenzlinie) kommt aus Amerika und bezeichnete anfangs Menschen, die man nicht klar einem neurotischen oder psychotischen Krankheitsbild zuordnen konnte.

Mitte der 1970er-Jahre hat ein amerikanischer Psychiater die Krankenakten von sogenannten Borderlinern miteinander verglichen, dabei fielen ihm viele Ähnlichkeiten in der Symptomatik auf. Insbesondere der Wechsel von Phasen starker Gefühlsspannungen, Druckgefühl in Bauch und Brust mit Phasen von innerer Leere und totaler Gefühllosigkeit, gefolgt oder begleitet von Suizidversuchen und Selbstverletzungen, vereinte diese Patienten. Außerdem waren die meisten hoch sensibel und intelligent. Viele hatten wie ich traumatische Kindheitserfahrungen. Dieser Psychiater arbeitete die erste Checkliste von Symptomen des Borderline-Krankheitsbildes aus. Das Problem war nun, dass man zwar ein eigenes Krankheitsbild hatte, aber noch keine Behandlungsmethode.

Nun möchte ich schildern, wie sich die Krankheit auf mich auswirkt:

Ich bin nicht psychotisch, das heißt, dass ich mich nicht für Jesus halte und auch nicht glaube, dass ich von Außerirdischen überwacht werde. Ich bin auch nicht neurotisch, dusche nicht zwanzigmal am Tag und kann mich auch sonst an keine zwanghaften Handlungen erinnern. Aber ich habe oft so ein Ziehen im Bauch und ein Druckgefühl in der Brust. Ich kann dieses Gefühl nicht näher beschreiben, doch es überkommt mich von Zeit zu Zeit, egal, ob etwas Schlimmes oder etwas Schönes passiert. Manchmal erdrückt es mich fast. Oft habe ich den Eindruck, als ob ich hinter Glas lebe, ich sehe und höre zwar andere Menschen, aber etwas trennt mich von ihnen, und ich fühle mich unendlich einsam.

Früher fügte ich mir mit einem scharfen Messer oder mit Rasierklingen leichte, oberflächliche Schnitte an den Handgelenken und Armen zu. Wenn dann das Blut floss, spürte ich, wie der Druck nachließ. Es klingt verrückt, aber es half mir, und ich fühlte mich wieder besser. Weil das aber von der Gesellschaft nicht akzeptiert wurde, landete ich wegen versuchten Suizids auf der Geschlossenen. Es folgte Zwangsbehandlung, die nichts bewirkte, dann wieder Spannung – Schnitte – Erleichterung, hin und wieder ein wirklicher Suizidversuch – und erneut Zwangsbehandlung. Ein Teufelskreis.«

Die Richter hatten mir aufmerksam zugehört, dann wandte sich Herr Wiesehahn wieder an die Gutachterin. Sie führte an, dass ich zur Gewalt neige, dass von mir eine Gefahr ausgehe, dass es im Rahmen dieser Störung zu impulsiven Gewaltausbrüchen käme. Niedrige Impulskontrolle nannte sie es. Ich unterbrach sie: »Das stimmt einfach nicht. Ich habe noch nie in meinem Leben Gewalt angewendet!« Worauf sie sagte: »Mit Ihnen rede ich nicht, Sie haben mich bedroht, als Sie sagten: ›Das werden Sie noch bereuen.‹« Dann wandte sie sich an das Gericht und schilderte ihren Eindruck von mir: Wenn etwas anders laufe, als ich es möchte, würde ich die Maske des verbindlichen, wohlerzogenen jungen Mannes fallen lassen, dahinter käme ein erschreckendes Maß an Gewaltbereitschaft zum Vorschein. Der Richter ließ sich nicht beirren: »Ob er Sie nun bedroht hat oder nicht, das können wir nicht beurteilen. Wir waren nicht dabei. Aber der Angeklagte hat ein Fragerecht, und Sie als Sachverständige müssen ihm schon antworten.« Ich nutzte meine Chance und zählte alle Fehler auf, die sie in dem Gutachten gemacht hatte. Als ich fertig war, stampfte sie mit dem Fuß auf wie ein trotziges Kind.

In der Verhandlungspause blieb ich mit meinem Anwalt auf der Anklagebank sitzen, während meine Bewacher nach draußen gingen, um eine Zigarette zu rauchen. Da giftete die Staatsanwältin, die sich ebenfalls auf dem Flur die Beine vertreten wollte, sie sollten nicht herumstehen und rauchen, sondern lieber auf mich aufpassen, damit ich nicht das Weite suche. Einer kam zu mir und fragte:

»Was haben Sie denn der Frau getan? Die ist ja völlig geladen. Die will Sie nie wieder rauslassen.«

Dann ging der Prozess in die zweite Runde. Richter Wiesehahn wunderte sich laut, dass sie mich hier so ruhig und freundlich erlebten, obwohl sie sich eine Menge unangenehmer Dinge über mich anhören müssten. »Der Angeklagte macht nicht den Eindruck, dass er seine Impulse nicht unter Kontrolle hat«, urteilte er.

Ich hatte großes Glück, auf einen so menschlichen Richter zu treffen. Er stellte meine Gefährlichkeit eindeutig in Frage.

Als der Nachmittag in den Abend überging, vertagte er die Verhandlung auf den nächsten Tag.

Da meldete sich mein Anwalt zu Wort, der wohl nur auf diesen Moment gewartet hatte: Er wolle noch einen Antrag stellen. Eine Soziologin, die mich in F. untersucht hatte, solle als Zeugin aussagen. Sie lebe aber in Hamburg. Er wusste genau, dass es ausgeschlossen war, sie für den nächsten Tag nach Osnabrück zu bestellen. Das war sein Trick, den er mir angedeutet hatte, als er sagte, dass er eine Möglichkeit finden werde, das Urteil anzufechten, falls es nicht in meinem Sinne ausfallen sollte. Mir gegenüber hatte er so argumentiert: »Wenn das Gericht meinem Antrag folgt und die Zeugin verhören will, dann ist dieser Prozess erst mal geplatzt, und ein neuer Termin muss anberaumt, alles wieder von Neuem aufgerollt werden. Und das kann dauern. Deswegen werden sie den Antrag ablehnen, denn sie wollen den Prozess zu Ende bringen. Dann haben wir unseren Revisionsgrund.«

Der Richter forderte ihn auf, eine Begründung für seinen Antrag zu schreiben. Mein Anwalt versprach, sie am nächsten Tag mitzubringen.

Ich stieg mit meinen Begleitern wieder in den Bulli, und wir fuhren die weite Strecke zurück nach P. Unterwegs kamen wir an einem McDonald's-Restaurant vorbei. Ich hatte Bärenhunger, meine Begleiter sicherlich auch. Deshalb fragte ich, ob sie uns nicht allen einen Burger holen könnten.

»Haben Sie denn überhaupt Geld?«, fragte der eine. Da zog ich zu ihrer Verblüffung einen Hundertmarkschein aus der Tasche. Mein Bruder hatte ihn mir auf dem Gerichtsflur heimlich zugesteckt, für den Fall, dass ich wieder flüchten müsste. Die Beamten holten für uns alle Burger und Pommes und gaben mir sogar mein Restgeld zurück, obwohl ich eigentlich kein Geld besitzen durfte.

Am nächsten Morgen legte Anwalt Wolf dem Richter zwei handgeschriebene Seiten vor mit der Entschuldigung, es sei schon spät gewesen, als er in sein Büro zurückgekommen sei, und seine Angestellten seien bereits nach Hause gegangen.

Daraufhin zogen sich die Richter zur Beratung zurück. Ich glaubte, ein kaum wahrnehmbares Schmunzeln im Gesicht von Richter Wiesehahn zu lesen, obwohl ein Richter vor der Endberatung keinerlei Gemütsbewegung zeigen darf, er gälte sonst ja als befangen. Aber Richter sind auch nur Menschen. Wiesehahn jedenfalls gab den Antrag zurück mit den Worten, der Kammer sei sehr wohl klar, was er mit diesem Antrag bezwecke, sie würden den Antrag aber trotzdem ablehnen. Damit hatten wir einen Revisionsgrund. Für alle Fälle.

Mein Anwalt flüsterte mir zu, alles liefe bestens, denn mit ihrer Ablehnung wollten die Richter offensichtlich ausdrücken, dass wir mit dem Urteil zufrieden sein würden und es keinen Grund zu einer Revision geben werde.

Die Staatsanwältin sah das offensichtlich genauso und gab nochmals Gas. Als sie miterlebte, wie ihre Gutachterin unterging, zitierte sie noch über Nacht diesen Psychologen ins Gericht, der mit mir ein kurzes Gespräch geführt hatte. Dieser referierte bestimmt anderthalb Stunden über mich, in einem Wissenschaftskauderwelsch, das wohl niemand außer ihm selbst verstand. Ich sah Fragezeichen in den Augen der Richter und dachte, lass den man, der redet sich selbst um Kopf und Kragen.

Als Zeugin musste auch noch meine ehemalige Freundin Marianne aussagen, mit der ich in Hamm eine Zeit lang die Wohnung geteilt hatte. Sie sollte über unser Zusammenleben Auskunft geben, dabei ging es der Staatsanwältin vor allem um die Frage, ob wir viel von dem Geld ausgegeben hätten, das ich ihrer Meinung nach geraubt hatte. Doch Marianne antwortete wahrheitsgemäß, dass wir beide einen leidlich gut bezahlten Job hatten, dass wir bescheiden gelebt hätten, dass wir ab und zu essen oder ins Kino gegangen seien, und dass ich ein angenehmer Zeitgenosse gewesen sei.

Für uns beide war das eine etwas sonderbare Situation, denn immerhin hatte ich sie damals verlassen. Sie winkte mir nur kurz zu, als sie den Gerichtssaal verließ. Draußen wartete ihr Freund.

Dann wurde die Beweisaufnahme geschlossen, und es folgten die Anträge.

Die Staatsanwältin stellte ihren Antrag und kam unterm Strich auf fünfzehn Jahre und sechs Monate. Das wäre die Summe der rund siebzig beantragten Einzelstrafen. Zusätzlich forderte sie eine Unterbringung nach Paragraph 63.

Rechtsanwalt Wolf forderte, den Antrag auf die 63er-Unterbringung zurückzuweisen. Im Übrigen stellte er die

Höhe einer Freiheitsstrafe in das Ermessen des Gerichts. Bevor sich die Richter zur Beratung zurückzogen, hatte ich als Angeklagter das letzte Wort. »Ich stehe zu meinen Taten und bin bereit, für sie zu büßen. Aber ich wehre mich bis zuletzt gegen eine weitere Unterbringung in der Forensik. Sollte es erneut dazu kommen, wird alles wieder von vorne beginnen. Es kann ein Jahr oder auch zwei Jahre dauern, bis ich einen Weg finde, zu entweichen. Und glauben Sie mir, ich werde einen Weg finden. Aber dann wäre ich wieder unterwegs auf der Flucht, und es käme zu neuen Straftaten, weil ich ja schließlich von etwas leben müsste. Bei meiner Borderline-Störung macht eine solche Zwangsbehandlung überhaupt keinen Sinn, und alles würde nur noch schlimmer.«

Die Richter zogen sich zurück. Auch wenn ich auf einen guten Ausgang hoffte, sank meine Stimmung ins Bodenlose. Wie soll ich diese bange, unendlich zähe Dreiviertelstunde schildern, in der die Minuten tröpfelten wie das Wasser aus einem verkalkten Hahn?

Das Landgericht in Osnabrück ist sehr alt mit einer langen, wechselvollen Geschichte, ein monumentales Gebäude mit dicken Mauern und hohen Decken. Ich saß in diesem riesigen Gerichtssaal, vor leeren Richterbänken, und ich war mir in jeder Sekunde, die verstrich, bewusst, dass es hinter den geschlossenen Türen um mein Leben ging. Auch mein Rechtsanwalt war, trotz seiner aufmunternden Worte, sichtlich nervös. Dieser Prozess war schließlich auch ein Meilenstein für seine künftige Karriere.

Dann endlich kamen die Richter zurück. Alle Anwesenden erhoben sich. Der Vorsitzende Richter sprach die erlösenden Worte, an die ich mich noch genau erinnere: »Im Namen des Volkes ergeht folgendes Urteil: Der Angeklagte

Peter Detert wird zu drei Jahren Haft verurteilt. Die Sicherheitsunterbringung nach Paragraph 63 wird zurückgewiesen.« Es folgte die Begründung, die ich nur sinngemäß wiedergeben kann. Der Richter erklärte, dass der Staat und die Gesellschaft einen großen Teil an Mitschuld trügen. Vor allem für die Einschätzung, mich in der Forensik wegzusperren. Aber auf der anderen Seite habe ich Straftaten begangen, die man nicht damit verrechnen könne, dass mir auch Unrecht widerfahren sei. Aus diesen Gründen ordneten sie einstimmig drei Jahre Haft für die begangenen Straftaten an. Und dann erklärte er: »Dieses unsägliche Unterbringungsthema beenden wir hier und jetzt.«

Dann wandte er sich an die Staatsanwältin: »Frau Kollegin, dass Sie mit dem Urteil nicht einverstanden sind, ist uns hier allen klar. Aber Ihnen bleibt ja das Rechtsmittel der Revision. Doch glauben Sie uns, wir haben das Urteil gut begründet.« Sie legte keine Revision ein.

Dann gab mir der Vorsitzende Richter Wiesehahn noch etwas mit auf den Weg: »Sie sind ein intelligenter junger Mensch. Dass es mit Ihnen so nicht weitergehen kann und darf, ist Ihnen sicher selbst klar. Von Ihren Fähigkeiten sollte die Gesellschaft einen anderen Nutzen haben. Also machen Sie etwas aus sich.«

Da ich ein Jahr Untersuchungshaft hinter mir hatte, blieben noch zwei Jahre, die ich zwar hinter Gittern, aber in einer normalen Justizvollzugsanstalt absitzen sollte.

Doch nun stand plötzlich meine Begnadigung, die mir der Generalstaatsanwalt des Saarlands gewährt hatte, wieder im Raum. Damals, bei dem Prozess vor dem Amtsgericht Saarbrücken, hatte ich mich gegen den Rat meines damaligen Anwalts für eine Begnadigung und damit gegen ein Wiederaufnahmeverfahren entschieden, weil ich nur eins wollte: raus, raus, raus! Und das so schnell wie möglich. Ich hatte den Bumerang weggeschleudert, dieses so simple wie raffinierte Wurfgerät, jetzt landete er wieder bei mir. Ein Gnadenakt ist eine freiwillige Sache, man hat darauf keinen Anspruch, er kann gewährt, aber auch wieder zurückgezogen werden, wenn der Angeklagte weitere Straftaten begeht. Und so geschah es. Für mich bedeutete das, dass nun zu den zwei Jahren weitere zwei Jahre und vier Monate hinzukamen. Trotzdem fühlte ich mich als Sieger, als ich mit meinen drei Bewachern nach P. zurückkehrte, um dort die hoffentlich letzte Nacht meines Lebens zu verbringen. Sie gratulierten mir, sie wünschten mir alles Gute.

14 Ein ganz normaler Strafgefangener

Es sei mir gestattet, den Leser mit ein paar juristischen Feinheiten zu langweilen, die aber wichtig sind, um zu verstehen, was weiter mit mir geschah.

Nach Paragraph 10 des Strafvollzugsgesetzes gibt es zwei Arten des Strafvollzugs. Oder sagen wir, zweieinhalb.

Im geschlossenen Vollzug werden Gewaltverbrecher, Totschläger, Mörder, Rauschgiftdealer, rückfällig gewordene Straftäter und solche, bei denen Flucht- oder Wiederholungsgefahr besteht, streng von der Außenwelt abgetrennt. Das bedeutet hohe Mauern, vergitterte Fenster, Einschluss in der Zelle, pro Tag eine Stunde Freigang im Hof. Das kannte ich ja alles.

Ein paar Lockerungen gewährt der halboffene Strafvollzug, von dem im Gesetz nicht die Rede ist, der aber zunehmend praktiziert wird. Zwar ist das Gefängnis noch immer durch Mauern und Gitter gesichert, aber immerhin besteht für die Mehrzahl der Häftlinge die Möglichkeit, zu irgendwelchen Außenprojekten gebracht zu werden und dort unter Aufsicht zu arbeiten.

Der offene Vollzug soll auf ein selbstbestimmtes Leben in Freiheit vorbereiten. Hier können sich die Insassen innerhalb der Anstalt frei bewegen und das angebotene Freizeit- und Sportprogramm nutzen. Tagsüber dürfen sie ohne Bewachung draußen einer Arbeit nachgehen, sie müssen lediglich die Nacht im Gefängnis verbringen, sofern sie keinen Ausgang oder Urlaub haben. Hier gibt es keine unüberwindbaren Mauern und keine vergitterten Fenster. Gegenseitiges Vertrauen ist das unausgesprochene Gesetz, das natürlich gelegentlich gebrochen wird.

Nach meiner letzten Nacht in P. wurde ich in die Justizvollzugsanstalt Hannover zur Auswahl gebracht.

Auswahl nennt sich die Kommission, die einen testet und unter anderem auch prüft, ob man für Bildungsmaßnahmen geeignet ist. Diese Kommission entscheidet nicht nur über den Hafttyp, sondern auch über das geeignete Gefängnis. So gibt es Gefängnisse mit dem Schwerpunkt Bildung, die im Idealfall bis zur Hochschulreife führt, oder solche mit angeschlossenen Werkstätten, in denen eine handwerkliche Ausbildung möglich ist.

Immer noch guter Dinge nach dem Osnabrücker Urteil, das ich als Sieg der Gerechtigkeit betrachtete, war ich fest davon überzeugt, in den offenen Vollzug zu kommen und dort entweder das Abitur erwerben oder eine weitere handwerkliche Ausbildung absolvieren zu können.

Das Auswahlverfahren mit ärztlichen Attesten, Gesprächen und psychologischen Gutachten dauert zwischen zwei und sechs Wochen. Da ich mich in meiner Muttersprache ausdrücken kann, keine ansteckenden Krankheiten wie Aids oder Hepatitis habe und nicht drogensüchtig bin – eine seltene Kombination in deutschen Gefängnissen –, wurde ich gefragt, ob ich in dieser Zeit eine Art Hausarbeiterfunktion übernehmen wolle. Dazu gehörten Tätigkeiten wie Essen austeilen, Bettwäsche wechseln, Putzmittel verwalten, Flure fegen und wischen. Klar, das wollte ich gern machen, es war immer noch besser, als in der Zelle zu hocken und Kugelschreiber oder Wäscheklammern zusammenzubauen. Und außerdem konnte ich mich auf der Station frei bewegen. Hier begegnete ich ihnen allen, den schweren Jungs wie den Eierdieben, den Mördern wie den Kleinkriminellen, sie alle warteten wie ich auf das Ergebnis der Kommission, das über unser zukünftiges Leben bestimmen sollte.

Nach ungefähr zwei Wochen, in denen ich mich vorbildlich betragen hatte, wurde ich in das Büro des Abteilungsleiters gerufen. Er schaute mich lange prüfend an, schüttelte gedankenschwer seinen Kopf und sagte: »Wir haben hier ein unangenehmes Schreiben von der Staatsanwältin bekommen.« Ich zuckte zusammen. Die Scharfrichterin hatte also ihr Schwert noch immer nicht zur Seite gelegt. In dem Schreiben, so erklärte mir der Abteilungsleiter, forderte sie, mich in eine Hochsicherheitsabteilung zu überführen, mir keinerlei Freiheiten und Lockerungen zu gewähren, denn ich sei ein gefährlicher Verbrecher.

Er meinte, dass er das ziemlich übertrieben finde, vor allem auch im Verhältnis zu meiner Haftstrafe. Diese Staatsanwältin sei nicht weisungsberechtigt, sie könne nur Empfehlungen aussprechen, deshalb hätten sie beschlossen, nicht darauf einzugehen. Doch leider müssten sie das Schreiben zu meinen Akten nehmen, sie könnten es nicht einfach verschwinden lassen. Und mit so einem Schreiben in der Akte sei an offenen Vollzug leider nicht zu denken.

Vor Gericht hatte sie zwar verloren, aber sie gab nicht auf.

Auch mein Antrag auf eine Schulweiterbildung bis zum Vollabitur wurde abgelehnt mit der Begründung, die Ausbildungsplätze seien rar, und ich hätte ja bereits die Mittlere Reife und eine abgeschlossene Ausbildung zum Augenoptiker.

So wurde ich in den geschlossenen Strafvollzug nach A. gebracht. Das ist im Vergleich zur Justizvollzugsanstalt Hannover ein kleines Gefängnis, aber komplett abgeschlossen und mit scharfen Sicherheitsvorkehrungen. Das alte Backsteingebäude mit seinen hohen Räumen und dicken Mauern wurde in den Jahren 1833 bis 1835 erbaut und diente früher als Kaserne.

In der Akte, die ich nach A. mitbrachte, stand, dass ich meine Hausarbeit zur vollen Zufriedenheit erledigt habe.

Hier war an eine solche Tätigkeit überhaupt nicht zu denken. Auch mein Antrag, Sport machen zu dürfen, wurde abgelehnt, weil sich der Sportplatz, obwohl innerhalb der Gefängnisanlage, nicht mehr im Hochsicherheitstrakt befand. Ich hätte dafür aus meinem verriegelten Haus über den Hof gehen müssen, der nur von einem oder zwei Beamten bewacht wurde. Aber der Sicherheitschef befand, das Schreiben der Staatsanwältin im Sinn, es sei zu gefährlich, mich über den Hof laufen zu lassen.

Dreiundzwanzig Stunden Einschluss, eine Stunde Freigang in einem kleinen abgeschlossenen Hof – sollte so meine Zukunft für die nächsten Jahre aussehen?

Meine Hochstimmung sank in sich zusammen wie ein Häufchen Asche. Eine Gefängnisstrafe sollte eigentlich der Resozialisierung dienen – manchmal hatte ich fast den Eindruck, sie diene auch der Rache einer Frau, der ich nichts angetan hatte.

Als Strafgefangener wäre ich verpflichtet gewesen, in der Zelle irgendeine Industriearbeit zu verrichten. Doch das lehnte ich kategorisch ab. Normalerweise wird dann die eine oder andere Vergünstigung gestrichen. Aber für mich gab es ja keinerlei Vergünstigung, weder Sport noch Ausbildung noch Besuche in der Bücherei. Also hatten sie kein Mittel in der Hand, mich für meinen Ungehorsam zu bestrafen.

Ich war in einer Viererzelle mit doppelstöckigen, sehr hohen Betten untergebracht, die aus massivem Holz gezimmert waren. Ich bekam ein Bett auf der oberen Etage, wo ich mich einigermaßen häuslich einrichtete. So, wie es die anderen auch machten, befestigte ich ein Stück Stoff an der Decke und ließ es herunterfallen wie einen Vorhang, dadurch hatte ich einen kleinen Bereich fast für mich allein. Wenn der Bewacher die Zelle betrat, konnte er mich zunächst nicht sehen. Dann rief er meinen Namen und ich steckte meinen Kopf durch den Vorhang. Mein Bettnachbar Friedrich, der sich ebenfalls auf der zweiten Etage an der anderen Seite der Wand eingerichtet hatte, war ein ehemaliger Junkie, der in einer Bücherei gearbeitet hatte, bevor er begann, mit Drogen zu dealen, weil er damit viel mehr Geld für seine Sucht beschaffen konnte. Friedrich besorgte mir Lektüre aus der Gefängnisbücherei. Außerdem hatte mir mein Bruder Martin, die treue Seele, einen kleinen Fernseher mit Kopfhörern mitgebracht, den ich am Fußende meines Bettes aufstellte. Hin und wieder steckte er mir heimlich ein paar Geldscheine zu. Auch hier in A. war er mein einziger Besucher. Mein Vater und meine Schwestern hatten mich wohl längst abgeschrieben. Von der Frau, die meine Mutter ist, gar nicht erst zu reden. Ich hätte sie in jedem Fall abgewiesen.

So vergingen die Monate. Von Zeit zu Zeit wurde ich von unseren Bewachern in barschem Ton zur Arbeit aufgefordert. Ich erklärte ihnen, dass ich im Prinzip nichts gegen

Arbeit hätte, aber sie sollten doch mal an die Sicherheitsbestimmungen denken. Für so einen gefährlichen Verbrecher wie mich könne selbst ein Kugelschreiber oder eine Heftklammer zur Waffe werden ... Irgendwann waren sie es leid und hörten auf, mich zu fragen.

Da ich die Arbeit verweigerte, bekam ich auch kein Sozialgeld. Ich hatte also keinerlei Möglichkeit, etwas in dem kleinen Tante-Emma-Laden auf dem Gefängnisgelände einzukaufen. Das erledigten nun meine Mitgefangenen für mich, und es entstand ein reger Handel. Mein Hauptlieferant war ein chinesischer Seemann, den sie mit fünf Kilo Heroin erwischt hatten. Dieser kleine, zierliche Mann lebte ganz bescheiden, sparte jeden Pfennig und schickte alles nach Hause.

Weitere Monate verstrichen im eingefahrenen Rhythmus, und allmählich ließ ich mein Vampirdasein wieder aufleben: Tagsüber döste ich im Bett und nachts war ich hellwach, spielte Schach, hörte Musik, guckte fern. Ich schwankte zwischen zunehmender Frustration und der Freude darüber, dass F. für mich Vergangenheit war.

Dann geschah etwas Merkwürdiges.

Normalerweise sind die Zellenbeschließer sehr barsch im Ton: Detert aufstehen. Detert raustreten. Detert Frühstück fassen. Detert arbeiten. So ungefähr. Jetzt hieß es plötzlich: »Herr Detert, ich möchte etwas mit Ihnen besprechen.« Der Beamte erklärte mir, dass der Verwaltungsreiniger für einige Zeit nach Hannover abgezogen wurde und sie einen Vertreter suchten. »Wissen Sie, die Damen, die in der Verwaltung arbeiten, haben Ansprüche«, erläuterte er katzenfreundlich. »Sie wünschen sich einen Deutschen, der nichts mit Drogen zu tun hat, der keine Gewaltverbrechen und keine Sexualdelikte begangen hat, der keine ansteckenden Krankheiten hat und keine dummen Sprüche klopft.« Von der Sorte gäbe es im Gefängnis nicht viele, im Prinzip eigentlich nur mich, fügte er hinzu. Ob ich mir vorstellen könne, diese Arbeit für ein paar Wochen zu übernehmen? Ich sagte ihm, dass ich eigentlich nicht arbeitsscheu sei, dass ich das gern übernehmen würde, aber ich dürfte ja noch nicht einmal in die Bücherei, geschweige denn über den Hof zum Sportplatz. Die Verwaltung unterm Dach des angeschlossenen Justizvollzugskrankenhauses sei der am wenigsten gesicherte Bereich auf dem ganzen Gelände. Das erlaube der Sicherheitschef doch nie im Leben. Das solle ich mal ihre Sorgen sein lassen, entgegnete der Beamte.

Ich sollte einen Antrag stellen. Im Gefängnis muss man für die geringste Kleinigkeit einen schriftlichen Antrag stellen. Bereits am nächsten Morgen wurde mein Antrag genehmigt, und ich bekam über Nacht die höchste Sicherheitsfreigabe, die man innerhalb von A. haben konnte.

So begann ich meinen neuen Job. Morgens um sieben wurde ich aus meiner Zelle und meinem Haus frei geschlossen, ich ging ohne Begleitung über den Hof und hinauf in die Verwaltung. Dort hatten sowohl der Anstaltsleiter als auch der Sicherheitschef ihre Büros, außerdem arbeiteten dort ein paar weibliche Büroangestellte.

Als ich den Vorraum betrat, fiel mein erster Blick auf ein Podest, auf dem die gesamte Gefängnisanlage als Miniatur aus Pappe aufgebaut war. Ich erkannte – meine Fluchtreflexe waren noch immer hellwach –, dass das Gebäude, in dem ich mich befand, an die Außenmauer angrenzte. Wenn man also von hier auf das Dach kletterte, konnte man zur Außenmauer laufen und, wenn man ein Seil hatte, sich auf den Bürgersteig hinunterhangeln. Dann befand man sich mitten in der Innenstadt von A. Die Dachfenster waren nicht vergittert. Der Raum, in dem die Putzmittel aufbewahrt wurden, besaß so ein Fenster. Ich dachte mir, wenn jetzt noch ein Seil herumliegen würde, wäre das für mich die Fahrkarte in die Freiheit. Als ich den Putzeimer zur Seite schob, entdeckte ich dahinter eine 25-Meter-Kabelrolle. Sollte ich es wagen?

Aber ich wollte ja nicht weg, ich wollte in Ehren entlassen werden. Trotzdem kribbelte in meinem Bauch ein Hochgefühl, das mir verdammt gut tat. Ich hatte die freie Wahl – ich konnte ausharren oder abhauen.

Mein Bruder hatte mir irgendwann – auf Antrag natürlich – eine Playstation mitgebracht, eine Videokonsole, die ich an meinen Fernseher anschließen konnte. Das war für mich etwas völlig Neues, und diese Spiele machten mir viel Spaß. Also gab ich Gas, um schnell wieder zu meinen Videospielen zurückkehren zu können. Ich arbeitete effektiv und zu aller Zufriedenheit. Außerdem war ich sehr ordentlich. Die Damen fühlten sich durch mich nicht gestört, weil ich keine dummen Sprüche klopfte und nicht versuchte, sie anzubaggern.

Nach ein paar Wochen kam der Verwaltungsreiniger zurück. Da teilte mir der Sicherheitschef mit, die weiblichen Angestellten wünschten, dass ich die Arbeit weiterhin machen sollte, weil sie noch nie so einen unaufdringlichen und höflichen Hausarbeiter gehabt hätten. Ich bekam hundertfünfzig Mark im Monat, sodass ich nun auch selbstständig einkaufen konnte.

Das Gefängnisleben ließ sich zum ersten Mal recht gut an. Da ich nun auf diese Weise »gelockert« war, durfte ich mich im gesamten Gefängnisbereich frei bewegen, an sportlichen Aktivitäten, Fußball vor allem, teilnehmen und mir in der Bücherei Bücher ausleihen.

Dann geschah der nächste glückliche Zufall. Ich sage ja immer, bevor die dicke Sängerin auftritt, ist die Oper nicht zu Ende. Und sie war noch lange nicht zu Ende.

Auf der Verwaltungsetage hatte auch der Oberlehrer sein Büro. Dieser Mensch wird in der Knastsprache so genannt, weil er für die Bildungsmaßnahmen der Gefangenen zuständig ist. Eines Morgens kam ich in sein Büro, grüßte freundlich und begann mit meiner Arbeit. Da sagte er plötzlich: »Mensch, Detert, ich beobachte Sie jetzt schon einige Zeit, wie kommt ein Mann wie Sie ins Gefängnis?« Während ich weiter den Boden aufwischte, antwortete ich: »Ach, wissen Sie, man muss auf seine Ernährung achten, viel trainieren, und ein bisschen Glück gehört natürlich auch dazu« – und wischte weiter. »Aber nein, ohne Scherz, ich möchte das wirklich wissen«, beharrte er. Ich hörte mit dem Wischen auf. »Wenn es Sie wirklich interessiert, erzähle ich Ihnen gern meine Geschichte.« Und das tat ich dann auch, einschließlich meiner Borderline-Störung, der Zwangsbehandlung, den Straftaten, den Fluchten und Fahndungen, den Prozessen, der Staatsanwältin. Er hörte mir aufmerksam zu und sagte schließlich: »Bewerben Sie sich doch mal für den Grips-Kurs.« Davon hatte ich schon von anderen Häftlingen gehört. Zur JVA in A. gehört auch eine Außenabteilung mitten in der freien Natur, eine Anstalt des geschlossenen Vollzugs für männliche Gefangene ab vierundzwanzig Jahren. Man könnte sagen, dass dort der halboffene Vollzug praktiziert wurde, denn es gab ein großes Freizeitangebot, keine ständige Beaufsichtigung während der Freistunde, parkähnliche Anlagen rund um die Anstalt und keine Mauern, die den Blick in die Ferne brutal abschneiden, sondern lediglich einen Maschendrahtzaun. Dahinter lagen Wiesen und Wälder. In den »Grips-Kursen« konnte man sich in seinem Beruf weiterbilden oder, wenn man noch keinen hatte, sich auf eine Ausbildung vorbereiten.

Ich sagte zu dem freundlichen Oberlehrer: »Das ist nett gemeint, aber wenn die meine Akte auf den Tisch bekommen und von meinen Ausbrüchen und den gestohlenen Polizeiwaffen lesen, dazu das Schreiben der Staatsanwältin – da habe ich doch überhaupt keine Chance.« – »Doch, haben Sie«, entgegnete er mit einem feinen Lächeln, »ich bin der Leiter, und Sie haben meine Genehmigung. Sie müssen nur noch pro forma einen schriftlichen Antrag einreichen.«

So kam ich nach einem knappen halben Jahr in jene Außenabteilung in den halboffenen Vollzug mit der Option, auch Ausgang und Urlaub zu bekommen. Und vor allem, auf dem Sportplatz Fußball spielen zu dürfen.

Auch mein von mir inzwischen sehr geschätzter Zellengenosse Friedrich wurde dorthin verlegt. Da wir uns gut verstanden, bekamen wir die Erlaubnis, eins der begehrten Zweierzimmer zu beziehen.

Eine wirkliche Freundschaft fürs Leben entwickelte sich aber nicht. Im Gefängnis ist man schon froh, wenn man sich mit einem anderen Häftling ohne Hintergedanken austauschen kann. Er war ja auch ein Gestrauchelter und ist später wieder rückfällig geworden. Deswegen vermied ich es, mit ihm über die Schübe meiner Borderline-Erkrankung zu sprechen, die mich hin und wieder quälten. Dafür suchte ich Hilfe bei einer Psychiaterin in Bielefeld, denn ich wollte nach meiner Entlassung mein Leben neu ordnen.

Der Beruf eines Augenoptikers kam mir durchaus entgegen, ich hätte Kontakt mit Menschen, ich könnte fast Blinde wieder sehend machen. Oder ihnen zumindest ein bisschen dabei helfen. Und die Sehnsucht nach einer Freundin und Weggefährtin, vielleicht sogar einer Ehefrau, war im Gefängnis wach geblieben.

Relativ schnell bekam ich eine Ausgangsgenehmigung und durfte auch Urlaubstage nehmen. Ich gewöhnte mir an, an den Wochenenden meinen Bruder zu besuchen. Und ich begann, mich bei einem Augenoptiker im Ort als Praktikant nützlich zu machen. Morgens um sieben schwang ich mich auf eins der gefängniseigenen Fahrräder und fuhr die drei Kilometer zu meiner Arbeitsstelle. Abends nach Dienstschluss radelte ich zurück.

Eines Tages wurde ich von der Leitung der Außenabteilung angesprochen. Es ging um ein Projekt der Stadt A. zum Bau von Kinderspielplätzen. Ein örtlicher Unternehmer hatte sich bereit erklärt, das Material und das Know-how zu liefern, und die Stadt sollte Arbeitskräfte zur Verfügung stellen. Diese fragte bei der Gefängnisleitung an, ob sie vorzeigbare und arbeitswillige Häftlinge ausleihen könne. Von der Sorte seien ihnen nur vier eingefallen, und ich sei einer von ihnen, erklärte man mir. Die Bezahlung werde in zusätzlichen Urlaubstagen erfolgen. So kam ich mit einer Firma in Kontakt, die Schaukeln, Wippen und Klettergerüste für Kinderspielplätze aus Robinienholz baute. Die Stämme dieser Bäume, die in osteuropäischen Ländern, vor allem in Ungarn zur Holzproduktion kultiviert werden, haben ein besonders widerstandsfähiges und hartes Holz, es ist noch härter als Eiche und deswegen sehr schwer zu bearbeiten. Wir entrindeten die Bäume und bereiteten sie für die Weiterverarbeitung vor, das heißt wir schliffen sie mit einer Flex glatt. Die anderen Mitarbeiter der Firma waren froh, dass wir diese, im wahrsten Sinne, »Sträflingsarbeit« übernommen hatten, für die wir kein Geld bekamen, sondern lediglich ein warmes Mittagessen. Unser Einsatz sollte nur ein paar Wochen dauern. Doch dann verzögerte sich die Lieferung der Bäume durch schlechtes Wetter und andere Umstände, und wir wurden in die normale Produktion der Firma eingespannt. Ich ließ das eine Weile mit mir machen, dann erklärte ich, dass ich lieber wieder zu meinem Optiker zurückgehen wolle, wenn ich hier kein Geld bekomme. An weiteren Urlaubstagen sei ich nicht interessiert, denn ohne Geld könne ich auch keinen Urlaub machen. Schließlich behielt uns die Firma und bezahlte uns unter der Hand.

Ich arbeitete zusammen mit Michel, einem Mithäftling, der gelernter Kaufmann war. Er war wegen Kokainhandels »in nicht geringem Maße«, wie es in der juristischen Fachsprache heißt, und wegen Zigarettenschmuggels von Ost nach West zu einer Haftstrafe verurteilt worden. Es ging um 1,5 Millionen Zigaretten. Ich weiß es deswegen so genau, weil er mir einmal die Steuernachforderung vom Finanzamt gezeigt hatte. Michel hatte mitbekommen, dass die Firma fünfzig Bäume bestellt und bezahlt hatte, aber nur dreißig geliefert bekam. Er erzählte dem Firmenchef von seiner Beobachtung und fragte, was dieser ihm bezahle, wenn er die Stämme nach seiner baldigen Entlassung selbst liefere. Die beiden wurden handelseinig, und Michel fragte mich, ob ich Lust habe, mitzumachen. Er hatte inzwischen erfahren, dass die Baumstämme aus Ungarn kamen. Seine Geschäftsidee war genial einfach: »Wir fahren nach Ungarn, kaufen dort die Bäume und lassen sie vor Ort vorbereiten, denn dort kosten Arbeitskräfte viel weniger als bei uns. Dann liefern wir die fertig vorbereiteten Stämme der Firma und teilen uns den Erlös.«

In Gefängnissen wird viel dummes Zeug gelabert, wenn die Stunden und Tage träge dahinplätschern. Doch diese Idee faszinierte mich. Ich sagte zu ihm: »Okay, ich bin bereit, mit dir nach Ungarn zu fahren, aber ich habe kein Geld, um Bäume zu kaufen.« Er erklärte, dass er mit einem Ingenieur aus Holland in Kontakt stehe, der viel Geld mit Stromspargeräten verdient habe und die Anfangsfinanzierung übernehmen wolle. Schließlich willigte ich ein.

Im Sommer 2000 wurde ich entlassen. Von meinen fünf Jahren und vier Monaten hatte ich drei Jahre verbüßt, das letzte Drittel der Strafe wurde ausgesetzt, und später erlosch es ganz, weil meine Bewährungszeit ohne Probleme verlief. Ich zog zu meinem Bruder in die leer stehende Wohnung, die ich mir im Lauf der Zeit während meiner Urlaubstage eingerichtet hatte.

Michel war zwei Wochen vor mir entlassen worden. Kaum war ich draußen, meldete er sich bei mir. »Ich habe alles vorbereitet. Es kann losgehen, wir fahren nach Ungarn.« Wunderbar, dachte ich. Ungarn ist sicher ein schönes Land, es ist Sommer, ich habe tausendfünfhundert Mark Entlassungsgeld bekommen, ich schaue mir das Ganze an und betrachte es als Urlaubsreise. Piet, der Holländer, holte uns mit seinem Auto ab. Inzwischen hatten wir uns per Handschlag geeinigt, den Erlös durch drei zu teilen.

In der Stadt Györ, auf halbem Weg zwischen Wien und Budapest, stiegen wir in einem Hotel ab, das höchstens einen Stern verdient hätte, aber dafür mitten in der barocken Altstadt lag.

Dem Gastwirt erzählten wir, dass wir Wald kaufen wollten, und fragten ihn, wohin wir uns wenden sollten. Er wunderte sich ein wenig über unsere Frage, schickte uns dann aber zur Forstverwaltung. Piet hatte eine Plastiktüte voller Geldscheine bei sich. Später erfuhr ich, dass er seinen Einstand in unsere gemeinsame Firma nicht mit Energiespargeräten verdient hatte, sondern mit einer Hasch-Plantage. In Holland war das zwar kein Delikt, aber mir wurde etwas mulmig bei dem Gedanken, mit Piet und seiner Plastiktüte aufzufallen, schließlich stand ich noch unter Bewährung. Aber alles verlief glatt, wir bekamen ein Waldstück, wir lieferten die vorbereiteten Stämme nach Deutschland, und wir verdienten gutes Geld. Während Michel und Piet das Holz in Deutschland verkauften, überwachte ich die Arbeiten in Ungarn und dachte schon daran, für immer dortzubleiben. Unsere kleine Firma florierte. Ich verstand mich gut mit den Arbeitern, wurde von ihnen als Chef akzeptiert. Mauern, Stahltüren und Stacheldraht gehörten der Vergangenheit an, ich war vierunddreißig Jahre alt und blickte in eine hoffnungsfrohe Zukunft.

Doch plötzlich spürte ich wieder diese innere Leere, dieses Gefühl der Einsamkeit. Ein einziges Streichholz genügte, um in mir einen großen Brand auszulösen. Das Streichholz war ein Witz, den Piet über meine kriminelle Vergangenheit gemacht hatte. Ich war tief gekränkt. Obwohl die beiden auf mich einredeten, obwohl ich auf dem besten Weg zum erfolgreichen Unternehmer war, schmiss ich die Brocken hin und fuhr zurück nach Bielefeld. Wieder einmal hatte mich Borderline aus der Bahn geworfen. Die Dämonen wollten mich noch nicht in Ruhe lassen.

Martina

15

Ich zog wieder in meine Bielefelder Wohnung ein, die mein fürsorglicher Bruder während meiner Abwesenheit für mich in Ordnung gehalten hatte. Meine zahlreichen Bewerbungen als Augenoptiker schlugen fehl. Die Zeiten hatten sich geändert. Viele handwerkliche Fähigkeiten, die ich erlernt hatte, waren überflüssig geworden. Und es gab genügend jüngeren Nachwuchs. Keine Chance für mich, einen mittlerweile über Dreißigjährigen mit wenig Berufserfahrung.

In dieser Situation, auf mich selbst zurückgeworfen, ohne Aussicht auf einen Job und ohne Gesprächspartner – mein Bruder kämpfte mit seiner eigenen schwierigen Ehesituation – beschäftigte ich mich wieder intensiver mit Borderline. Ich hatte inzwischen einigermaßen akzeptiert, dass ich an dieser Krankheit litt, und dass ich sie auch jetzt als wieder freier Mensch nicht einfach in eine Nische meiner Seele verbannen durfte. Aber ich wusste auch, dass ich noch viel daran arbeiten musste. Im Internet stieß ich auf eine Klinik für Psychiatrie und Psychotherapie in D., die zusammen mit der Universität Freiburg an einem Forschungsprojekt über die Behandlung von Borderline-Kranken arbeitete und eine eigene Station für diese Patienten eingerichtet hatte, auf der die neuesten Erkenntnisse aus der gemeinsamen Forschungsarbeit angewandt wurden. Hier könnte ich lernen, mit den Symptomen meiner Krankheit besser umzugehen. Und hier würde ich andere Borderliner treffen, die so wie ich tickten. Ich fand es verlockend, Menschen zu treffen, die meine Gefühle teilen und verstehen würden. Ich erkundigte mich nach einem Therapieplatz und wurde zu einem Vorstellungsgespräch eingeladen.

Es war Mitte März 2001, als ich mit dem Zug nach D. im Herzen des Sauerlandes fuhr. Der Taxifahrer, der mich vom Bahnhof zu der Klinik brachte, fragte mitfühlend: »Wohl Alkoholprobleme?« Als ich verneinte, meinte er gutmütig: »Das wird schon, die kriegen dich wieder hin ...«

Bevor ich aber den Gedanken weiterspinnen konnte, dass mir hier auf Schritt und Tritt Alkoholiker begegnen würden, nahm mich der herrliche Park gefangen, in den wir nun einbogen.

Auf den Bäumen lag bereits ein zartgrüner Schimmer, der den nahenden Frühling ankündigte. Als ich auf das alte, sorgfältig restaurierte Empfangsgebäude zuging, das vor über hundert Jahren als Irrenanstalt erbaut worden war, dachte ich einen Moment lang an F., und mein Herz schlug schneller. Aber hier gab es keine hohen Mauern, keinen Stacheldraht, keine Sicherheitsschleusen. Stattdessen sah ich im Park die Hinweisschilder zu den einzelnen Therapiehäusern, Grüppchen von Spaziergängern, manchmal in Begleitung von Pflegern, ein eng umschlungenes Liebespaar, eine junge Mutter mit ihren zwei Kindern, Küchenwagen mit Essensportionen, die von Haus zu Haus geschoben wurden. Normales Leben eben. Am Empfang wurde ich zum letzten Haus innerhalb des Parks geschickt, das ein wenig erhöht lag und das modernste Gebäude der gesamten Anlage war.

Im Gespräch mit der Stationsärztin ging es vor allem darum, ob ich einige der borderline-typischen Symptome wie innere Leere, hohe Kränkbarkeit, Einsamkeitsgefühle, Suizidgedanken aufweise, ob ich ins Konzept der Klinik passe und vor allem, ob mein Leidensdruck so groß sei, dass ich das hier und jetzt ändern wolle. Wenn all diese Kriterien auf mich zuträfen, würde die Krankenkasse meine dreimonatige Therapie übernehmen. Danach zeigte mir die Ärztin ihre Station. Im Flur hing eine große Tafel mit den Therapie-Angeboten, dazu die Namensschildchen der Patienten, die für die einzelnen Therapien eingeteilt waren. In der Borderline-Abteilung entdeckte ich nur weibliche Namen. Ich fragte mich, ob ich hier überhaupt richtig sei, und sagte zu der Ärztin, dass es mir besonders wichtig sei, mich mit Männern auszutauschen, weil Frauen und Männer ganz anders mit ihren Problemen umgingen. Sie beruhigte mich, ich solle mir keine Gedanken machen, es gäbe sowieso eine Wartezeit, und dann würden sie darauf achten, dass ich nicht allein unter Frauen sein werde.

»Wenn Sie hier eintreten, tun Sie es freiwillig. Sie müssen dazu bereit sein und daran arbeiten, Ihr Leben zu ändern.« Mit diesen Worten verabschiedete sie mich. Ich wünschte mir nichts sehnlicher, als ein neues Leben zu beginnen.

Am 15. Juni 2001 wurde ich nach einer quälend langen dreimonatigen Wartefrist als Patient in D. aufgenommen. Etwas anders, als ich es erwartet hatte, gab es keine reine Borderline-Station, sondern eine gemischte Station, auf der auch Menschen mit anderen Persönlichkeitsstörungen behandelt wurden. Die insgesamt zwanzig Patienten im Alter zwischen achtzehn und fünfzig – wobei die Anzahl der jüngeren überwog – waren in zwei Gruppen eingeteilt; die Borderline-Gruppe bestand aus neun Frauen und drei Männern, mich eingeschlossen, der Rest litt unter Depressionen und neurotischen Störungen, bei manchen auch mit fließendem Übergang zu Borderline.

Die Station war großzügig angelegt und eingerichtet. Ich bekam, zusammen mit den zwei anderen männlichen Patienten, ein Dreibettzimmer zugewiesen. Nach einem kurzen Aufnahmegespräch mit der Stationsärztin wurde ich mit den freundlichen Worten »Kommen Sie erst mal an!« mir selbst überlassen.

Meine Stimmung war sehr gespalten. Einerseits war ich verzweifelt, weil ich mit meinem Bemühen, endlich in ein normales Leben zurückzukehren, gescheitert war und unter meiner Einsamkeit litt. Auf der anderen Seite kam ich mit der großen Hoffnung nach D., dass sich jetzt etwas Entscheidendes ändern würde. Ich war ungeduldig und wollte sofort loslegen. Doch zunächst tat sich gar nichts. Ich beobachtete die Grüppchen, die sich in den Aufenthaltsräumen zusammentaten und miteinander klönten. Doch sie beachteten mich nicht oder musterten mich verstohlen. So setzte ich mich an meinem ersten Abend mit einem Buch und meinem CD-Player in eine der Besuchersitzecken auf dem Flur. Nach ungefähr einer halben Stunde kamen zwei junge Frauen auf mich zu und stellten sich als Martina und Wiebke vor. Sie seien Zimmergenossinnen und bereits zwei Wochen hier, und sie wüssten aus eigener Erfahrung, wie doof der erste Tag sei. Deswegen wollten sie mich herzlich willkommen heißen und mir die Fremdheit ein bisschen vertreiben. Ich war gerührt von dieser warmherzigen Geste, und ich spürte, dass ich am richtigen Ort angekommen war. Ich stellte mich den beiden vor: »Ich heiße Peter, und ich fühle mich etwas unwohl, so als würde ich auf Eiern laufen.« Sie lachten und meinten, so sei es ihnen auch ergangen, aber das werde sich schnell legen. Die beiden setzten sich zu mir, und wir kamen ins Erzählen. Dass wir alle hier waren, weil wir dicke Probleme hatten, mit denen wir »draußen« nicht klarkamen, war an diesem Abend kein Thema. Die beiden sagten mir lediglich, dass sie nicht zu der Borderline-Gruppe gehörten, was ich irgendwie bedauerte. Wir sprachen auch über Musik, die wir mochten, und Martina erzählte mir von »Rosenstolz«. Ich hatte von diesem Gesangs-Duo, das damals ein Geheimtipp war, noch nie etwas gehört. Doch Martinas Begeisterung steckte mich an. Ich kaufte alle CDs, die ich auftreiben konnte. »Wenn du jetzt aufgibst« aus der CD »Die Schlampen sind müde« war Martinas Lieblingslied. Es spricht sehr stark die Gefühle eines Borderliners an.

Wir lachten viel an meinem ersten Abend, und später ging ich mit dem guten Gefühl ins Bett, menschlich angenommen worden zu sein.

Doch die nächsten Tage schlichen dahin. Alle außer mir hatten einen strukturierten Tagesablauf, und ich hatte im Prinzip den ganzen Tag über nichts zu tun, wenn ich einmal von der Beschäftigungstherapie absehe, an der ich jetzt schon teilnehmen sollte. Aber da wurde gebastelt und gemalt wie im Kindergarten oder im Seniorenheim. Das war nichts für mich. Ich wollte endlich mit meiner Therapie beginnen. Ich wollte so vieles loswerden und erzählen, von meiner Kindheit, meinen krummen Wegen, von F., von meinen Hoffnungen und Wünschen. Doch wenn ich nachfragte, hieß es: »Herr Detert, nun bleiben Sie mal ganz ruhig, bitte gedulden Sie sich noch etwas.«

Schließlich bekam ich eine Bezugspflege zugeteilt. Der Bezugspfleger oder die Bezugskrankenschwester ist Ansprechpartner und Vertrauensperson innerhalb des Pflegeteams. Er oder sie soll bei der Therapie unterstützen, mit einem gemeinsam nach Lösungen suchen, falls es Probleme innerhalb der Gruppe gibt, und in Alltagsfragen beraten. Mir wurde Schwester R. zugeteilt, und wir verabredeten einen Termin. Doch sie ließ ihn im letzten Moment platzen. So etwas ist für einen Borderliner ein geradezu willkommener Anlass, um auf Konfrontationskurs zu gehen. Ich stellte sie zur Rede und sagte ihr, dass nicht nur wir, die Patienten, Regeln einhalten müssten, sondern auch sie, das Personal. Sie war noch recht jung und schien wenig Erfahrung zu haben im Umgang mit schwierigen Patienten, die wir Borderliner nun einmal sind. Deswegen war es für mich auch nicht verwunderlich, dass sie beleidigt reagierte und ebenfalls ziemlich patzig wurde. Daraufhin übernahm Bernhard Emmerlich, der Pflegedienstleiter unserer Station, meine Betreuung.

Doch ich war nach wie vor gereizt. Wäre nicht Martina gewesen mit ihrer beruhigenden und warmherzigen Art, hätte ich vermutlich meine Koffer gepackt und wäre abgehauen.

So aber blieb ich und lernte allmählich auch die anderen kennen. Besonders mit Achim, einem meiner beiden Zimmergenossen, unterhielt ich mich gern. Er war viele Jahre lang schwer drogenabhängig gewesen, hatte auch Heroin gespritzt. Er konnte toll Gitarre spielen und schrieb eigene Lieder. Durch seine Auftritte als Straßenmusiker in Fußgängerzonen hatte er seinen Drogenkonsum finanzieren können und war deswegen nicht straffällig geworden. Seit er sich mit seiner Krankheit auseinandersetzte, gelang es ihm, seine Sucht zu bezwingen.

Auch wenn ich glaubte, bereits viel über Borderline zu wissen, und einige meiner Reaktionen recht gut kannte, konnte ich meinen Ärger über Schwester R. nicht einfach vergessen. Und ich wollte meine Unzufriedenheit, weil immer noch nichts geschah, irgendwie ausdrücken. Da kam mir die Pflegeschülerin, die ein Praktikum auf unserer Station machte, gerade recht, als ich sie eines Tages in der Küche antraf. Ich sagte zu ihr: »Seien Sie mal schön fleißig und sehen Sie zu, dass Sie einen guten Abschluss in Ihrer Examensarbeit machen, denn sonst müssen Sie bis zum Rentenalter auf einer Psychiatrie-Station arbeiten.« Das war wirklich nicht nett von mir, meinen Frust an diesem jungen Mädchen loswerden zu wollen, das nun wirklich nichts dafür konnte. Am Nachmittag kam Bernhard Emmerlich auf mich zu und begann das Gespräch so: »Herr Detert, haben Sie eigentlich eine Ausbildung?« Als ich bejahte, fuhr er fort: »... und, wie haben Sie abgeschlossen?« Da wusste ich sofort, worauf er hinauswollte. Schließlich erklärte er mir auf seine ruhige, aber bestimmte Art, das sei auch eine Fertigkeit, die ich hier lernen könne: Dass ich nicht den großen Hammer nehme, wenn ich etwas erreichen wolle, denn damit verletze ich den anderen und erreiche genau das Gegenteil. Und mir mache ich nur das Leben unnötig schwer.

Bernhard Emmerlich kann sich noch sehr gut an diese Szene erinnern, obwohl sic nun schon einige Jahre zurückliegt. Er lobte aber auch meine Ehrlichkeit und Offenheit, meine Motivation und Bereitschaft, etwas zu verändern. Ich sei wirklich ein Musterpatient gewesen. Wenn auch ein recht unbequemer, aber gerade das zeichne Borderliner ja aus. Anfangs habe man geglaubt, dass ich mit meiner Krankheit weitgehend klarkomme und nur noch ein Feinschliff nötig sei, aber nach dieser und einigen anderen Szenen im Verlauf meiner Behandlung hätten sie feststellen müssen, dass es mit einem Feinschliff wohl doch nicht getan war.

Meine wichtigste Gesprächspartnerin und Vertraute in diesen ersten Wochen war Martina. Ich fühlte mich in ihrer Gegenwart einfach wohl und verstanden. Natürlich blieb es mir nicht verborgen, wie hübsch sie aussah und wie bezaubernd ihr Lächeln war.

Später einmal gestand sie mir, wie gut es ihr damals getan habe, wenn ich sie mit meinem schwarzen Humor zum Lachen brachte. Und ich hatte zunächst den Eindruck, dass sie mit ihrem ansteckenden Lachen ein besonders fröhlicher Mensch sei, und fragte mich, warum sie überhaupt hier auf der Station mit einem Sozialen Kompetenztraining (SKT) lernen sollte, mit ihren Ängsten und Depressionen umzugehen.

Es war ihre Überlebensstrategie, alles Schwere auszublenden und ihre Daseinsfreude trotz eines schweren Schicksals, das ich damals noch nicht kannte, nicht zu verlieren. Ihre Verletzungen, ihre Zweifel, ihre nachtdunklen Gefühle drückte sie in ihren Bildern aus. Martina hatte schon früh zu malen begonnen und, ohne jemals eine Kunstakademie besucht zu haben, ein erstaunliches Talent entwickelt. Sie malte viel während ihrer Therapie. Es gab in D. ein Angebot, das sich »Musikmalen« nannte. Auf dem Kassettenrecorder wurde, um ein Beispiel zu nennen, der »Bolero« von Ravel gespielt, und die Teilnehmer sollten malend ausdrücken, was sie dabei empfanden. Dabei entstanden diese typischen Therapiebilder mit schwarzen oder bunten Kreisen, Blümchen, Schmetterlingen, Fratzen und so weiter. Doch Martina malte ganze Szenen, die sich aus ihrem Inneren auf die Leinwand drängten und die anderen oft zu Tränen rührten.

Als ich Martina kennenlernte, steckte sie in einer schwierigen Lebenssituation. Das erzählte sie mir bei unseren Spaziergängen. Wir hatten uns angewöhnt, wenn das Therapieprogramm gegen siebzehn Uhr zu Ende war, zusammen mit den anderen oder auch zu zweit die langen Sommerabende draußen in der herrlichen Umgebung der Klinik mit ihren Wäldern, Wiesen und Feldern zu verbringen.

Martina war zu dieser Zeit mit einem italienischen Künstler befreundet, der ihr aber gar nicht gut tat.

Aus dieser unerfreulich gewordenen Beziehung und aus der gemeinsamen Wohnung war sie Hals über Kopf nach D. geflohen, hatte ihre Möbel und ihre persönlichen Sachen zurückgelassen, die der Exfreund in einem Schuppen untergestellt hatte und nicht herausgeben wollte.

Ich bot Martina meine Hilfe an. »Kein Problem«, sagte ich zu ihr, »mein Bruder kommt mit einem LKW, und wir holen die Sachen ab – mit dem kleinen Italiener werden wir schon fertig.« So machten wir es dann auch. Wie immer konnte ich mich auf meinen Bruder verlassen.

Mosaiksteinchen für Mosaiksteinchen breitete Martina ihr Leben vor mir aus, ich war ein guter Zuhörer und konnte so von meiner eigenen Vergangenheit ablenken. Noch hielt mich eine ängstliche Scheu davon ab, ihr von meinen krummen Wegen zu erzählen, die mich in die Kriminalität geführt hatten. Würde sie sich dann von mir abwenden? So war ich für sie ein Freund und Leidensgenosse, dem sie sich anvertrauen konnte. Dass wir uns ineinander verlieben würden, daran dachte zu diesem Zeitpunkt keiner von uns. Wir befanden uns beide in einer schweren Lebenskrise und gaben uns gegenseitig Halt.

Martinas Eltern waren beide Alkoholiker. Das Jugendamt hatte ihnen die Töchter weggenommen. Zu ihrer Mutter hat sie keinen Kontakt, der Vater lebt nicht mehr. Sie ging früh eine feste Beziehung ein, ihre Kinder Lea und Paul kamen 1989 und 1995 zur Welt. Doch die Ehe scheiterte, und Martina wollte mit ihren Kindern ein neues Leben aufbauen. Sie begann wieder, in ihrem Beruf als Erzieherin zu arbeiten.

Doch dann zerstörte ein schwerer Autounfall all ihre Pläne. Dabei brach sich Martina das Genick. Lange Zeit war überhaupt nicht klar, ob sie den Unfall überleben, und wenn ja, welche Folgen er nach sich ziehen würde. Trotz allem hatte sie unendliches Glück. Nach einer schwierigen Operation, der ein langer Krankenhausaufenthalt und mehrere Reha-Kuren folgten, konnte sie sich nicht um ihre Kinder kümmern, die wieder zu ihrem Vater kamen. Dort leben sie heute noch, auch wenn beide Eltern das Sorgerecht haben. Nach ungefähr anderthalb Jahren war Martina wieder einigermaßen hergestellt. Doch ihren Beruf konnte sie nicht mehr ausüben. Das alles führte zu schweren Depressionen, mit denen ihr neuer Freund überhaupt nicht umgehen konnte, von dem sie sich schließlich endgültig trennte.

Besonders traurig war Martina, dass sie ihre Kinder so lange nicht mehr gesehen hatte. Es bereitete ihr große Sorgen, dass sich die beiden von ihr abwenden würden, zumal ihr Exmann, der mit seiner neuen Familie und den beiden gemeinsamen Kindern in F. lebte, sich weigerte, Lea und Paul zu einem Besuch in die Klinik nach D. zu bringen. Er hatte wohl, wie so viele, Schwellenangst vor einem psychiatrischen Krankenhaus. Martina selbst hatte kein Auto, wenig Geld und keine eigene Wohnung mehr, wo sie sich mit ihren Kindern hätte treffen können.

Endlich, nach mehreren Wochen, brachte Martinas Schwester die Kinder in die Klinik. Es war ein Samstagmorgen. Ich saß im Aufenthaltsraum und erlebte durch Zufall das Wiedersehen. Die Kinder betraten noch etwas verunsichert den Eingangsbereich. Dann erblickten sie Martina. Der Kleine rannte sofort auf sie los, das Mädchen kam, noch ein bisschen verlegen, zögernd hinterher. Ich sah das Leuchten in den Augen der Kinder und wie es sich in Martinas Gesicht widerspiegelte. Ich schrieb darüber ein Gedicht, das ich ihr am nächsten Morgen auf den Frühstückstisch legte.

Du machst dir oft Sorgen
und fühlst dich allein
zweifelst an allem
und machst dich ganz klein
fühlst dich verloren
und bist oft verzagt
meinst dann du hättest völlig versagt

Bekamst keine Liebe
niemand hat dich erreicht
fühlst dich als ob du von innen vereist
denkst dann die Liebe ist nur für andere da
aber das ist ganz sicher nicht wahr

Wenn ich jemals Liebe sah
das kannst du mir glauben
dann heute in vier leuchtenden Augen

Martina lachte und weinte, als sie es las.

Am Morgen meines fünfunddreißigsten Geburtstags am 31. Juli 2001 war mein Frühstücksplatz in eine Sommerwiese verwandelt. Martina hatte früh am Morgen Steine und Blumen gesammelt und daraus ein Gemälde gezaubert. Und in meiner Kaffeetasse steckte ein kleiner Plüschigel. Ein Talisman, dessen Bedeutung nur Martina und ich verstanden. Ein Geheimnis, das wir miteinander teilten. Der Igel beruht auf dem Märchen »Hans mein Igel« der Brüder Grimm und wird von dem Psychotherapeuten Heinz-Peter Röhr in seinem Buch *Weg aus dem Chaos* als Symbol für das Gespaltensein des Borderliners benutzt.

Hans, das sehnlich erwartete Kind des Bauern – »ich will ein Kind haben, und sollt's ein Igel sein« –, kommt halb als Mensch und halb als Igel zur Welt, ein ungeliebtes Kind, ein Ausgestoßener, bis er am Ende trotz seiner Stacheln die Liebe einer Prinzessin, ein Königreich und eine heile Haut gewinnt.

Martina sagte mir, dass sie mich trotz meiner Stacheln liebe. Das war Wochen später, nachdem auch ich ihr meine Geschichte erzählt hatte.

Martina gab mir immer öfter zu verstehen, dass sie über diese »Leidensgenossen«-Beziehung hinaus mehr in mir sah. Wie Frauen so sind – sie senden Signale, und wir Männer müssen darauf reagieren. Natürlich kamen die Signale bei mir an, aber ich hatte Angst, dass Martina sich nur für meine Hilfe erkenntlich zeigen wollte und nicht mich als Mann meinte.

Doch Martina sandte unverdrossen weiter Signale.

Meistens unternahmen wir etwas in der Gruppe. Eines Tages schlug sie vor, mit mir allein einen Spaziergang zu machen, sie wolle mir einen besonders schönen Platz oben auf dem Hügel zeigen, von dem aus man einen wunderschönen Rundumblick auf die hügelige Landschaft des Sauerlandes habe. Unterwegs griff sie nach meiner Hand. Und als wir uns auf eine Parkbank setzten, küsste sie mich. Ich erwiderte ihren Kuss, schließlich bin ich nicht aus Holz. Aber dann drehte ich mich zur Seite und sagte ihr, dass ich das nicht wolle. Sie müsse erst ein paar Dinge über mich wissen. Bei unserem nächsten Spaziergang setzten wir uns an den Rand eines Spielplatzes, und während die Kinder unter der Aufsicht ihrer Mütter schaukelten, kletterten und im Sand Kuchen backten, erzählte ich ihr von F., von den Psychomördern, vom Gefängnis, meinen Ausbrüchen und Fluchten, meinen Suizidversuchen, meinen Straftaten.

Meine Therapeutin auf der Station hatte mir geraten, mit keinem über diese Vergangenheit zu reden, weil es zu Unruhe in der Gruppe führen könnte. Aber ich wollte doch so dringend darüber reden. Deswegen konnte ich gar nicht mehr aufhören, als der Damm endlich gebrochen war.

Martina schwieg lange, dann umarmte sie mich und sagte, dass sie das alles nicht schrecke und dass sie mich als Mensch und Mann liebe. So eben wie die Prinzessin den Bauernsohn »Hans mein Igel«. »Ich liebe dich mit allen deinen Stacheln«, sagte Martina.

Wie groß meine Angst war, ob Martina, diese bezaubernde Frau, die jeden Mann um den Finger wickeln konnte, wirklich mich liebte mit all meinen Schwächen und Problemen, zeigt ein Gedicht, das ich schrieb, als sich unser Aufenthalt in D. seinem Ende zuneigte:

In einer Winternacht hatte sich
an meinem Fenster
eine Eisblume gebildet

Ich schlug die Augen auf und
sah sie
so fein verästelt
so rätselhaft verschlungen
so überirdisch schön
Wie im Bann
streckte ich die Hand aus
um sie zu berühren
Als ich sie fühlen wollte
verging sie
unter meinen heißen Fingern
ich hoffe
dass deine Zuneigung
keine Eisblume ist

Obwohl Martina selbst so viel bewältigen musste, gab sie mir Kraft. Und sie schenkte mir eine Heimat, die ich so lange vermisst hatte.

Offiziell durften wir unsere Liebe nicht zeigen. Hier war man der Meinung, dass die Patienten während einer solchen Therapie extrem empfindlich und sensibilisiert seien, eine Liebesbeziehung lenke von der Therapie ab und könne auch zur Verstärkung der krankhaften Symptome führen. Oder zur Übertragung eigener Krisen auf den anderen.

Ich persönlich bin da ganz anderer Meinung. Wann sonst erkennt man einen Menschen so gut wie in solchen Momenten, wenn alle Schutzwälle zusammenbrechen, wenn man dem anderen nichts mehr vormachen muss? Man wird wahrhaftig, was »draußen im normalen Leben« oft nicht der Fall ist. Man denke nur an all die Karnevals-Liebschaften oder an die Partnerbeziehungen aus dem Internet. Da macht man sich doch größer, schöner, besser, erfolgreicher, als man in Wirklichkeit ist. Aber wir lernten uns über unsere Schwächen und Verletzungen kennen.

Verliebt zu sein in dieser Zeit, als ich endlich in der Lage war, meine Maske abzulegen, war ein überwältigendes Gefühl. Es setzte in mir Kräfte frei und ließ mich die schmerzhaften Prozesse während der Therapie viel besser bewältigen.

Martina erging es nicht anders.

Wir mussten uns viel einfallen lassen, um unser Verhältnis vor der ganzen Station zu verbergen. Natürlich gelang es nicht immer. Später, als es sich nicht mehr verbergen ließ, dass wir beide ein Paar waren, wurde liebevoll über »den Langen und die Kurze« gespottet. Wir waren, rein optisch, wirklich ein auffälliges Paar. Mit ihren 1,54 Metern, wie es in ihrem Pass steht – wobei sie immer behauptet, 1,55 Meter groß zu sein –, reichte sie mir mit meinen 1,98 Metern gerade mal bis zur Brust. Außerdem war sie ein Leichtgewicht, und ich hätte sie mit einer Hand hochheben können.

Der Sommer unserer ersten Liebe war besonders schön. Man konnte sich auf die Sonne und den blauen Himmel geradezu verlassen. Ich holte meine Vespa aus Bielefeld, und wir beide brausten durch die romantische Landschaft um D., vorbei an dichten Wäldern und Feldern, die hoch im Korn standen und aus denen roter Mohn leuchtete.

Manchmal nahmen wir unsere Kuscheldecken aus dem Zimmer, fuhren auf den Wochenmarkt, um dort Brot, Käse, Oliven und Obst zu kaufen, und picknickten auf einer Wiese. Oder wir fuhren zu einem einsamen, schon etwas verwitterten Gasthaus, in dem zwei alte Frauen den besten Apfelkuchen der Welt backten. Manchmal war er noch warm und duftete köstlich.

Als wir schließlich D. nach drei Monaten verließen, ging der Sommer in den Herbst über. Wir fühlten uns stark für ein neues, gemeinsames Leben.

Was ich in der Therapie lernte 16

In meiner Borderline-Gruppe fühlte ich mich sofort wohl.

Bis auf die Tatsache, dass wir alle ein schweres bis traumatisches Schicksal in der Kindheit erlebt hatten, waren die Auswirkungen der Krankheit aber recht unterschiedlich. Nur zwei Patienten, ein Mann und eine Frau, entsprachen von der Ausprägung her ungefähr demselben Typus wie ich.

Uns merkte man die Krankheit zunächst nicht an. Wir machten uns nicht klein, sondern bauten eine Fassade von Selbstbewusstsein und Stärke auf. Wir trugen eine Maske und ließen nicht hinter sie blicken.

Die sogenannte Dialektisch-Behaviorale Psychotherapie (DBT), die von der amerikanischen Psychologin Marsha Linehan speziell für die Behandlung von Borderline-Störungen entwickelt und weltweit anerkannt wurde (davon mehr im Anhang dieses Buches), ist die Grundlage der Behandlung von Borderline-Patienten in D. und umfasst im Wesentlichen Einzeltherapie-Stunden, deren oberstes Ziel der Abbau des suizidalen Verhaltens ist, sowie ein Fertigkeiten-Training (Skilltraining) in der Gruppe. Letzteres besteht aus vier Modulen, von denen jedes etwa vier Wochen dauert.

Sie lauten Innere Achtsamkeit, Stresstoleranz, Zwischenmenschliche Fertigkeiten und Umgang mit Gefühlen. Eigentlich alles Fähigkeiten, die auch jeder gesunde Mensch in seinem Leben verankern sollte.

Bei dem Modul *Innere Achtsamkeit* geht es darum, sich selbst besser zu spüren, seiner eigenen Wahrnehmung zu vertrauen, sich im Hier und Jetzt zu verankern. Aber auch darum, achtsam mit sich und anderen umzugehen, seine Bedürfnisse ausdrücken zu lernen. Zu den Unterrichtsstunden, die von zwei Therapeuten geleitet wurden, gehörten auch Hausaufgaben. Eine meiner Hausaufgaben lautete so: Ich suche mir jemanden vom Team aus und bitte ihn oder sie um Hilfe, ohne wie üblich durch Ironie nach außen zu vermitteln, was für ein starker Kerl ich bin, der alles ganz allein bewältigt. Diese Übung fiel mir besonders schwer.

Bei einer anderen Übung ging es darum, nicht beleidigend auf jemanden zu reagieren, den oder dessen Verhaltensweise ich nicht mag, sondern ihm deutlich zu zeigen, was ich will, und wie ich das am schnellsten und stressfrei erreiche.

Hier hatte mir zu Beginn meines Aufenthalts in D. meine Begegnung mit der Pflegeschwester bereits den ersten Streich gespielt – dieses Beispiel wurde dann, wie viele andere auch, in der Gruppe diskutiert, und es war interessant zu erfahren, wie die anderen darauf reagierten und wie sie mit solchen Situationen umgingen.

Im Modul *Stresstoleranz* lernen die Patienten, Krisen auszuhalten und Spannung zu reduzieren. Denn unter Hochspannung, die sich bei uns Borderlinern schnell aufbaut, ist man nicht mehr in der Lage, logisch zu denken, geschweige denn zu handeln. Folgendes Bild sollte uns das Ziel verdeutlichen: »Stell dir vor, du läufst wie auf Schienen, und es gelingt dir nicht, abzuspringen. Du läufst und läufst in diese einzige vorgegebene Richtung, selbst wenn du dabei am Ende gegen eine Wand läufst. Du kannst einfach nicht anders, und es könnte tödlich für dich sein. Du musst also zunächst lernen, vorher deine Geschwindigkeit abzubremsen, damit der Aufprall nicht mehr so heftig ist. Im nächsten Schritt muss es dir gelingen, von den Schienen herunterzuspringen und diesen Einbahnweg zu verlassen.«

Hier nun kommen die Skills zur Stresstoleranz ins Spiel.

Wenn ein Borderliner in eine Stresssituation gerät, empfindet er Druck. Das ist ein ganz starkes und unangenehmes Gefühl.

Unsere Aufgabe lautete nun, diesen Druck auf einer persönlichen Skala von 10 bis 100 zu benennen. 100 würde bedeuten: Ich drehe durch, ich springe von einem Hochhaus oder unter einen Zug. 10 wäre der Idealfall, er ist von einem Borderliner kaum zu erreichen. Mit 30 könnte ich noch leben, aber danach würde es schwierig für mich.

Die nächste Aufgabe lautete: Was kann ich tun, um den Druck zu senken?

Wir mussten uns Tätigkeiten überlegen, die uns gut tun und uns entspannen, und sie wieder auf einer Skala von 10 bis 100 einordnen. Auf meiner persönlichen Wohlfühl-Skala steht an erster Stelle ein heißes Bad, gefolgt von Sex, sportlichen Aktivitäten, Kino, Einkaufen, Gesprächen und dem Spiel mit meinen Katzen.

Wenn bei mir der Druck zu groß wird, nehme ich ein extra heißes Bad, in das andere nicht mal die Hand hineinhalten würden. Es brennt auf der Haut, entspannt aber. Ein heißes Bad steht auf meiner persönlichen Skala ganz oben. Es senkt meinen Druck um 30 Punkte.

Zum Modul der Stresstoleranz gehört auch die radikale Akzeptanz. Ich möchte es an einem Beispiel verdeutlichen: Wir arbeiten in dieser Gruppe, in der ich mich eigentlich wohlfühle. Doch da ist eine Person, die ich auf den Tod nicht ausstehen kann. Ich habe nun zwei Möglichkeiten: Entweder ich verlasse die Gruppe, dann würde ich mir selbst am meisten schaden, oder ich akzeptiere die Gegenwart dieser Person, denn ich kann sie nicht nach meinen Wünschen umformen und ihre Anwesenheit in der Gruppe nicht ändern. Wenn ich zu dieser Einsicht gelange, verschwindet auch mein persönlicher Stress.

Im Modul *Umgang mit Gefühlen* lernten wir, dass Gefühle – und wie wir sie wahrnehmen – einen großen Teil unserer Lebensqualität ausmachen. Zum Beispiel Angst. Dieses Gefühl kann sehr nützlich sein, weil es mich daran hindert, gefährliche Dinge zu tun. Angst kann Leben retten. Angst kann aber auch sehr hinderlich sein und mein ganzes Leben zur Hölle machen. Wenn ich über eine Autobahn laufen will und Angst empfinde, dass mich ein Auto überfahren könnte, ist das eine berechtigte Angst, die mich schließlich davon abhält, loszulaufen. Wenn ich Angst vor zu viel Nähe habe, weil ich fürchte, vom anderen enttäuscht zu werden, dann nehme ich mir die Chance, mit diesem Menschen eine Freundschaft oder Liebe zu erleben. Dann ist diese Angst kontraproduktiv.

Hier lernten wir, Gefühle wie Angst, Wut, Liebe, Hass oder Einsamkeit richtig zu interpretieren und auch zu steuern. Einem Borderliner fällt es schwer, diese Gefühle auseinanderzuhalten, oft wird er von einem einzigen, undefinierbaren Gefühlsbräu überschwemmt, der dann diesen Druck erzeugt. So war es zumindest bei mir.

Im Modul *Zwischenmenschliche Fertigkeiten* wurde uns vermittelt, unsere Ziele durchzusetzen, ohne den anderen dabei zu verletzen, und ohne sich selbst klein zu machen.

Das bezieht sich vor allem auf zwischenmenschliche Beziehungen. Die Klassiker dabei sind die Paarbeziehungen. Hier fallen bei Borderlinern zwei Typen besonders auf, der dominante und der devote. Der dominante Typ setzt sich rabiat durch und fordert mit Macht alles ein, was er will. Dadurch überfordert er den Partner und setzt ihn unter Druck. Der devote Typ versucht, dem anderen alles recht zu machen und sich dessen Wünschen völlig unterzuordnen. Dabei beschädigt er seine Selbstachtung. Von mir selbst kann ich sagen, dass ich in meinen Beziehungen zu Frauen stets ein gesundes Empfinden bewiesen habe. Zumindest in diesem Punkt bin ich frei von Borderline-Symptomen. Ich glaube auch, dass diese speziellen Partnerschaftsprobleme mehr auf Frauen zutreffen. In unserer Gruppe war eine Frau, die für ihren Freund auf den Strich ging, weil sie glaubte, ihn nur so halten zu können.

In diesem Modul wurde uns in Rollenspielen und Gesprächen vermittelt, dass beide Ausprägungen ungesund sind. Dass wir Wege finden müssen, eine Beziehung zu leben, ohne den anderen zu überfordern und ohne uns selbst aufzugeben. Die junge Frau hatte übrigens noch während der Therapie mit ihrem Freund Schluss gemacht, und wir alle hofften, dass sie in Zukunft ein selbstbestimmtes Leben führen würde.

Borderliner im Allgemeinen lassen sich schnell und leicht kränken – und ich bin da keine Ausnahme. Es passiert mir auch heute noch, dass mich eine Zurückweisung oder mangelnde Anerkennung zutiefst trifft. Früher war ich dem schutzlos ausgeliefert, weil ich gar nicht wusste, was in mir ablief. Heute, nach meiner Therapie in D., weiß ich es und kann einigermaßen damit umgehen. Hierzu ein Beispiel:

Ich spiele jeden Freitag in einer Gruppe Fußball. Den Jungs erzählte ich ein paar Episoden aus meiner kriminellen Vergangenheit. Sie waren erst mal ziemlich baff, reagierten dann aber alle ganz toll. Neulich nun waren die Bälle in der Sporthalle eingeschlossen. Da sagte einer: »Hey Peter, du bist doch ein Meisterdieb, knack mal das Schloss!« Früher hätte mich das tief verletzt, ich hätte ihn verbal angegriffen, um ihn noch mehr zu verletzen. Ich wäre wahrscheinlich nie mehr zum Fußballspielen gegangen. Heute denke ich: »Ja, der hat dich getroffen, aber das war doch nur ein Spruch. Der meint das gar nicht so. Überleg doch mal, was du dem schon alles an den Kopf geworfen hast.« In Alltagssituationen wie dieser bewahren mich die erlernten Skills davor, wie früher in meinem Leben auszurasten, Porzellan zu zerschlagen und vor allem, mir selbst zu schaden.

Während beziehungsweise kurz nach meiner Therapie in D. ereignete sich ein tragischer Zwischenfall. In unserer Gruppe befand sich eine junge Frau, die Medizin studierte. In ihr erkannte ich mich selbst wieder.

Katrin fühlte sich sehr einsam. Sie hatte eine bestimmte Art, Signale zu senden, die von anderen nicht wahrgenommen wurden. Deswegen reagierten diese auch nicht, was dazu führte, dass sie sich noch einsamer fühlte. Ich empfing ihre Signale, weil sie mir nicht fremd waren, und reagierte auf sie. Ich wurde so etwas wie ihr Dolmetscher, indem ich ihre Signale in eine »Normalsprache« übersetzte, die auch andere verstanden. Das half ihr ein wenig. Sie erzählte mir, dass ihre Eltern sich getrennt hatten, als sie noch klein war. Weil ihr Vater nicht damit klarkam, fühlte sie sich für ihn verantwortlich und eignete sich notgedrungen Fähigkeiten an, die nicht kindgerecht waren. Ich erinnerte mich daran, wie ich Verantwortung für meine Geschwister übernommen hatte, nachdem unsere Mutter gegangen war.

Irgendwie fühlte ich, obwohl es nie ausgesprochen wurde, wie gefährdet Katrin war, und ich machte mir große Sorgen. Das versuchte ich auch, im Team zu vermitteln. Aber meine Signale wurden nicht gehört. Heute mache ich mir Vorwürfe, dass ich vielleicht nicht beharrlich genug war.

Zwei Wochen, nachdem Martina und ich die Klinik verlassen hatten, entwendete Katrin ihrer Zimmergenossin die Epilepsietabletten und starb an einer Überdosis. Sie hinterließ keinen Abschiedsbrief.

Zu meiner Überraschung luden Katrins Eltern Martina und mich zu ihrer Beerdigung nach Norddeutschland ein. Ein früherer Kommilitone hielt in der Kirche eine kleine Rede, in der er versuchte, Katrins Freitod zu erklären und zu verstehen. Doch das entsprach nicht der Realität. Am liebsten hätte ich ihm widersprochen.

Später, nach der Beerdigung, als die Trauernden bei Kaffee und Schnittchen zusammensaßen, kam Katrins Tante auf uns zu. Sie erzählte uns, dass Katrin viel von Martina und mir gesprochen habe, und dass sie von uns gern mehr über Katrins letzte Wochen erfahren wollte.

Ich sagte ihr, dass wir Katrin noch zweimal getroffen hätten, nachdem unsere Therapie beendet war. Einmal habe sie bei uns übernachtet, und wir hätten zusammen gekocht. Auch habe Katrin uns anvertraut, dass sie sich mit einem jungen Mann angefreundet habe. »Nein, Katrins Tod ist kein Freitod gewesen, da bin ich mir sicher«, sagte ich ihrer Tante, »wer bringt sich denn schon um, wenn er sich gerade frisch verliebt hat?« Ich erzählte von dieser mir wohlbekannten Mischung aus innerer Leere und Gefühllosigkeit, die Borderliner von Zeit zu Zeit überfällt, von den gefährlichen »Erweckungsritualen«, um sich wieder zu fühlen. Ich verglich diesen Zustand mit einer Stromleitung, die zu viel Spannung bekommt. Wenn der Druck zu groß wird, springt die Sicherung heraus. So ähnlich, erklärte ich ihr, sei das bei Borderlinern. Wenn sie gefühlsmäßig überlastet werden, springt bei ihnen eine Art Schutzschalter um, dann empfinden sie keine Angst mehr, keine Liebe, kein Mitleid, keine Schuld, sie sind innerlich tot. Um gegen diese Wahrnehmung anzugehen, fügen sie sich selbst Verletzungen zu, um sich durch den Schmerz wieder zu fühlen. Das hat mitunter ganz dramatische Folgen, an denen schon viele Borderliner gestorben sind, weil sie zu tief schneiden, weil sie zu viel Drogen konsumieren, weil sie im Straßenverkehr zu viel wagen, weil sie über Brückengeländer balancieren, den Abgrund vor Augen, auf Balkonen im zehnten Stock herumturnen. Weil sie mit dem Tod flirten. Doch der Tod flirtet nicht.

»Ich bin mir sicher, dass Katrin die Tabletten genommen hat, um Signale zu senden, um nach Hilfe zu rufen, nicht um zu sterben. Leider ging sie dabei einen Schritt zu weit.« Inzwischen hatten sich auch Katrins Eltern und Großeltern zu uns gesellt. Ich sagte ihnen, dass sie nie daran zweifeln sollten, dass Katrin ihre Familie sehr geliebt habe, vor allem Oma und Opa, von denen sie mir viel erzählt habe. Sie sollten sich mit dem für sie tröstlichen Gedanken vertraut machen, dass sie ihre Tochter durch eine schwere Krankheit verloren hätten, nicht durch Suizid.

Wieder einmal spürte ich, wie schmal der Grat ist, auf dem wir Borderliner balancieren, und wie schnell wir fallen können.

In D. lernte ich, mich mit meiner Krankheit wirklich auseinanderzusetzen und sie zu akzeptieren. Dass es überhaupt nicht ehrenrührig ist, psychisch krank zu sein. Dass man sich dafür auch nicht schämen muss. Und dass es schlimmer ist, wenn man nichts dagegen unternimmt. Das war die Erkenntnis, die ich aus D. mitnahm.

Heute gehe ich offensiv mit meiner Krankheit um. Ich trage sie nicht wie ein Schild vor mir her, aber ich verschweige sie auch nicht. Immer wieder erlebe ich, dass selbst intelligente und gebildete Menschen eine etwas blumige Vorstellung haben, wenn sie den Begriff Borderline hören. Sie verbinden ihn gern mit den Macken prominenter Zeitgenossen. Das reicht von exzentrischen Musikern wie Robbie Williams über narzisstische Celebrities wie Paris Hilton und depressive Filmstars wie Romy Schneider bis zu den magersüchtigen Models unserer Tage. Immer aber schwingt die Vermutung mit, dass es Menschen mit gestörter Seele sind.

Ich als Borderliner erkläre auf meine Weise, womit ich inzwischen gelernt habe zu leben:

Borderline ist eine chronische, also unheilbare Krankheit, und wie bei allen chronischen Erkrankungen muss man lernen, im Alltag mit ihnen umzugehen. Deshalb vergleiche ich Borderline gern mit Diabetes, um einige Aspekte zu verdeutlichen. Wenn man an Diabetes leidet und es nicht weiß, kann das schlimme Konsequenzen haben.

Man kann ohnmächtig werden, Durchblutungsstörungen bekommen und viele weitere körperliche Probleme, die bis zum Tod führen können. Wenn man Borderline hat und es nicht weiß, können die Folgen ähnlich problematisch sein, und die vielen Einschränkungen im täglichen Leben können durchaus auch zum Tod führen. Man schätzt, dass zwischen fünf bis zehn Prozent der an Borderline Erkrankten einen frühen Tod erleiden, meistens durch eigene Hand.

Der Diabetiker weiß nach dem heutigen Wissensstand in der Regel, an welcher Krankheit er leidet und was er selbst tun kann, um mit ihr zu leben. Doch damit ist nicht automatisch alles gut, denn zum Wissen braucht er auch die Einsicht, die Disziplin und die Unterstützung, sich an Diäten zu halten, mit dem Insulin richtig umzugehen und in seinem Umfeld deutlich zu machen, dass er an Diabetes leidet und dass seine Mitmenschen darauf Rücksicht nehmen sollten.

Das ist ein Prozess, der sich sehr schnell entwickeln, aber auch sehr lange dauern kann. Aber bei keinem Erkrankten ist er sofort nach der Diagnose selbstverständlich.

Das verhält sich bei einem Borderliner nicht anders. Mit der Diagnose allein ist es nicht getan, es bedarf zunächst der Einsicht und Akzeptanz, der Disziplin und der Unterstützung durch das Umfeld, um diesen schwierigen Weg zu beschreiten.

Wenn ein Diabetiker auf Insulin eingestellt ist, sich an eine bestimmte Ernährung hält und alles Weitere berücksichtigt, was die Symptome seiner Krankheit mildert, dann kann er zwar ein relativ normales Leben führen, er braucht aber trotzdem ein Sicherheitsnetz, denn auch unter Berücksichtigung aller Vorsichtsmaßnahmen kann es Probleme geben. Deswegen haben Diabetiker einen Pass bei sich, in dem ihre persönlichen Daten, Notfallnummern, verordneten Medikamente stehen, und was zu tun ist, falls sie in einen Verwirrtheitszustand geraten oder das Bewusstsein verlieren. Bei Borderlinern verhält es sich ähnlich. Auch ein Borderliner, der alle Techniken erlernt hat und verantwortlich mit ihnen umgeht, braucht ein Sicherheitsnetz, denn wie bei Diabetes kann es zu unvorhergesehenen Krisen kommen.

Das größte Problem ist nicht die Schwere der Erkrankung, sondern der Umgang mit ihr. Und da unterscheiden sich Diabetes und Borderline noch sehr.

Während Diabetes eine voll anerkannte chronische Erkrankung ist, die die Gesellschaft kennt und akzeptiert, fristet die Borderline-Persönlichkeitsstörung, so der Fachbegriff, noch ein Dasein, das von den Medien immer häufiger mit Schlagzeilen aus der Schmuddelecke geholt und zu Skandalen aufbereitet wird. Borderline ist leider zu einem Modewort verkommen, das von einem leichten Schauder begleitet wird. Kein Wunder, dass die Dunkelziffer der Erkrankten so hoch ist.

Ich wünsche mir, dass vor allem meine männlichen Leidensgenossen sich in mir wiedererkennen, dass sie nicht als Abfall unserer Gesellschaft im Gefängnis landen, dass sie einen direkteren Weg finden als ich, sich mit ihrer Krankheit auseinanderzusetzen und mit ihr zu leben.

Angekommen

17

Martina und ich wussten, dass sie zunächst ihren Weg allein gehen musste. So suchte sie sich als Erstes eine eigene Wohnung. Ich fuhr sie auf meiner Vespa zu den Besichtigungsterminen, wartete aber draußen auf sie. Als sie schließlich einen Mietvertrag für eine Vierzig-Quadratmeter-Wohnung in der Innenstadt von Lippstadt unterschrieben hatte, stand ich im strömenden Regen mit einer Rose in der Hand vor der Tür. Tränen der Rührung mischten sich auf ihrem zarten Gesicht mit Tropfen, die vom Himmel fielen.

Martina zog in ihre kleine Wohnung, die sie mit ihrem künstlerischen Geschick sehr liebevoll und weiblich eingerichtet hatte. Ich stand vor der Frage, was ich nun weiter machen sollte. Ich überlegte, nach Jena zu gehen und dort Optik zu studieren. Doch Martina wäre in keinem Fall mitgekommen, denn sie hätte sich nie so weit von ihren Kindern entfernt, die bei ihrem Vater in F. leben.

Ob ich mit dem Studium ein glücklicherer und erfolgreicherer Mensch geworden wäre – ich weiß es nicht. Ich wusste damals nur, dass ich ohne Martina nicht mehr leben konnte und wollte. Das ist bis heute so geblieben. Meine eigene Wohnung war noch untervermietet. So zog ich zu Martina. Die Wohnung war wirklich sehr klein. Wir stellten unser Bett in der Küche auf, die mit einer Nische vom übrigen Raum abgeteilt war. Man konnte vom Bett aus fast bis zum Herd greifen, das war sehr praktisch! Im restlichen Raum lebten und aßen wir, stellten dort unseren Computer und unseren Fernseher auf. Wir kauften eine Multifunktionscouch, die wir ausklappten, wenn Martinas Kinder alle zwei Wochen und auch während der Ferien zu uns kamen. Ich begann sie zu lieben, als wären sie meine eigenen. Vor allem Paul hängt sehr an mir. Wir beide sind richtige Kumpel.

Inzwischen sind Martina und ich in eine größere gemeinsame Wohnung nach Hamm gezogen, in der es mehr Platz für die Kinder und unsere Kater Socke, Rambo und Nemo gibt.

Martina ist mittlerweile eine anerkannte Künstlerin. In ihren großflächigen Bildern – Traumlandschaften, Frauengestalten und Paare – drückt sie ihre Sehnsüchte und Wünsche, aber auch ihre Verletzungen aus. Die ersten Bilder verschenkte sie an Freunde. Von der Stadt Hamm konnte sie günstig ein Atelier in einem nur für Künstler bestimmten Haus mieten. Sie hatte bereits mehrere Ausstellungen und konnte inzwischen einige ihrer Bilder verkaufen.

Mir selbst ist es nicht mehr gelungen, in meinem erlernten Beruf erneut Fuß zu fassen. Ich habe alle Möglichkeiten ausgeschöpft, um wieder einen Job zu finden. Notgedrungen bewarb ich mich sogar bei Zeitarbeitsfirmen. Obwohl ich diese Arbeitsverhältnisse für moderne Sklaverei halte, wären mir die sieben Euro Stundenlohn lieber gewesen als Arbeitslosengeld oder Hartz IV. Doch auch hier fand ich keine Arbeit, man ließ mich wissen, dass ich zu alt, zu selbstsicher und zu überqualifiziert sei.

Martina und ich sind sehr glücklich miteinander, denn wir haben endlich gefunden, was uns beiden bisher gefehlt hatte: Nähe, Wärme, Geborgenheit und Liebe. Doch natürlich gibt es gute und schlechte Tage, Phasen, in denen ich besonders mit meiner Krankheit kämpfen muss.

So, als am 25. Januar 2006 mein Bruder Martin tödlich verunglückte. Martin, mein treuester Gefährte seit meiner Kindheit, über den unsere damalige Pflegemutter einmal gesagt hatte, er sei das problematischste Kind von uns allen. Martin war kein Kämpfer. Und obwohl er damals im Kinderdorf einen Preis bekommen hatte für die beste schulische Entwicklung und eine Empfehlung fürs Gymnasium, fügte er sich unserem Vater, der uns alle auf die Hauptschule schickte. Wie oft habe ich mich für meinen Bruder geprügelt. Denn obwohl er kräftiger war als ich, wehrte er sich nicht und wurde so zum willkommenen Opfer. Auf der Schwelle zum Erwachsenwerden, als bei mir Borderline ausbrach, erlitt Martin seinen ersten epileptischen Anfall. Und das ausgerechnet im Auto seines Fahrschullehrers. Erst Jahre später, als er medikamentös richtig eingestellt war, konnte er endlich den Führerschein erwerben, und arbeitete zunächst als Kurierfahrer. Dann machte er den Führerschein Klasse II und durfte große LKWs fahren. Das war schon immer sein Traum gewesen. Er machte sich selbstständig, doch dann konnte der Spediteur, für den er arbeitete, nicht mehr bezahlen, und mein Bruder verschuldete sich und musste sein kleines Unternehmen wieder aufgeben. Zu dieser Zeit lebten Martina und ich bereits in Lippstadt. Er kam gern zu uns, weil er die Wärme in unserem Heim spürte. Seine unglückliche Ehe scheiterte schließlich.

Anfang Januar 2006 bewarb er sich bei einer großen, soliden Spedition als Fahrer. Ich fuhr mit ihm zu dem Bewerbungsgespräch nach Flensburg. Nach einem Einstellungstest in Theorie und Praxis wurde er sofort eingestellt. Er bekam einen nagelneuen LKW. Er war total glücklich. Ein paar Tage später, am 25. Januar 2006, klingelte mein Telefon. Der Nachbar von Martin sagte mir, mein Bruder sei tödlich verunglückt. Nächtliches Blitzeis auf der Autobahn. Vor ihm hatte sich ein LKW quergestellt. Er fuhr in das Fahrzeug und war auf der Stelle tot. Die Untersuchung ergab, dass er von jeglicher Schuld freizusprechen war, er war nicht zu schnell gefahren, hatte keinen Alkohol im Blut, hatte die Lenkzeiten nicht überschritten. Er wurde nur einundvierzig Jahre alt und hinterlässt einen Sohn.

Meine Gefühle schwankten zwischen Trauer und Zorn. Doch dann erinnerte ich mich an die radikale Akzeptanz, die ich in D. gelernt hatte: Es ist etwas geschehen, was mich zutiefst traurig und wütend macht, doch ich kann es nicht ändern. Deswegen akzeptiere ich es.

Manchmal liegen Tod und Leben so eng beieinander. Ich wurde Vater. Meine Tochter Pia kam zwar schon im Februar 1995 zur Welt, aber ihre Mutter hatte es vorgezogen, unser Kind allein großzuziehen.

Als Pia elf Jahre alt war, äußerte sie ihrer Mutter gegenüber den Wunsch, ihren Vater kennenzulernen. Es gab eine arrangierte vorsichtige erste Annäherung. Ich spürte, wie sehr dieses Kind mich brauchte, obwohl es scheu und zurückhaltend auf mich reagierte. Wir schrieben uns Briefe, dann besuchte sie uns in Hamm, zuletzt verbrachte sie die Herbst- und Weihnachtsferien 2007 bei uns. Mitte Januar rief mich das Jugendamt an und sagte mir, Pia wolle bei mir leben, ob das möglich sei und wie ich dazu stehe. Vom Gefühl, vom Herzen her stimmte ich sofort zu, doch ich musste erst die äußeren Umstände klären. Und ich brauchte Martinas Einverständnis, Martina machte sich Sorgen, wie Paul, der fast so alt wie Pia war, darauf reagieren würde. Als ich ihn wieder einmal abholte, erzählte ich ihm, dass Pia gern bei uns leben würde, weil sie es so schön bei uns fände. Er sagte: »Peter, so wie du gestrickt bist, hast du doch sofort Ja gesagt.« Ich lachte und sagte: »Stimmt.« Dann fragte ich ihn: »Hättest du denn anders reagiert?« Worauf er antwortete: »Natürlich nicht, es wäre mir ja auch gar nichts anderes übrig geblieben ...« Ich sagte ihm dann noch, dass ich ein wenig Bedenken habe, ob er und Pia sich verstehen würden, worauf er ganz cool antwortete: »Nö, so schlimm wird es ja wohl nicht.«

So wurde also unsere Familie größer, und der ganz normale Alltag begann.

Ich vermittle zwischen den kleinen Eifersüchteleien der Kinder. Ich bereite das Frühstück und fahre Pia zur Schule. Ich achte darauf, dass sie ihre Hausaufgaben macht. Ich bin ein fürsorglicher Vater geworden.

Ich liebe das Leben. Ich liebe Martina. Ich liebe unsere Kinder. Unsere Katzen. Die ersten wärmenden Sonnenstrahlen im Frühling. Ein Weizenfeld im Sommer. Sturmböen im Herbst. Tanzende Schneeflocken im Winter. Den Zitronenfalter, der sich gerade auf einer Blüte auf unserem Balkon niederlässt und von Kater Rambo wieder vertrieben wird. Ich bin angekommen.

Epilog – von Ingeborg Prior

Eines Tages lief mir dieser baumlange Kerl über den Weg und fing an zu erzählen und hörte nicht mehr auf. Und hätte ich ihn nicht gebremst, wäre dieses Buch auf über tausend Seiten angewachsen und unsere Lektorin Berrit Barlet wäre vermutlich darüber verzweifelt.

So – in der kürzesten Form – könnte ich meine Zusammenarbeit mit Peter Detert schildern. Aber ganz so einfach war es dann doch nicht.

Elisabeth von Wangenheim, meine Hamburger Literatur-Agentin, brachte uns zusammen: Peter Detert, dem es ein großes Anliegen ist, seine Lebens- und Leidensgeschichte in die Öffentlichkeit zu tragen, nicht nur, weil sie besonders dramatisch und spannend, anrührend und empörend ist, sondern vor allem, weil er eine Botschaft hat, und mich, die Journalistin und Autorin, die aus seinem Bericht ein Buch komponieren sollte.

Als mir Elisabeth von Wangenheim erzählte, Peter Detert sei ein Borderliner, wusste ich mit dem Begriff zunächst nicht allzu viel anzufangen.

Ein Modewort aus der Popkultur, dachte ich – dudelte nicht ständig im Radio ein Hit gleichen Namens von Michael Gray und Shelly Poole, und hatte nicht Madonna einen Song über Borderline geschrieben? Und dann fielen mir all die exzentrischen Prominenten ein, denen eine

»Borderline-Persönlichkeitsstörung« nachgesagt wird, wenn sie mal wieder unangenehm auffallen, wie Robbie Williams oder Amy Winehouse, oder die unter mysteriösen Umständen gestorben sind wie Marilyn Monroe oder Romy Schneider. Ich dachte über die morbide Faszination nach, die von all diesen Geschichten und Menschen ausgeht.

Im Geiste fasste ich meinen damaligen Wissensstand über diese psychische Erkrankung zusammen, die so viele Schlagzeilen und Skandale liefert: Borderliner sind zumeist junge Menschen überwiegend weiblichen Geschlechts, die sich mager hungern, die Drogen konsumieren, die sich selbst verletzen und dabei ihr Leben riskieren. Zerrissene Persönlichkeiten, gestörte Seelen, die in ihrem Kampf um Anerkennung und Ruhm auffallen wollen um jeden Preis. Und sei ihr Preis der Tod.

Ich muss gestehen, dass mich das Thema gleichzeitig anzog und abstieß. Dann beschäftigte ich mich intensiver mit dem Borderline-Syndrom, las Bücher und wissenschaftliche Abhandlungen, informierte mich über Diagnostik, Statistiken und Therapien, vor allem aber über Menschen, die an dieser Krankheit leiden. Und erschrak. Da ich mich selbst gerade in einer schwierigen Lebenssituation befand, schien es mir keine besonders gute Idee, mich mit diesem Thema zu befassen. Außerdem: Wie sollte ich mit einem psychisch kranken Menschen umgehen? Das wäre für mich eine völlig neue Herausforderung. Wollte ich sie überhaupt? Zwar hatte ich im Verlauf meiner langjährigen Tätigkeit als Journalistin viele außergewöhnliche und auch faszinierende Menschen getroffen, Künstler auf dem Weg nach oben oder auf dem Höhepunkt ihres Schaffens, die nur selten einen ehrlichen Blick in ihr Seelenleben gestatteten. Doch es waren in der Regel keine kranken Menschen, und es handelte sich um kurze Begegnungen, die nicht lange haften blieben, mich aber gelegentlich frustriert zurückließen, wenn diese Menschen zu sehr um ihr eigenes Ich kreisten. Wenn es dann doch geschah, dass sich aus dem Interview ein wirkliches Gespräch entwickelte, empfand ich solche Begegnungen als seltene Glücksmomente, die mich mit meinem nicht immer einfachen Beruf aussöhnten.

Wie also sollte ich mich auf einen Menschen einlassen, der nicht nur chronisch krank, sondern auch äußerst schwierig ist, wie ich bei meinen Recherchen über das Borderline-Syndrom erfuhr, und der außerdem einer anderen Generation angehört?

Doch schließlich war ich bereit, mich mit Peter Detert in Hamm zu treffen und danach meine Entscheidung zu treffen.

Mir rollte sofort eine Welle von Wärme und Herzlichkeit entgegen, als ich die Wohnung betrat, die er damals mit seiner Lebensgefährtin Martina Rambeaud und zwei Katern teilte. Inzwischen sind es drei, und seine Teenagertochter aus einer früheren Beziehung ist auch noch dazugekommen.

Jede noch so kleine Ecke der übervollen Wohnung hatte Martina vorweihnachtlich dekoriert. Es duftete nach Vanille und Zimt. Und aus der kleinen Küche drangen Wohlgerüche von Knoblauch und Kräutern ins Wohnzimmer. An den Wänden hingen großformatige Gemälde. Martina, die Malerin, besaß zu diesem Zeitpunkt noch kein eigenes Atelier, und sie bereitete sich gerade auf eine Ausstellung vor.

Wir mussten uns nicht groß anstrengen, um uns spontan zu mögen und Vertrauen zueinander zu fassen. Und Peter erzählte. Spannte einen weiten Bogen zwischen seiner Kindheit und diesem Nachmittag im Dezember 2006, an dem wir uns das erste Mal trafen. Manche der Geschichten und Episoden aus seinem Leben, und waren sie noch so traurig, garnierte er mit Scherzen und Anekdoten, sodass wir ein ums andere Mal in Lachen ausbrachen. Obwohl ich mich fragte, wie viel Wahrheit wohl in all den Geschichten steckte, wie viel erfunden oder zumindest übertrieben war, verließ ich die beiden mit dem guten Gefühl, soeben ein neues, interessantes Kapitel als Autorin aufgeschlagen zu haben.

In den anderthalb Jahren unserer Zusammenarbeit, während der vielen Gespräche, die wir mal bei ihm in Hamm und mal bei mir in Köln führten, kam es nur selten zu Konflikten, und die räumten wir kurze Zeit später gemeinsam wieder aus. Ich wusste um die hohe Kränkbarkeit der Borderline-Menschen und bekam sie auch ein paar Mal zu spüren. Musste ich auf den Kranken Rücksicht nehmen? Ich entschloss mich, es nicht zu tun, und erklärte ihm, dass auch ich ein sensibler Mensch sei.

Ich hatte gelesen, dass Borderliner mit ihren schwankenden Gefühlsregungen wenig zuverlässig sind, doch er erschien immer pünktlich zu unseren zahlreichen Treffen. Wenn ich mit dem Zug nach Hamm fuhr, holte er mich mit seinem Auto am Bahnhof ab. Er stand immer an einer bestimmten Stelle auf dem rückseitig gelegenen Parkplatz. Einmal, als Folge eines Bahnstreiks Anfang 2008, verspätete sich mein Zug erheblich. Ich rief bei ihm zu Hause an, ich versuchte es auf dem Handy, doch beides ohne Erfolg. Als ich mit anderthalb Stunden Verspätung in Hamm aus dem Zug stieg, saß Peter in seinem Auto und wartete geduldig auf mich. Dies, so erklärte er seine Gelassenheit, sei eine Fähigkeit, die er in D. gelernt habe, nämlich eine

Situation zu akzeptieren, die ihn zwar erheblich störe, die er aber nicht ändern könne.

Peter konnte sehr anschaulich die Situationen schildern, in die er hineingeschlittert war. Manchmal verstand ich sie nicht auf Anhieb und bat: »Das musst du mir genauer erklären.« Etwa, als er mir erzählte, wie er in ebenerdige Geschäftsräume einbrach, um dort nach Bargeld zu suchen. Als ich wissen wollte, wie man so einfach ein Fenster von außen aushebelt, um dann einzusteigen, nahm er ein Messer und drang mit der Klinge zwischen Rahmen und Halterung eines Fensters in seinem Wohnzimmer. »Es geht aber nur bei Fenstern mit Kunststoffrahmen, weil die flexibler als Holz- oder Metallrahmen sind«, meinte er, »aber vielleicht sollten wir das nicht näher erklären ...« Ein anderes Mal brachte er zu unserem Treffen eine Tafel Schokolade mit, packte sie aus, zerriss das Stanniolpapier in kleine Fetzen, knetete sie zusammen und ging zu meiner Wohnungstür. »So, jetzt zeige ich dir, wie ich die Tür in der Forensik der österreichischen Klinik so lange manipuliert habe, bis sie sich öffnen ließ.« Ich muss gestehen, dass ich von so viel praktischer Intelligenz beeindruckt war.

Besonders großen Wert legte Peter auf seine Glaubwürdigkeit. Und wie anders konnte er mir diese beweisen als durch Begegnungen mit einigen Menschen, die ihm etwas bedeuten, die ihm halfen auf seinem schwierigen Lebensweg. So besuchten wir seine Schwester Sabine und deren Kinder, und mit diesen zusammen ihre ehemalige Pflegemutter Renate Herbst im Kinderdorf, die Peter als charmanten Blondschopf schilderte, den sie in ihr Herz geschlossen hatte.

Wir verzichteten darauf, Vater und Mutter zu treffen, da zu beiden kein Kontakt mehr besteht und es diese vermutlich auch nicht gewünscht hätten.

Wir besuchten die Borderline-Station in G. und sprachen lange mit dem leitenden Psychiater Dr. Hans-Peter Schneider, der im Frühjahr 1990 für das Paderborner Gericht ein ausführliches Gutachten über Peter Detert erstellt hatte, in dem zum ersten Mal der Begriff Borderline fiel, der eine alternative Behandlung auf einem therapeutischen Bauernhof empfohlen hatte und entsetzt war, als der Angeklagte in die forensische Psychiatrie in F. zwangseingewiesen wurde. Bei unserem Besuch in G. erinnerte sich Dr. Schneider noch gut an den jungen Patienten, der in den späten 1980er-Jahren in seiner Abteilung mehrere Therapien abgebrochen hatte.

Ich wollte von ihm wissen, ob auch er der Meinung sei, dass unsere Gesellschaft immer mehr Borderliner produziere, oder ob man durch den Fortschritt der Forschung einfach mehr über die Krankheit wisse und sie dadurch häufiger diagnostiziere. Und er antwortete: »Ich glaube schon, dass die Zunahme an Erkrankungen etwas mit unserer Gesellschaft zu tun hat. Den Familienzusammenhalt von früher gibt es kaum noch. Immer mehr Menschen leben vereinzelt. Die Arbeitswelt wird bedrängender, man hat weniger Zeit, sich miteinander auseinanderzusetzen, gerade auch in der Familie. Die wenige Zeit wird mit Zerstreuungen wie Fernsehen, Internet, Gästen, Ausgehen etc. gefüllt. Es stimmt aber auch, dass wir heute einen diagnostisch geschärfteren Blick haben und psychische Krankheitsbilder besser beurteilen können. Ich muss aber betonen, dass dies meine persönliche, durch keine Studie gesicherte Meinung ist. Auf diesem Gebiet gibt es noch viel zu erforschen.«

Dr. Schneider bestätigte in unserem Gespräch die herrschende Meinung, dass fünfundsiebzig Prozent der Borderline-Patienten Frauen sind, hingegen nur fünfundzwanzig Prozent Männer.

Dem widersprach Peter Detert energisch: »Ich bin überzeugt, dass das Verhältnis 50:50 beträgt. Sie können ja nur diejenigen erfassen, die zu Ihnen kommen und sich behandeln lassen. Und Frauen sind viel eher bereit, sich helfen zu lassen, setzen sich mehr mit ihrer Krankheit auseinander als Männer. Eine psychische Erkrankung ist unmännlich. Die anderen fünfundzwanzig Prozent, die Ihnen hier fehlen, sitzen lieber im Gefängnis, als sich zu ihrer Krankheit zu bekennen und diese zu therapieren. Ich habe viele von ihnen getroffen, die nicht in ein Gefängnis, sondern in die Psychiatrie gehört hätten. In F. hingegen waren Schwerverbrecher untergebracht, die besser in ein Gefängnis gepasst hätten, aber unterstützt durch geschickte Anwälte diesen für sie günstigeren Vollzug vor Gericht erstritten hatten.«

Dr. Schneider räumte ein: »Wir haben eine eigene Studie in Bielefelder Gefängnissen durchgeführt – wir haben hier die größte Gefängnisdichte in ganz NRW – und stellten dabei einen erschreckend hohen Anteil an psychisch kranken Insassen fest, die eine Behandlung gebraucht hätten. Auf der anderen Seite kommt es immer wieder dazu, dass Rechtsbrecher in die Forensik eingewiesen werden, die eigentlich in ein Gefängnis gehören. Unser System ist leider nicht so flexibel, dass man das im Nachhinein einfach korrigieren könnte.

Im Zuge unserer gemeinsamen Arbeit an dem Buch fuhren Peter und ich auch nach F. Ich hatte mich nach reiflichem Überlegen dazu entschlossen, auf eine Besichtigung der psychiatrischen Anstalten zu verzichten. Vermutlich hätte ich als Journalistin einen Termin bekommen, und man hätte mir das Innenleben von seiner besten Seite gezeigt, ganz sicher aber nicht so, wie Peter Detert es als zwangseingewiesener Insasse erlebt hatte. Außerdem waren inzwischen achtzehn Jahre vergangen, in denen sich sicherlich einiges verändert hatte.

F. war für mich ein Schock.

Auf den ersten Blick ein normales Dorf mit Gasthaus, Sparkasse, Apotheke, einem kleinen Supermarkt und einem Fleischer. Viele hübsche Einfamilienhäuser, alle im gleichen Stil erbaut, Wohnstätten für die Pfleger mit ihren Familien, erklärt mir Peter.

Wir stellen unser Auto auf einem Parkplatz mitten im Ort ab und überqueren die Straße. Dort steht das älteste Gebäude von F., eine evangelische Kirche, ein wuchtiger, nicht sehr großer Backsteinbau mit einem Türmchen auf dem Dach. Sie wird heute nicht mehr für Gottesdienste genutzt. Direkt hinter der Kirche, nur unvollkommen durch Bäume abgeschirmt und deutlich erkennbar, schiebt sich die fünfeinhalb Meter hohe, durchsichtige Sicherheitsmauer in den Himmel. Sie umgibt das ganze große Terrain der forensischen Psychiatrie. Während Peters Zeit in F. gab es dieses Ungetüm noch nicht. Seine Außenfront besteht aus zwei Lagen Plexiglas, die Innenfront aus einem engstabigen Metallgitter. Den Abschluss der Mauer bildet eine nach innen gebogene Rampe. Wenn es also einem Insassen gelungen wäre, bis zu dieser Wand vorzudringen und von innen an ihr hochzuklettern, käme er spätestens über diese Rundung nicht hinaus. Peter schaut sich das Gebilde einen Moment an, dann sagt er: »Man könnte es schaffen, zum Beispiel mit Gumminoppen aus dem Baumarkt, die sich in der Rundung festsaugen würden. Dann bräuchte man nur noch ein stabiles Seil.« – »Das ist ein Reflex von mir«, erklärt er entschuldigend, »jeder, der einmal eingesperrt war, denkt sofort: Wo ist die Lücke, wie komme ich da raus? Diesen Reflex werde ich wohl nie mehr los ...«

Ein paar Meter hinter der gläsernen Mauer erhebt sich der zweite Zaun vor dem berüchtigten Haus 26. Allerdings sind die Nato-Drahtrollen inzwischen entfernt worden. Sie sind nicht mehr nötig, seit vor rund zehn Jahren diese Glaswand auf Druck der Bevölkerung errichtet wurde, nachdem in F. ein furchtbares Verbrechen geschehen war. Ein Patient hatte die siebenjährige Nicole missbraucht und ermordet. Die Ärzte und Therapeuten waren der Ansicht gewesen, bei diesem Sexualstraftäter – der nach der Tat sofort gefasst wurde – nach jahrelangem Aufenthalt in der Klinik viele Anzeichen der Besserung zu erkennen, und hatten ihm an diesem Tag unbegleiteten Ausgang gewährt – so wie zweiundvierzig weiteren Insassen. Der Mord geschah nur wenige Meter von der Anstalt entfernt.

Der innere Zaun besteht aus ebenfalls rund fünf Meter hohen Metallstäben, die sich an ihrem Ende ypsilon-förmig teilen. Daran ist normaler Stacheldraht befestigt. Die hohen Fenster des alten Gebäudes sind allesamt vergittert. Hier sind die persönlichkeitsgestörten Rechtsbrecher untergebracht.

Das gesamte Terrain liegt innerhalb eines großen Parks, der vermutlich zu dem früheren Rittergut gehörte. Ein wunderschöner Park mit uraltem Baumbestand – Eichen, Buchen, Kastanien –, hier und dort eine Bank, alte schmiedeeiserne Laternen. Obwohl der Park öffentlich ist, begegnen wir an diesem Nachmittag keinem Menschen. Eine Idylle des Grauens.

Wir entdecken in dem Park alte Gräber von katholischen Schwestern, die um die Jahrhundertwende und danach gestorben sind, vermutlich von Schwestern aus dem Landeskrankenhaus, und von gefallenen Soldaten aus dem Zweiten Weltkrieg. Die viereckigen Steine sind moosbewachsen. Das eingravierte Datum reicht bis in die 1960er-Jahre. Danach wurde der Friedhof wohl nicht mehr benutzt, und wir fragen uns, wo die hier gestorbenen Insassen, die Mörder und Kinderschänder, die nie mehr frei kamen, wohl ihre letzte Ruhe finden. Peter vermutet, dass sie anonym unter die Erde gebracht werden. »Vielleicht wäre mir das auch eines fernen Tages passiert, wenn ich mich nicht selbst befreit hätte«, meint er, nur halb im Scherz. Mich fröstelt bei dem Gedanken.

Ein paar Meter außerhalb der Glasmauer steht ein kleines Einfamilienhaus. Das war damals zu Peter Deterts Zeit die sogenannte Gnadenbrot-WG, in der zwei alte Männer friedlich miteinander lebten. Der eine hatte in jungen Jahren zwei Prostituierte erwürgt, der andere sich an Kindern vergangen, erzählt Peter. Sie seien im Alter harmlos geworden, von ihnen sei keine Gefahr mehr ausgegangen, aber sie durften nicht mehr in die Freiheit entlassen werden. Bei unserem Rundgang entlang der gläsernen Wand begegnet uns ein kleiner Junge auf seinem Fahrrad. Wir sprechen darüber, wie seine Eltern ihm wohl erklären, was sich hinter der Wand abspielt, und wer dort lebt.

Bei einem anderen Treffen fahren wir zum Verlagshaus der Lokalzeitung und wühlen uns durch ihr Archiv, um nach Berichten über F. zu suchen, die während Peters Aufenthalt in der Forensik veröffentlicht worden waren. Dabei stoßen wir erneut auf eine von einem Insassen verübte Gewalttat: Die dreizehnjährige Schülerin Sandra Einhoff war am

21. Oktober 1990 von einem zweiunddreißigjährigen Patienten ermordet worden, der seit dreizehn Jahren im Maßregelvollzug therapiert wurde, sich tagsüber frei bewegen konnte und seine Abwesenheit lediglich in einem von ihm selbst geführten »Kontrollbuch« protokollieren musste. Peter kann sich sehr gut an die Pogromstimmung erinnern, die danach im Ort herrschte, und die mit dazu führte, dass er schließlich entwich.

Besonders wichtig war es für Peter, mir die Klinik in D. zu zeigen, den Ort, der zu einer glücklichen Wendung seines Schicksals geführt hatte.

Auch Stationsleiter Bernhard Emmerlich, seit über zehn Jahren – so lange besteht die Borderline-Abteilung in der Landesklinik für Psychiatrie in D. – erfahren im Umgang mit schwierigen Patienten, erkennt ihn bei unserem Besuch sofort wieder und lacht, als sie sich die Hand schütteln: »Ein einfacher Patient waren Sie wirklich nicht, aber uns alle beeindruckte Ihre Ehrlichkeit und Offenheit, und Ihre Bereitschaft, Ihr Leben zu ändern. Insofern waren Sie ein Musterpatient.«

Er schmunzelt, als Peter ihm erzählt, wie hier seine heimliche Liebesgeschichte mit Martina begonnen hatte, und welche Tricks sie anwenden mussten, um sie im Verborgenen zu leben: »Sie glauben doch nicht etwa, dass wir das nicht bemerkt hätten. Wir sind schließlich nicht von gestern ...«

Von den zweitausendvierhundert Borderline-Patienten, die in den zehn Jahren in D. therapiert wurden, gibt es nur in den seltensten Fällen eine Rückmeldung. Umso mehr freut sich Bernhard Emmerlich, als Peter ihm erzählt, dass er nun schon im siebten Jahr mit seiner Martina zusammenlebe, dass er, auch dank der Therapie in D., sich mit seiner Krankheit arrangiert habe.

Immer wieder staunte ich über Peters phänomenales Gedächtnis. Er hat nie Tagebuch geführt, doch er erinnerte sich an jedes wichtige Datum, an die Namen der Menschen, die ihm auf seinem wirren Lebensweg begegneten, und an zahlreiche Details, die er mir so bildhaft schilderte, dass ich manchmal das Gefühl hatte, selbst dabei gewesen zu sein.

Sowohl sein Anwalt Thorsten Wolf wie auch sein ehemaliger Richter Klaus Wiesehahn, denen ich die entsprechenden Buchpassagen zur Überprüfung zuschickte, waren beeindruckt von seinem Gedächtnis und bestätigten mir, dass es genau so gewesen sei. Ihre Korrekturen waren so minimal, dass ich darüber schmunzeln musste: Nein, die Staatsanwältin war nicht blond. Und nein, die Ärztin, die dieses fehlerhafte Gutachten über Peter Detert erstellte, war nicht die Stationsärztin, sondern eine junge Ärztin, die mit der Aufgabe sicherlich überfordert war.

Ich bin froh, Peter Detert begegnet zu sein, und über das Vertrauen, das er mir schenkte. Ich hoffe, dass wir durch Peters Geschichte und unser gemeinsames Buch anderen Borderlinern einen Anstoß geben, sich zu ihrer Krankheit zu bekennen, sich mit ihr auseinanderzusetzen und mit professioneller Hilfe zu lernen, einen Platz in der Gesellschaft zu finden. Und auch, dass ihre Angehörigen ihnen dabei helfen. Das Leben kann so normal und manchmal so schön sein – auch für einen Borderliner.

Ingeborg Prior, im Sommer 2008

Dank

Bedanken möchte ich mich bei Ingeborg Prior, ohne deren Können, Fleiß und Geduld meine Geschichte wohl nie zu Papier gebracht worden wäre; bei Elisabeth von Wangenheim für ihr Vertrauen in meine Geschichte; bei Berrit Barlet, die es wagte, einem Borderliner Gehör zu verschaffen; bei Dr. Hans-Peter Schneider für seine Unterstützung bei diesem Buch sowie zur Zeit meiner Behandlung in G.; bei Rechtsanwalt Thorsten Wolf für seinen Einsatz und seine Hilfsbereitschaft; bei dem Richter i.R. Klaus Wiesehahn, der mir dabei half, meinen Weg in ein neues Leben zu finden; bei dem Klinikteam von D. und dort besonders Bernhard Emmerlich, der mich während meiner Therapie und auch bei diesem Buch unterstützte; bei Hannelore Schildknecht, Petra Finger und Hartmut Batzke für ihre Freundschaft; bei allen, die mir halfen, als ich sie brauchte; und vor allem bei Martina, die mir ein Heim und eine Familie gegeben hat.

Peter Detert, Hamm, im Sommer 2008

Anhang

Was bedeutet Borderline?

Die Persönlichkeitsstörung Borderline bedeutet – wörtlich übersetzt – die Grenzlinie zwischen einer Vielzahl von auffälligen neurotischen und psychotischen Verhaltensweisen und Gefühlen. Heute geht man davon aus, dass es sich bei Borderline um eine eigenständige chronische Erkrankung handelt, auch wenn sie Züge verschiedener anderer Erkrankungen in sich trägt.

Die Erforschung reicht bis in das Jahr 1884 zurück. Damals sprach der englische Psychiater C.H. Hughes von einem »Borderland« bei den psychischen Krankheiten. Dieser Begriff wurde kurze Zeit später zu »Borderline«. Damit beschrieb man Patienten mit verschiedenen Symptombildern, die sich weder fest dem neurotischen noch dem psychotischen Spektrum zuordnen ließen. Der Psychoanalytiker Adolf Stern manifestierte den Begriff ab 1939 in der Fachwelt bei seiner Beschreibung von Patienten, bei denen er mit den damaligen psychoanalytischen Methoden keinen Behandlungserfolg hatte. Noch gibt es keine klare Statistik über die Häufigkeit der Borderline-Erkrankung, verschiedenen Angaben zufolge sind ein bis zwei Prozent der Menschen weltweit betroffen, bei den stationär behandelten Patienten sind es etwa zwanzig Prozent.

Das Krankheitsbild der Borderline-Persönlichkeitsstörung (BPS) hat viele Gesichter. Charakteristisch sind vor allem die unberechenbaren Stimmungsschwankungen der Betroffenen von »himmelhoch jauchzend« bis »zu Tode betrübt«. Für Borderliner gibt es keine Zwischentöne, nur Weiß oder Schwarz, nur Gut oder Böse, nur Himmel oder Hölle.

Obwohl Borderliner manchmal auch sehr starke positive Gefühle haben, sind sie doch überwiegend von heftigen negativen Empfindungen und einer großen inneren Anspannung belastet. Um für diesen aufgestauten Druck ein Ventil zu finden, verletzen sich viele Borderliner selbst, sie fügen sich Schnittwunden oder Verbrennungen an den Armen und am ganzen Körper zu, sie schlucken eine Überdosis an Medikamenten oder Drogen, sie werden magersüchtig, sie stürzen sich in hochriskante Abenteuer, balancieren auf Brückengeländern, rasen unangeschnallt über die Autobahn. Oft ist der Tod ihr einziger Ausweg. Suizidversuche von Borderlinern kommen häufig vor. Man geht davon aus, dass acht bis zehn Prozent der Borderliner in jungen Jahren durch Selbsttötung sterben.

Was sind die Ursachen?

Nach dem heutigen Stand der Forschung sind noch nicht alle Ursachen für die Entstehung der Borderline-Störung erfasst.

Mindestens drei Faktoren aber gelten als gesichert:

1. Eine gewisse Veranlagung, auf emotionale Reize rasch und heftig zu reagieren.

2. Starke emotionale Belastungsfaktoren in der Kindheit oder frühen Jugend. Dabei kann es sich um sexuelle oder schwere körperliche Misshandlungen, aber auch um Vernachlässigung durch die Bezugspersonen, und hier zumeist die Mutter, handeln. Mittlerweile ist erwiesen, dass zwischen fünfunddreißig und siebzig Prozent aller Patienten mit Borderline-Störungen Opfer von sexuellem Missbrauch in der Kindheit sind, etwa fünfzig Prozent von körperlicher Gewalt und achtzig Prozent von emotionaler Vernachlässigung.
3. Ein soziales Umfeld, das »emotionales Lernen« behindert. Das bedeutet, dass ein Kind nicht lernt, seinen Gefühlen zu vertrauen, diese als positiv zu erleben und zur Steuerung seiner Handlungen zu benutzen.

Nicht immer müssen alle drei Faktoren zu einer Erkrankung führen. Bisweilen genügt das Zusammenspiel von zwei Faktoren, um eine Borderline-Störung zu entwickeln. Fast immer handelt es sich um sehr lebhafte, gefühlsbetonte und sensible Kinder, die relativ früh mit Belastungssituationen konfrontiert werden, deren Bewältigung sie überfordert und sie auch in ihrer späteren Entwicklung anfällig für emotionale Verwundbarkeit machen.

Noch ist zu wenig bekannt über erbliche, das heißt genetische Faktoren, die zum Entstehen der Borderline-Störung beitragen.

Was sind die Symptome?

DSM – IV ist die Abkürzung für die vierte Ausgabe des Diagnostischen und Statistischen Handbuchs Psychischer Störungen (Diagnostic and Statistical Manual of Mental Disorders). Dieses Klassifikationssystem wurde von der Amerikanischen Psychiatrischen Vereinigung das erste Mal 1952 in den USA herausgegeben. Seit 1996 wird die Borderline-Störung auch bei uns nach DSM – IV definiert.

Treffen mindestens fünf der neun Punkte zu, die das Manual nennt, spricht man von Borderline:

1. Verzweifeltes Bemühen, tatsächliches oder vermutetes Verlassenwerden zu verhindern.
2. Häufig sehr intensive, aber auch wechselhafte zwischenmenschliche Beziehungen, in denen der andere rasch wechselnd als äußerst begehrenswert, wichtig und bedeutsam, dann aber wieder als verabscheuungswürdig, nichtig und unwert erlebt wird.
3. Identitätsstörung: Das Gefühl für die eigene Person oder das eigene Selbstbild ist sehr instabil.
4. Die Schwierigkeit, bestimmte Impulse, die unter Spannungszuständen entstehen, zu kontrollieren. Zum Beispiel Geldausgaben, Ladendiebstahl, wahllose, auch risikoreiche sexuelle Kontakte, Alkohol- oder Medikamentenmissbrauch, rücksichtsloses Autofahren, riskantes Glücksspiel, Essstörungen.
5. Selbstverletzungen und Suiziddrohungen oder Suizidversuche.
6. Ausgeprägte, stark empfundene und schnell wechselnde Stimmungsschwankungen – Traurigkeit, Angst, Reizbarkeit, aber auch Liebe, Freude und Glück.

7. Chronisches Gefühl der Leere.
8. Übermäßig starke Wut und Unfähigkeit, diese Wut zu kontrollieren, bis hin zu körperlicher Gewalt.
9. Vorübergehende, durch Belastung ausgelöste paranoide Vorstellungen oder schwere dissoziative Symptome, das reicht von der Überzeugung, niemandem trauen zu können, bis hin zu Wahnvorstellungen.

Welche Therapien gibt es?

Lange Zeit galten Patienten mit Borderline-Störung als schlecht oder gar nicht therapierbar. Doch die Behandlungsmöglichkeiten und die Erfolge haben sich in den letzten Jahren verbessert, sodass auch die psychotherapeutischen Möglichkeiten präziser werden konnten. Der Alltag zeigt jedoch, dass es für diese Patienten äußerst schwierig ist, den richtigen Therapeuten zu finden.

Auf der anderen Seite stößt die Psychotherapie bei Borderline-Patienten oft an ihre Grenzen, die aufgrund ihrer krankheitsbedingten psychischen Instabilität häufig ihre Therapie abbrechen.

Als Standard-Methode wird die tiefenpsychologisch orientierte Therapie von den Krankenkassen anerkannt, die Kosten werden nach Antragstellung und bei bestehender Notwendigkeit bis zu einem Umfang von hundert Stunden übernommen.

Als wirksamste Therapieform bei Borderline hat sich die Dialektisch-Behaviorale Therapie (DBT) herausgestellt.

Die DBT ist eine von der amerikanischen Psychologin Marsha Linehan entwickelte Psychotherapie. Über lange Jahre hat die Psychologieprofessorin schwerpunktmäßig mit selbstmordgefährdeten Patientinnen gearbeitet und aus dieser Erfahrung heraus ein effektives Behandlungskonzept entwickelt. Dabei macht sie sich Techniken aus verschiedenen Psychotherapieschulen wie zum Beispiel der Verhaltenstherapie, Gesprächstherapie und Hynotherapie sowie Aspekte der fernöstlichen Meditation zunutze.

Erst seit Anfang der 1990er-Jahre gibt es mehrere Arbeitsgruppen von Psychotherapeuten in den USA und in Europa, die DBT zur Behandlung der Borderline-Störung anwenden. Sie wurde zunächst als ambulante Therapieform entwickelt. Inzwischen arbeiten zahlreiche psychiatrische Kliniken auch bei uns mit DBT. Dabei gliedert sich der therapeutische Prozess in drei Phasen mit jeweils definierten Problemfeldern:

Phase I: Problemfeld Suizidalität und Selbstschädigung
Phase II: Problemfeld Bearbeitung traumatischer Erfahrungen
Phase III: Problemfeld Integration und Wege zu neuer Identität.

Die Behandlung setzt sich aus vier verschiedenen Bausteinen zusammen: Einzeltherapie, Fertigkeitentraining in der Gruppe, telefonischer Kontakt mit dem Therapeuten für Notfälle und regelmäßige Intervision der Therapeuten. Im Zentrum der Einzeltherapie steht die gemeinsame Bearbeitung des emotionalen Leidens des Patienten. Oberstes Ziel ist der Abbau des suizidalen Verhaltens. Das Fertigkeitentraining (Skillstraining) in der Gruppe besteht aus insgesamt vier Modulen: Innere Achtsamkeit, Stresstoleranz, Umgang mit Gefühlen und Zwischenmenschliche Fertigkeiten.

Peter Detert hat seine persönlichen Erfahrungen mit DBT in der psychiatrischen Klinik in D. in diesem Buch ausführlich beschrieben.

Die »Deutsche Arbeitsgemeinschaft DBT« hat es sich zur Aufgabe gemacht, Therapeuten auszubilden und Kliniken oder Institutionen, die nach dieser Methode arbeiten wollen, zu unterstützen. Gegenwärtig umfasst die Adressenliste circa achthundert Therapeuten und Kliniken in Deutschland, Österreich und der Schweiz, die begonnen haben, sich mit diesen neuen Konzepten auseinanderzusetzen und sie anzuwenden.

Nützliche Tipps und Adressen

www.borderline-plattform.de

Hier gibt es alle Informationen zum Thema Borderline. Sowohl Betroffene als auch Angehörige finden Antworten auf ihre Fragen. Neben einer Liste von Kliniken und einer von Therapeuten findet man auch Links für Selbsthilfe- und Angehörigengruppen.
Darüber hinaus gibt es die Möglichkeit, über Chats und Foren den direkten Austausch zu suchen.

Postadresse:
Borderline Plattform
Postfach 80 01 13
12491 Berlin
Tel. 0 30/67 81 98 20

www.psychiatrie.de

Hier gibt es viele Tipps und Informationen zu rechtlichen Fragen rund um die Psychiatrie.

www.weglaufhaus.de

Die Webseite des Berliner Vereins zum Schutz vor psychiatrischer Gewalt e. V.

Postadresse:
Weglaufhaus »Villa Stöckle«
Verein zum Schutz vor psychiatrischer Gewalt e. V.
Postfach 28 04 27
13444 Berlin
Tel. 0 30-40 63 21 46

oder

Beratungsstelle
Augustastraße 71
10117 Berlin
Tel. 0 30/97 89 44 36

www.peter-detert.de

Aktuelles rund ums Buch